幼儿园健康教育活动设计与指导

（第2版）

主　编　张晓辉

副主编　常振亚

参　编　崔玉芹　谢　源

　　　　高晓明　周斯瑶

北京理工大学出版社
BEIJING INSTITUTE OF TECHNOLOGY PRESS

版权专有　侵权必究

图书在版编目（CIP）数据

幼儿园健康教育活动设计与指导 / 张晓辉主编 . —2 版 . —北京：北京理工大学出版社，2019.11

ISBN 978-7-5682-7891-1

Ⅰ . ①幼⋯　Ⅱ . ①张⋯　Ⅲ . ①学前教育 – 健康教育 – 幼儿师范学校 – 教材　Ⅳ . ① G613.3

中国版本图书馆 CIP 数据核字（2019）第 253552 号

出版发行 / 北京理工大学出版社有限责任公司
社　　址 / 北京市海淀区中关村南大街 5 号
邮　　编 / 100081
电　　话 /（010）68914775（总编室）
　　　　　（010）82562903（教材售后服务热线）
　　　　　（010）68948351（其他图书服务热线）
网　　址 / http://www.bitpress.com.cn
经　　销 / 全国各地新华书店
印　　刷 / 定州市新华印刷有限公司
开　　本 / 787 毫米 × 1092 毫米　1/16
印　　张 / 16.25　　　　　　　　　　　　　　　责任编辑 / 李慧智
字　　数 / 361 千字　　　　　　　　　　　　　　文案编辑 / 李慧智
版　　次 / 2019 年 11 月第 2 版　2019 年 11 月第 1 次印刷　责任校对 / 周瑞红
定　　价 / 43.00 元　　　　　　　　　　　　　　责任印制 / 边心超

图书出现印装质量问题，请拨打售后服务热线，本社负责调换

北京理工大学出版社教育类专业系列教材建设

专家委员会

顾 问：
李倡平（教授、副院长）　　湖南省教育科学研究院

主 任：
杨莉君（教授、博士）　　　湖南师范大学

委 员：
曹中平（教授）　　　　　　湖南师范大学
张志增（教授）　　　　　　河北师范大学
于开莲（副教授、博士）　　首都师范大学
郭咏梅（教授）　　　　　　长沙师范学院
金庆玲（副教授）　　　　　湖南幼儿高等师范专科学校
周丛笑（教研员、特级教师）湖南省教育科学研究院
裘指挥（教授、博士）　　　江西师范大学
卢筱红（研究员）　　　　　江西省教育科学研究所
康　丹（副教授、博士）　　湖南师范大学
张晓辉（教授、博士）　　　长沙师范学院
龙明慧（副教授）　　　　　长沙师范学院
田景正（教授、博士）　　　湖南师范大学
周文华（高级讲师）　　　　宁乡师范学校
郑三元（教授、博士）　　　湖南师范大学
周扬林（副教授）　　　　　湖南第一师范学院
金晓梅（副教授）　　　　　湖北幼儿高等师范专科学校
万湘桂（副教授）　　　　　湖南第一师范学院
张　春（副教授）　　　　　湖南民族职院
谭　芳（副教授）　　　　　湖南幼儿高等师范专科学校
宋婷婷（副教授）　　　　　长沙师范学院
彭　荣（博士）　　　　　　湖南师范大学
张永红（副教授）　　　　　长沙师范学院
祝耸立（副教授）　　　　　河北师范大学

序 XU

近年,世界学前教育界已经达成了最基本的共识:幼儿生命中最初几年是为其设定正确发展轨道的最佳时期,早期教育是消除贫困的最佳保证,投资学前教育比投资任何其他阶段的教育都拥有更大回报,当然,这些成效的达成都以高质量的学前教育为前提,而幼儿园教师是保证高质量学前教育的关键。

《国务院关于当前发展学前教育的若干意见》强调要造就一支师德高尚、热爱儿童、业务精良、结构合理的幼儿园教师队伍,为此颁布了《幼儿园教师专业标准(试行)》,引导幼儿园教师和教师教育向着专业化、规范化和高质量的方向发展,这套教材正是以满足《幼儿园教师专业标准(试行)》《教师教育课程标准》和幼儿园教师资格证考试要求为理念编写的,体现了如下特点:

一、全新的教材编写理念

师德是幼儿园教师最基本的职业准则和规范。师德就是教师的职业道德,是幼儿园教师在保教工作中必须遵循的各种行为准则和道德规范的总和。对幼儿园教师而言,师德是其在开展保育教育活动、履行教书育人职责过程中需要放在首位考虑的。关爱幼儿,尊重幼儿人格,富有爱心、责任心、耐心和细心是幼儿园教师师德的重要内容。"教育爱"不仅仅是对幼儿身体的呵护,更需要幼儿园教师尊重每一个幼儿的人格,保障他们在幼儿园里快乐而有尊严地生活,为幼儿创造安全、信任、和谐、温馨的教育氛围,能温暖、支持、促进每一个幼儿富有个性地发展。由于幼儿独立生活和学习的能力还较差,幼儿园教师几乎要对他们生活、学习、游戏中的每一件事提供支持和帮助,幼儿园教师充满爱心地、负责任地、耐心地和细心地呵护,才能使学前教育能够满足幼儿个体生命成长的需要,体现学前教育对个体生命的意义与价值。

幼儿为本是幼儿园教师应秉持的核心理念。学前儿童是学前教育的主体和核心,必须尊重儿童的主体地位,学前教育的一切工作必须以促进每一个儿童全面发展为出发点和归宿,因此,珍惜儿童的生命,尊重儿童的价值,满足儿童的需要,维护儿童的权利,促进每一个儿童的全面发展,是学前教育的本质,也是学前教育最根本的价值所在。具体来说,幼儿为本要求教师要尊重幼儿作为"人"的尊严和权利,尊重学前期的独特性和独特的发展价值,以幼儿为主体,充分调动幼儿的积极性,遵循幼儿身心发展特点和保教活动的规律,提供适宜的、有效的学前教育,保障幼儿健康快乐地成长。

专业能力是幼儿园教师成长的关键。毋庸讳言，我国幼儿园教师的专业能力与学前教育改革的需要之间还存在着较大差距，在当下，幼儿园教师观察幼儿、理解幼儿、评价幼儿、研究幼儿、与幼儿互动、有针对性地支持幼儿、反思自己的教育行为等保教实践能力是其专业能力中的短板，在职教师们普遍感到将《幼儿园教育指导纲要（试行）》《3~6岁儿童学习与发展指南》中的先进教育理念转变为教育行为仍然存在困难，入职前的学前教育专业学生也需要强化正确的教育观和相应的行为，理解、教育幼儿的知识与能力，观摩、参与、研究教育实践的经历与体验。因此，幼儿园教师和教师教育应该强调在新的变革中转变自己的"能力观"，树立新的"能力观"，提高自己与学前教育变革相匹配的、适应"幼儿为本"的学前教育专业能力。

终身学习是顺应教师职业特点与教育改革的要求。德国教育家第斯多惠说过："只有当你不断致力于自我教育的时候，你才能教育别人。"幼儿园教师需要不断拓展自身的知识视野，优化知识结构，了解学科发展和幼教改革的前沿观点。因此，幼儿园教师应该是终身学习者，具有终身学习和持续发展的意识和能力。终身学习是时代进步和社会发展对人的基本要求，是人类自我发展、自我实现的不竭动力，是幼儿园教师专业发展的基本条件，也是幼儿园教师更好地完成保育教育工作的必然要求，只有不断学习与发展，才能跟上学前教育改革的步伐。

二、重实践的教材特点

这套教材的编写力图呈现以下特点：第一，内容全而新。根据《幼儿园教师专业标准（试行）》《教师教育课程标准》和《幼儿园教师资格考试大纲》的内容和要求，确保了内容的全面性和时效性。第二，重实践运用。针对学前教育专业学生的特点和实际需要，围绕成为一个合格的幼儿园教师"需要做什么"和"具体怎么做"这两个问题展开，强调实践运用。第三，案例促理解。为了帮助学习者了解幼儿园保教实践中遇到的各种问题，灵活地运用保育教育现场的各种策略，本书列举了大量的案例，并对案例进行了具体分析，增强了本书的针对性和操作性。

三、多元化的教材使用者

这套教材主要的使用对象是职业院校相关专业的学生，也可用于幼儿园新教师培训、转岗教师培训和在职幼儿园教师自学时使用。实践取向的教材涉及学前教育、儿童发展理论的相关内容，以深入浅出的解读与理论联系实践的方式阐释，提供了大量的操作案例，同时提供课件，方便教师备课和理解钻研教材时使用，也便于学生自学、预习或温习。

杨莉君

于湖南师范大学

前言 QIANYAN

《幼儿园教育指导纲要》(以下简称《纲要》)指出,幼儿园必须把保护幼儿的生命和促进幼儿的健康放在工作的首位。《3~6岁儿童学习与发展指南》(以下简称《指南》)指出,幼儿阶段是儿童身体发育和机能发展极为迅速的时期,也是形成安全感和乐观态度的重要阶段。发育良好的身体、愉快的情绪、强健的体质、协调的动作、良好的生活习惯和基本生活能力是幼儿身心健康的重要标志,也是其他领域学习与发展的基础。

《幼儿园健康教育活动设计与指导》教材的编写,正是在力求全面把握和贯彻《纲要》《指南》科学保教精神的前提下,甚至是参照和引用《纲要》《指南》中提出的健康领域具体内容的基础上,整体思考幼儿园健康教育的目标、内容、实施和评价,全面探索幼儿园身体认知教育、幼儿园心理健康教育、幼儿园体育、幼儿园饮食营养教育、幼儿园安全教育、幼儿园生活习惯与生活能力教育活动的设计与指导。同时,为确保理论与实践相结合,有益于学生在幼儿园健康教育活动方面专业教育技能的培养,提供了各个方面的幼儿园健康教育活动的典型案例,并结合幼儿园健康教育实际以及将来的工作需要,设计了引例、学习情境、动手实践、思考与实训等极具操作性的多种实践内容和形式，特别适用于学前教育专业专科层次人才培养。

在本书的编写过程中，借鉴吸收了国内外同行的诸多研究成果，在引用之处书中均有标注，在此表示诚挚的谢意。限于能力和水平，书中难免有疏漏和不当之处，敬请批评指正！

目录

第一部分 《纲要》与《指南》健康领域解读

第一章 幼儿园健康教育的目标与内容 ... 2
第一节 《纲要》健康领域目标与内容解读 ... 3
第二节 《指南》健康领域目标解读 ... 6

第二章 幼儿园健康教育的实施 ... 18
第一节 《纲要》健康领域指导要点解读 ... 18
第二节 《指南》健康领域教育建议解读 ... 21

第三章 幼儿园健康教育评价 ... 31
第一节 《纲要》相关内容对幼儿园健康教育评价的启示 ... 31
第二节 《指南》相关内容对幼儿园健康教育评价的启示 ... 33

第二部分 幼儿园健康教育活动指导

第一章 幼儿园身体认知教育活动的设计与指导 ... 40
第一节 幼儿园身体认知教育概述 ... 41
第二节 幼儿园身体认知教育的实施 ... 45
第三节 幼儿园身体认知教育活动设计与指导案例评析 ... 55

第二章 幼儿园心理健康教育活动的设计与指导 ... 79
第一节 幼儿心理健康教育概述 ... 79

  第二节 幼儿园心理健康教育的实施 ·················· 87
  第三节 幼儿园心理健康教育活动设计与指导案例评析 ·········· 91

✿ **第三章 幼儿园体育活动的设计与指导** ················ **128**
  第一节 幼儿园体育概述 ····················· 128
  第二节 幼儿园体育活动的实施 ·················· 138
  第三节 幼儿园体育活动设计与指导案例评析 ············ 153

✿ **第四章 幼儿园饮食营养教育活动的设计与指导** ·········· **165**
  第一节 幼儿园饮食营养教育概述 ················· 165
  第二节 幼儿园饮食营养教育的实施 ················ 172
  第三节 幼儿园饮食营养教育活动设计与指导案例评析 ······· 177

✿ **第五章 幼儿园安全教育活动的设计与指导** ············ **185**
  第一节 幼儿园安全教育概述 ··················· 185
  第二节 幼儿园安全教育的实施 ·················· 189
  第三节 幼儿园安全教育活动设计与指导案例评析 ·········· 198

✿ **第六章 幼儿园生活习惯与生活能力教育活动的设计与指导** ··· **216**
  第一节 幼儿园生活习惯与生活能力教育概述 ············ 217
  第二节 幼儿园生活习惯与生活能力教育的实施 ··········· 223
  第三节 幼儿园生活习惯与生活能力教育活动设计与指导案例评析 ··· 238

第一部分 《纲要》与《指南》健康领域解读

第一章 幼儿园健康教育的目标与内容

引 例

方方，男，5 岁，新学期转入幼儿园大班，每天入园从早到晚都要背着自己的小书包，不参加集体活动，不愿意午睡，时不时就攻击别的小朋友，不听老师要求，甚至朝老师吐口水……

学习情境

熟悉《幼儿园教育指导纲要》（以下简称《纲要》）、《3~6岁儿童学习与发展指南》（以下简称《指南》）关于幼儿园健康领域目标与内容的相关部分，理解并掌握幼儿园健康教育的目标和内容。

1947年，医学专家在联合国世界卫生组织（The World Health Organization，WHO）的宪章中写下健康的定义："健康是生理、心理和社会的健全状态，而不只是没有疾病。"1948年12月10日，联合国大会通过并颁布的《世界人权宣言》第三条规定："人人有权享有生命、自由和人身安全。"第二十五条规定："人人有权享受为维持他本人和家属的健康和福利所需的生活水准，包括食物、衣着、住房、医疗和必要的社会服务；在遭受失业、疾病、残废、守寡或在其他不能控制的情况下丧失谋生能力时，有权享受保障。母亲和儿童有权享受特别照顾和协助，一切儿童，无论婚生或非婚生，都应享受同样的社会保护。"健康是儿童的基本权利。

《3~6岁儿童学习与发展指南》指出：健康是指人在身体、心理和社会适应方面的良好状态。幼儿阶段是儿童身体发育和机能发展极为迅速的时期，也是形成安全感和乐观态度的重要阶段。发育良好的身体、愉快的情绪、强健的体质、协调的动作、良好的生活习惯和基本的生活能力是幼儿身心健康的重要标志，也是其他领域学习与发展的基础。《幼儿园教育指导纲要》指出：幼儿园必须把保护幼儿的生命和促进幼儿的健康放在工作的首位。

幼儿健康不仅关乎每一个幼儿的幸福快乐，更是关乎整个国家、民族、人类社会的未来。幼儿健康深受遗传、环境、社会等众多因素的综合影响，教育是重要的影响因素之一，幼儿园健康教育是促进幼儿健康的重要途径和手段。幼儿园健康教育活动，是指以保护和促进幼儿健康为目标，以身体锻炼和身心保健的有关知识技能为主要内容而实施的多种形式的教育活动。我国颁发的《幼儿园教育指导纲要》与《3~6岁儿童学习与发展指南》对幼儿园健康教育活动的开展具有极其重要的指导意义。

第一节　《纲要》健康领域目标与内容解读

一、《纲要》健康领域目标解读

（一）《纲要》健康领域目标

《纲要》规定，幼儿园教育健康领域的目标为：①身体健康，在集体生活中情绪安定、愉快；②生活、卫生习惯良好，有基本的生活自理能力；③知道必要的安全保健常识，学习保护自己；④喜欢参加体育活动，动作协调、灵活。

（二）《纲要》健康领域目标的理解

《纲要》提出的幼儿园健康教育目标是服务于幼儿园教育任务的终极目标的。《纲要》指出，幼儿园教育是基础教育的重要组成部分，是我国学校教育和终身教育的奠基阶段。其根本任务是"为幼儿一生的发展打好基础"。作为幼儿园教育组成部分之一的幼儿园健康教育，其教育目标是幼儿园教育目标的下位目标。

《纲要》提出的幼儿园健康教育目标，主要表明了该领域重点追求什么，该领域的价值取向所在。《纲要》提出的幼儿园健康教育目标主要反映了以下三个方面的价值取向：一是身心并重。幼儿健康应包括身体健康和心理健康两大方面，且二者密不可分。在集体生活中情绪安定、愉快是幼儿心理健康的重要表现。二是保护和锻炼并重。知道必要的安全保健常识，学习保护自己的同时，喜欢参加体育活动。三是健康行为与健康态度的形成并重。生活、卫生习惯良好，有基本的生活自理能力，强调的是行为表现。喜欢参加体育活动则强调的是态度表现。

《纲要》提出的幼儿园健康教育目标是总目标，是确定各年龄阶段目标及具体活动目标的重要依据。各幼儿园应结合本地、本园、本班幼儿的实际，确定幼儿园健康教育总目标、各年龄阶段目标、学期目标、月目标以及具体活动目标。

第一部分 《纲要》与《指南》健康领域解读

案例

上海市实验幼儿园健康教育目标

促进婴幼儿身体结实、情感真实、经验扎实、行为笃实,成为健康活泼、好奇探索、文明乐群、亲近自然、爱护环境、勇敢自信、有初步责任感的儿童。

摘自幼儿园"健康教育"课程架构与实施的研究.http://hxxy.syyey.pte.sh.cn/show.aspx？id=5837&cid=92

二、《纲要》健康领域内容解读

(一)《纲要》健康领域内容

《纲要》规定,幼儿园教育健康领域的内容与要求为:①建立良好的师生、同伴关系,让幼儿在集体生活中感到温暖,心情愉快,形成安全感、信赖感;②与家长配合,根据幼儿的需要建立科学的生活常规,培养幼儿良好的饮食、睡眠、盥洗、排泄等生活习惯和生活自理能力;③教育幼儿爱清洁、讲卫生,注意保持个人和生活场所的整洁和卫生;④密切结合幼儿的生活进行安全、营养和保健教育,提高幼儿的自我保护意识和能力;⑤开展丰富多彩的户外游戏和体育活动,培养幼儿参加体育活动的兴趣和习惯,增强体质,提高对环境的适应能力;⑥用幼儿感兴趣的方式发展基本动作,提高动作的协调性、灵活性;⑦在体育活动中,培养幼儿坚强、勇敢、不怕困难的意志品质和主动、乐观、合作的态度。

(二)《纲要》健康领域内容的理解

《纲要》提出的幼儿园健康教育内容与要求,是以《纲要》提出的幼儿园健康教育目标为基准的,是以实现《纲要》提出的幼儿园健康教育目标为目的的。

《纲要》提出的幼儿园健康教育内容与要求,大致可以概括为以下几个方面:

1. 有关心理健康

如建立良好的师生、同伴关系,让幼儿在集体生活中感到温暖,心情愉快,形成安全感、信赖感;培养幼儿坚强、勇敢、不怕困难的意志品质。

2. 有关习惯培养

如培养幼儿良好的饮食、睡眠、盥洗、排泄等生活习惯和生活自理能力;教育幼儿爱清洁、讲卫生,注意保持个人和生活场所的整洁和卫生;培养幼儿参加体育活动的兴趣和习惯。

3. 有关安全、营养、保健

如密切结合幼儿的生活进行安全、营养和保健教育,提高幼儿的自我保护意识和能力。

第一章　幼儿园健康教育的目标与内容

4. 有关体育锻炼

如开展丰富多彩的户外游戏和体育活动，培养幼儿参加体育活动的兴趣和习惯，增强幼儿体质，提高幼儿对环境的适应能力；用幼儿感兴趣的方式发展基本动作，提高幼儿动作的协调性、灵活性；在体育活动中，培养幼儿坚强、勇敢、不怕困难的意志品质和主动、乐观、合作的态度。

《纲要》提出的幼儿园健康教育内容与要求既包括了身体健康方面的内容，又包括了心理健康方面的内容。既强调健康意识培养方面的内容，又强调健康行为、能力和习惯培养方面的内容。

《纲要》提出的幼儿园健康教育内容是为幼儿身心健康发展这一终极目标服务的，是幼儿园健康教育研究和内容选择的重要参考。各幼儿园应结合本地、本园实际选择适宜的健康教育内容。同样的健康教育内容在不同的年龄阶段对幼儿的具体要求是不一样的，应充分考虑幼儿的年龄阶段特点以及个体差异选择适宜的健康教育内容。

案 例

江苏省南京市建邺区实验幼儿园健康教育园本课程结构

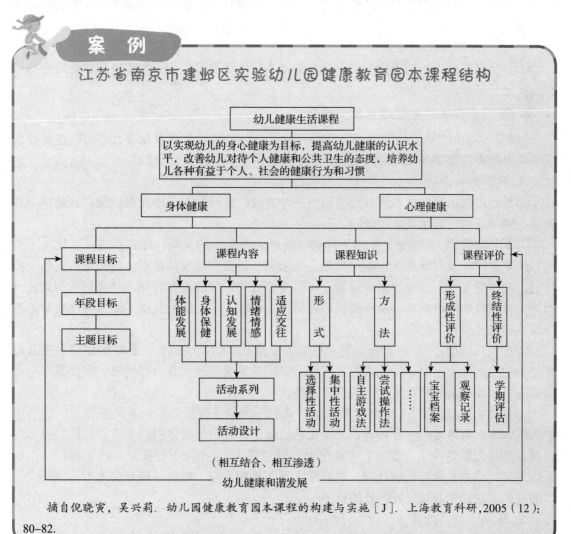

摘自倪晓寅，吴兴莉. 幼儿园健康教育园本课程的构建与实施[J]. 上海教育科研，2005（12）：80-82.

第一部分 《纲要》与《指南》健康领域解读

第二节 《指南》健康领域目标解读

一、《指南》健康领域目标解读

(一)《指南》健康领域目标

《指南》从幼儿健康学习与发展最基本、最重要的三个方面提出了目标:

1. 身心状况

①具有健康的体态;②情绪安定愉快;③具有一定的适应能力。

2. 动作发展

①具有一定的平衡能力,动作协调、灵敏;②具有一定的力量和耐力;③手的动作灵活协调。

3. 生活习惯与生活能力

①具有良好的生活与卫生习惯;②具有基本的生活自理能力;③具备基本的安全知识和自我保护能力。

(二)《指南》健康领域目标的理解

《指南》提出的幼儿健康学习与发展目标,是对我国幼儿健康发展大致可以达到什么水平提出的合理期望,其核心价值理念主要有:

1. 正确的健康观念

幼儿健康包括身体、心理和社会适应三个方面的良好状态。幼儿在健康领域的学习和发展是围绕这样的健康观念展开的。

(1)身体方面。《指南》提出了具有"健康的体态"的发展目标,并进一步提出了身高、体重适宜,及逐渐形成正确的坐姿、站姿和行走姿势的具体要求。幼儿阶段正处于身体形态和机能发育、发展的重要时期,也是身体姿势形成的重要时期。身高和体重是评价幼儿生长发育状况最常用、最重要的形态指标,它在一定程度上反映了幼儿身体发育的基本特征和幼儿的营养状况。

(2)心理方面。《指南》提出了"情绪安定愉快"的发展目标。良好的情绪表现是心理健康的重要标志。对于幼儿来说,情绪的安定与愉快是维护其身心健康、促使其产生社会适应行为并逐渐形成良好个性的重要条件。

(3)社会适应方面。《指南》提出了"具有一定的适应能力"的发展目标。人的适应能力既体现在身体对内、外环境及其变化的适应上,反映出身体机能和体质状况,也体现在对社会环境的适应上,即我们常说的社会适应能力。《指南》根据幼儿的年龄特点,从人体对天气冷热及其变化的适应、对日常交通工具的适应、对新环境和集体生活的适应等方面提出了幼儿学习与发展的具体目标。

2. 基本的身体素质

身体素质反映幼儿在身体运动中的机能水平,主要表现为粗大动作和精细动作两大方面的发展。

（1）粗大动作方面。《指南》提出了"具有一定的平衡能力，动作协调、灵敏"和"具有一定的力量和耐力"的发展目标。平衡能力、协调能力和灵敏性反映了神经系统对肌肉活动的控制和调节能力，力量、耐力则体现了肌肉组织和心肺系统的功能状况。具体来说，平衡能力是完成各种身体动作的前提，发展幼儿的平衡能力，有助于幼儿身体保持在平稳、安全的状态下进行各种活动，它是幼儿实现自我保护的最基本能力。身体运动多种多样，无论是走、跑，还是攀登、拍球等活动，都需要身体很多部位快速、准确的反应和有效的配合，这与协调能力和灵敏性直接关联。力量是身体运动的基础，没有肌肉力量，幼儿就无法站立、行走，更无法做跑、跳、攀登、悬吊等动作。耐力体现了心肺和肌肉等方面的综合状况，幼儿心肺功能逐渐增强，肌肉耐力不断提高，就能较轻松地开展各种身体活动。

（2）精细动作方面。《指南》提出了"手的动作灵活协调"的发展目标。手的动作的发展对于个体适应社会生活以及实现自身发展具有重要的意义。手的动作的发展是以协调和控制能力的发展为主要标志的，它在很大程度上依赖于神经和肌肉的快速与准确反应，是神经控制与调节能力的重要表现。《指南》依据幼儿的年龄特点，从手的动作的灵活与协调以及使用工具这两个维度提出了幼儿在各年龄段学习与发展的具体目标。使用工具是维持人类生存以及适应人类生活必须具备的基本能力。对于幼儿来讲，手的动作发展的重要内容就是学习使用工具，如用勺吃饭、用笔绘画或写字、用剪刀剪东西等。由于幼儿日常生活离不开手的活动，其他领域的活动也离不开手的参与（如阅读与书写准备、操作与摆弄物体、美术活动），因此，只要我们提供动手操作的机会，幼儿手的动作能力就可以在各种相关活动中自然地得到锻炼并获得发展。

3. 良好的生活习惯与基本的生活自理、自护能力

幼儿健康的有效维护和促进不仅需要减少有害因素的不良影响，而且需要增强有益因素的积极影响，主要体现在生活习惯、生活自理能力、自我保护能力三个方面。

（1）生活习惯方面。《指南》提出了"具有良好的生活与卫生习惯"的发展目标。从小养成良好的生活与卫生习惯是维护和促进幼儿健康发展的积极方式和重要途径。《指南》从有规律地生活、对体育活动有兴趣、良好的饮食习惯（如不偏食、不挑食、不暴饮暴食、常喝白开水）和卫生习惯（如用眼卫生、早晚刷牙、饭前便后洗手）等方面提出了不同年龄段幼儿需要学习与发展的具体目标。

（2）生活自理方面。《指南》提出了"具有基本的生活自理能力"的发展目标。具体从盥洗、排泄、穿脱衣服和鞋袜、整理生活用品与学习用品等方面提出了发展目标。

（3）自我保护方面。《指南》提出了"具备基本的安全知识和自我保护能力"的发展目标。幼儿好奇心强，喜欢探索，但又缺乏对危险事物或行为的认识和判断能力，自我保护的意识和能力也较弱，因而意外伤害事故时有发生。成人注意保护和照顾固然重要，但随着幼儿年龄的逐渐增长，幼儿还需要在成人的指导下掌握基本的安全知识，具备一定的自我保护能力。幼儿安全生活的能力是保障自身生命安全、维护自身健康必备的基本能力。《指南》针对幼儿的生活环境与发展需要，从与人交往的安全、活动或运动的安全、交通安全以及求助、防灾等角度提出了不同年龄段幼儿学习与发展的目标。

第一部分 《纲要》与《指南》健康领域解读

《指南》提出的幼儿健康领域学习与发展目标，为幼儿园和家庭更好地促进幼儿身心全面和谐发展指出了具体而明确的方向。为了更好地实现《指南》中幼儿健康领域学习与发展的目标，幼儿园要认真研读和准确理解《指南》提出的幼儿健康领域学习与发展的目标，将其作为幼儿园健康教育目标确定的重要依据，并将其真正贯彻落到实践中。

《指南》提出的幼儿健康领域学习与发展目标，与《纲要》提出的幼儿园健康教育目标，既有密不可分的联系，又有所区别。首先二者是从不同的角度提出来的，《指南》是从幼儿健康发展的角度，《纲要》是从幼儿园健康教育的角度。但是，幼儿园健康教育是服务于幼儿健康发展的，幼儿健康发展的目标正是幼儿园健康教育实现的目标，所以二者的终极追求是一致的。其次二者的表述是有差异的，相对而言，《指南》比《纲要》表述更为详尽，更为全面，更为具体。

二、《指南》健康领域目标各年龄阶段典型表现解读

（一）《指南》健康领域目标各年龄阶段典型表现

《指南》总体描述了幼儿健康领域最基本、最重要的三个方面学习与发展的目标，并对 3~4 岁、4~5 岁、5~6 岁三个年龄段末期幼儿在各个方面应该知道什么、能做什么，大致可以达到什么发展水平提出了合理期望，指明了幼儿学习与发展的具体方向。

1. 3~4 岁

（1）身心状况方面。

具有健康的体态：①身高体重适宜；②在提醒下能自然坐直、站直。

情绪安定愉快：①情绪比较稳定，很少因一点小事哭闹不止；②有比较强烈的情绪反应时，能在成人的安抚下逐渐平静下来。

具有一定的适应能力：①能在较热或较冷的户外环境中活动；②换新环境时情绪能较快稳定，睡眠、饮食基本正常；③在成人的帮助下能较快适应集体生活。

（2）动作发展方面。

具有一定的平衡能力，动作协调、灵敏：①能沿地面直线或在较窄的低矮物体上走一段距离；②能双脚灵活交替上下楼梯；③能身体平稳地双脚连续向前跳；④分散跑时能躲避他人的碰撞；⑤能双手向上抛球。

具有一定的力量和耐力：①能双手抓杠悬空吊起 10 秒左右；②能单手将沙包向前投掷 2 米左右；③能单脚连续向前跳 2 米左右；④能快跑 15 米左右；⑤能行走 1 千米左右（途中可适当停歇）。

手的动作灵活协调：①能用笔涂涂画画；②能熟练地用勺子吃饭；③能用剪刀沿直线剪，边线基本吻合。

（3）生活习惯与生活能力方面。

具有良好的生活与卫生习惯：①在提醒下，按时睡觉和起床，并能坚持午睡；②喜欢参加体育活动；③在引导下，不偏食、挑食；④喜欢吃瓜果、蔬菜等新鲜食品；⑤愿意饮用白开水，不贪喝饮料；⑥不用脏手揉眼睛，连续看电视等不超过 15 分钟；⑦在提醒

下，每天早晚刷牙、饭前便后洗手。

具有基本的生活自理能力：①在帮助下能穿脱衣服或鞋袜；②能将玩具和图书放回原处。

具备基本的安全知识和自我保护能力：①不吃陌生人给的东西，不跟陌生人走；②在提醒下能注意安全，不做危险的事；③在公共场所走失时，能向警察或有关人员说出自己和家长的名字、电话号码等简单信息。

2. 4~5岁

（1）身心状况方面。

具有健康的体态：①身高体重适宜；②在提醒下能保持正确的站、坐和行走姿势。

情绪安定愉快：①经常保持愉快的情绪，不高兴时能较快缓解；②有比较强烈情绪反应时，能在成人提醒下逐渐平静下来；③愿意把自己的情绪告诉亲近的人，一起分享快乐或求得安慰。

具有一定的适应能力：①能在较热或较冷的户外环境中连续活动半小时左右；②换新环境时较少出现身体不适；③能较快适应人际环境中发生的变化，如换了新老师能较快适应。

（2）动作发展方面。

具有一定的平衡能力，动作协调、灵敏：①能在较窄的低矮物体上平稳地走一段距离；②能以匍匐、膝盖悬空等多种方式钻爬；③能助跑跨跳过一定距离，或助跑跨跳过一定高度的物体；④能与他人玩追逐、躲闪跑的游戏，能连续自抛自接球。

具有一定的力量和耐力：①能双手抓杠悬空吊起15秒左右；②能单手将沙包向前投掷4米左右；③能单脚连续向前跳5米左右；④能快跑20米左右；⑤能连续行走1.5千米左右（途中可适当停歇）。

手的动作灵活协调：①能沿边线较直地画出简单图形，或能边线基本对齐地折纸；②会用筷子吃饭；③能沿轮廓线剪出由直线构成的简单图形，边线吻合。

（3）生活习惯与生活能力方面。

具有良好的生活与卫生习惯：①每天按时睡觉和起床，并能坚持午睡；②喜欢参加体育活动；③不偏食、挑食，不暴饮暴食，喜欢吃瓜果、蔬菜等新鲜食品；④常喝白开水，不贪喝饮料；⑤知道保护眼睛，不在光线过强或过暗的地方看书，连续看电视等不超过20分钟；⑥每天早晚刷牙、饭前便后洗手，方法基本正确。

具有基本的生活自理能力：①能自己穿脱衣服、鞋袜、扣纽扣；②能整理自己的物品。

具备基本的安全知识和自我保护能力：①知道在公共场合不远离成人的视线单独活动；②认识常见的安全标志，能遵守安全规则；③运动时能主动躲避危险；④知道简单的求助方式。

3. 5~6岁

（1）身心状况方面。

具有健康的体态：①身高体重适宜；②经常保持正确的站、坐和行走姿势。

情绪安定愉快：①经常保持愉快的情绪；知道引起自己某种情绪的原因，并努力缓解；②表达情绪的方式比较适度，不乱发脾气；③能随着活动的需要转换情绪和注意。

第一部分 《纲要》与《指南》健康领域解读

具有一定的适应能力：①能在较热或较冷的户外环境中连续活动半小时以上；②天气变化时较少感冒，能适应车、船等交通工具造成的轻微颠簸；③能较快融入新的人际关系环境，如换了新的幼儿园或班级。

（2）动作发展方面。

具有一定的平衡能力，动作协调、灵敏：①能在斜坡、荡桥和有一定间隔的物体上较平稳地行走；②能以手脚并用的方式安全地爬攀登架、网等；③能连续跳绳；④能躲避他人滚过来的球或扔过来的沙包；⑤能连续拍球。

具有一定的力量和耐力：①能双手抓杠悬空吊起20秒左右；②能单手将沙包向前投掷5米左右；③能单脚连续向前跳8米左右；④能快跑25米左右；⑤能连续行走1.5千米以上（途中可适当停歇）。

手的动作灵活协调：①能根据需要画出图形，线条基本平滑；②能熟练使用筷子；③能沿轮廓线剪出由曲线构成的简单图形，边线吻合且平滑；④能使用简单的劳动工具或用具。

（3）生活习惯与生活能力方面。

具有良好的生活与卫生习惯：①养成每天按时睡觉和起床的习惯；②能主动参加体育活动；③吃东西时细嚼慢咽；④主动饮用白开水，不贪喝饮料；⑤主动保护眼睛，不在光线过强或过暗的地方看书，连续看电视等不超过30分钟；⑥每天早晚主动刷牙，饭前便后主动洗手，方法正确。

具有基本的生活自理能力：①能知道根据冷热增减衣服；②会自己系鞋带；③能按类别整理好自己的物品。

具备基本的安全知识和自我保护能力：①未经大人允许不给陌生人开门；②能自觉遵守基本的安全规则和交通规则；③运动时能注意安全，不给他人造成危险；④知道一些基本的防灾知识。

（二）《指南》健康领域目标各年龄阶段典型表现的理解

《指南》描述的健康领域目标各年龄阶段的典型表现，是对总目标在各年龄阶段的细化，是对各年龄阶段末期幼儿健康发展水平具体的合理期望，体现了对不同年龄阶段幼儿健康发展不同层次的要求。同一目标在不同年龄阶段有一定的共性，同时也表现出一定的层级性，存在一定的差异。

《指南》描述的健康领域目标各年龄阶段的典型表现，是确定幼儿园各年龄阶段健康教育目标的重要参照，是确定各具体健康教育活动目标的直接依据。但是，不是所有地区、所有幼儿园、所有幼儿都必定出现，必定相一致，不能简单套用。幼儿园在确定各年龄阶段健康教育目标时，应结合实际，充分考虑地区、幼儿园、幼儿的个别差异，确定适宜的目标。

《指南》描述的健康领域目标各年龄阶段的典型表现，是选择幼儿园健康教育内容的重要参照。但是，同一目标可以通过不同的内容实现，同一内容同时可以指向不同目标的实现。幼儿园在选择健康教育内容时，要指向健康教育目标，但不能用《指南》描述的健康领域目标各年龄阶段的典型表现做标尺，一一对应，应结合地域、幼儿园、幼儿的实际，选择适宜的内容。

第一章 幼儿园健康教育的目标与内容

《指南》描述的健康领域目标各年龄阶段的典型表现，作为幼儿园健康教育内容选择的重要参照，相对《纲要》提出的幼儿园健康教育内容与要求而言，更为全面、更为具体、更为详细、更具有操作性。一是有些内容，尽管《纲要》整体上肯定是包含的，但并没有用具体的词语进行表述。而《指南》则有明确表述。如具有健康体态，《指南》指出身高体重适宜这两项重要指标。二是同一内容，《纲要》只是笼统的一句话，而《指南》分3~4岁、4~5岁、5~6岁三个年龄阶段进行了描述，字里行间反映出了不同年龄段的细微差别。如情绪方面，《纲要》只是很简单地提到"心情愉快"，而《指南》指出了3~4岁时是"情绪比较稳定，很少因一点小事哭闹不止"，4~5岁时是"经常保持愉快的情绪，不高兴时能较快缓解"，5~6岁时是"经常保持愉快的情绪。知道引起自己某种情绪的原因，并努力缓解"，很明显可以看出，随着年龄的增长，由情绪比较稳定到经常保持愉快情绪、由能缓解不良情绪到能分析引起不良情绪的原因，层层递进。三是同一内容，《纲要》只是概括归纳性地描述，而《指南》细分到每个方面的具体表现。如生活习惯与生活自理能力，《纲要》概述为"培养幼儿良好的饮食、睡眠、盥洗、排泄等生活习惯和生活自理能力"，而《指南》如饮食习惯就指出要"不偏食、挑食，不暴饮暴食。喜欢吃瓜果、蔬菜等新鲜食品。吃东西时细嚼慢咽。主动饮用白开水，不贪喝饮料"，极具操作性。又如生活自理能力，指出要"能自己穿脱衣服、鞋袜、扣纽扣、系鞋带。能知道根据冷热增减衣服。能按类别整理好自己的物品（玩具、图书）"，一目了然。

案例

儿童健康领域关键经验的内容构架

将健康领域分为"身心保健"和"身体运动与发展"两个子领域，其中"身心保健"着眼于保护，"身体运动与发展"着眼于锻炼。

"身心保健"子领域下辖5条关键经验："情绪安定愉快""具有一定的适应能力""具有良好的生活与卫生习惯""具备基本的生活自理能力""具备基本的安全知识和自我保护能力"，将身心保健与心理、社会性、认知相联系，然后分别展开。

"身体运动与发展"子领域关键经验特点：①依据儿童运动发展理论，按"粗大动作"到"精细动作"到"体质描述（力量、耐力）"再到"空间知觉和身体控制"的顺序进行架构，体现了动作发展从移动能力到非移动能力再到操控能力的规律性和系统性；②将动作分成"粗大动作"和"精细动作"两类，既与其他多国发展指标的分类一致，也符合幼儿园教师以往的思维习惯，便于他们在实践中对照操作；③将"保持正确的姿势"作为"运动与发展"下首条关键经验，因为正确的姿势既是运动发展的基础，也凸显了健康教育创造儿童身体美、有助于儿童感知和体验身体美的作用；④没有保留《指南》里的"平衡能力、协调灵敏"这条发展目标，而是按体育领域的研究成果，将之归入体质健康而不是动作发展，分散在"粗大动作"和"精细动作"的能力描述中；⑤添列"空间知觉及身体控制良好"这一条关键经验，因为"空间知觉"属于动作发展范畴，也是对儿童发展来说很有必要的内容。

第一部分 《纲要》与《指南》健康领域解读

具体内容

（注：只列出与《指南》不同的地方，因此须与《指南》参照阅读）

子领域1：身心保健

主要发展指标1：情绪安定愉快		
3~4岁	4~5岁	5~6岁
入园不过分焦虑，情绪比较稳定，很少因一点小事哭闹不止	开学不焦虑，经常保持愉快的情绪，不高兴时能较快缓解	开学愉快并能保持积极的情绪。知道引起自己某种情绪的原因，并努力缓解消极情绪

主要发展指标2：具有一定的适应能力		
3~4岁	4~5岁	5~6岁
	能在室外30℃左右或8℃左右的环境中连续活动半小时左右	能在室外30℃左右或8℃左右的环境中连续活动半小时以上

主要发展指标3：具有良好的生活与卫生习惯		
3~4岁	4~5岁	5~6岁
1.稍加提醒自己洗手并且把手擦干。 2.在成人帮助下，每天早晚刷牙。 3.打喷嚏或咳嗽不正对着食物	1.饭前便后能主动洗手，方法正确。 2.在提醒下每天早晚刷牙，方法基本正确。 3.打喷嚏或咳嗽时能转过头去，不对着食物和人	1.饭前便后能坚持洗手，方法正确。 2.能荤素搭配食物，合理进食，细嚼慢咽。 3.打喷嚏或咳嗽时能掩住口鼻

主要发展指标4：具有基本的生活自理能力		
3~4岁	4~5岁	5~6岁
1.如厕后能拉起裤子。 2.能为自己扣扣子、解扣子、拉拉链，能一遍一遍地尝试完成。 3.进餐后，知道把桌面擦干净，并把餐具送到指定的地方，把餐巾纸以及食物残渣丢到垃圾桶	1.如厕后能自己擦拭并把内衣塞进裤腰。 2.能自己扣纽扣、拉拉链、穿脱衣服和鞋袜。 3.能参与收拾玩具和图书，能按类别整理好自己的物品。 4.能用抹布把桌子抹干净，用小扫帚扫地	1.如厕后能自己擦拭干净并把内衣塞进裤腰，整理好衣裤。 2.能自己穿脱衣服，会系鞋带，能根据冷热增减衣服。 3.能把锅碗瓢盆等厨具归类放在生活区域或生活室等合适的地方。 4.能用抹布按一定方向把桌子抹干净，用小扫帚和拖把扫地、拖地

第一章 幼儿园健康教育的目标与内容

主要发展指标5：具备基本的安全知识和自我保护能力		
3~4岁	4~5岁	5~6岁
1.不自己离开教室，在幼儿园外行走时能手牵手一起走。 2.在提醒下能注意安全，不做危险的事，比如在提醒下能避开秋千前后的区域。 3.能说出自己和家长的名字、至少一位家长的电话号码等简单信息。 4.坐汽车时知道应坐在后排儿童安全椅上，不在马路上奔跑。 5.对于一些安全规则喜欢问"为什么"	1.知道在公共场合不远离成人的视线单独活动，不吃陌生人给的东西。 2.运动时能主动躲避危险，比如有人荡秋千时能避开秋千前后的区域。 3.知道打110、求助警察等简单的求助方式。 4.坐汽车时能坐在后排儿童安全椅上，不在汽车前面奔跑，能遵守安全规则	1.未经大人允许不给陌生人开门，不跟陌生人走。 2.运动时能注意安全，主动躲避危险，学习避免给他人造成危险。 3.能自觉遵守基本的安全规则和交通规则。 4.能参与讨论有关医生、交警工作的重要性，知道配合他们的工作

子领域2：身体运动与发展

主要发展指标1：保持正确的姿势，粗大动作协调灵活		
3~4岁	4~5岁	5~6岁
1.在提醒下能自然坐直、站直。 2.弯腰时能保持平衡。 3.能双脚灵活交替上下楼梯。 4.能双手向上抛球，学习拍球。 5.能够用身体的某个部位做出某个动作。 6.用脚尖踢绒布球等适宜脚踢的东西。 7.四肢协调爬行。 8.在教室里走动不会碰到桌椅和其他设备	1.在提醒下能保持正确的站、坐和行走姿势。 2.弯腰、舒展身体时能保持平衡。 3.能一只手拿着东西，双脚灵活交替上下楼梯。 4.能躲避他人滚过来的球或扔过来的沙包。 5.能够选择身体的某个部位做出某个动作。 6.准确地用脚尖踢绒布球或其他适宜脚踢的东西。 7.能以匍匐、膝盖悬空等多种方式钻爬。 8.用小水桶拎半桶水并送到目的地，不洒水	1.经常保持正确的站、坐和行走姿势。 2.弯腰、旋转或舒展身体时能保持平衡。 3.能两只手拿着东西，双脚灵活交替上下楼梯。 4.能在跑的时候很快停止、转弯而不撞到别人。 5.能连续拍球并行进。 6.能够指挥同伴做某个动作，能够选择身体的某个部位做出某个动作。 7.迅速准确地用脚尖踢绒布球或其他适宜脚踢的东西。 8.能以手脚并用的方式安全地爬攀登架、网等。 9.用小水桶拎大半桶水并送到目的地，不洒水

第一部分 《纲要》与《指南》健康领域解读

主要发展指标2：精细动作协调灵活		
3~4岁	4~5岁	5~6岁
1.学习剥豆子等简单的家务。 2.喜欢玩串珠子、套环、粘贴、拍打揉制黏土等游戏。 3.积木垒高8块以上。 4.能头部保持固定姿势，眼球左右转动。 5.拿着半杯水或豆浆走过教室而不泼洒出来，能拧开不是过紧的瓶盖。 6.能熟练地玩钉板、雪花片等穿插类游戏材料	1.能用筷子吃饭。 2.学习调拌蔬菜沙拉、涂抹面包等简单的家务。 3.喜欢玩串珠子、套环、剪纸、粘贴、拍打揉制黏土等游戏。 4.积木垒高10块以上，用积木建造道路或简单的建筑物。 5.能头部保持固定姿势，眼球上下左右转动。 6.自己把茶壶里的温水倒入杯子，能拧开和旋上瓶盖。 7.能用压花机压出图案	1.学习包饺子、洗切山芋、择菜等简单的家务，能使用简单的工具。 2.喜欢玩串珠子、套环、剪纸、粘贴、魔方、拍打揉制黏土等游戏。 3.积木垒高12块以上，用积木搭建较为复杂的常见建筑。 4.能头部保持固定姿势，听指挥后眼球能上下左右转动。 5.自己能把茶壶里的温水倒入杯子里，把大量杯里的水或豆浆倒入用漏斗的瓶子里，能拧开和旋紧瓶盖。 6.能用订书机装订几页纸或自己的画本
主要发展指标3：空间知觉及身体控制良好		
3~4岁	4~5岁	5~6岁
1.喜欢玩"木头人"游戏。 2.能以两种不同的身体姿势做出同样的动作，比如身体转动、头部转动、手转动、脚转动、眼睛转动等。 3.通过四肢运动，在运动中感知环境比如空气的变化，注意到身体的感觉。	1.喜欢玩、会玩"木头人"游戏。 2.能以两种以上不同的身体姿势做出同样的动作。 3.通过头部运动、四肢运动，在运动中感知环境比如空气的变化，注意到身体的感觉。	1.喜欢玩、会玩、与同伴玩"木头人"游戏。 2.能以三种以上不同的身体姿势做出同样的动作。 3.通过头部运动、屈体、转体、四肢运动，在运动中感知环境比如空气的变化，注意到身体的感觉

摘自顾荣芳，王艳.3~6岁儿童健康领域的关键经验与实施路径［J］.学前教育研究，2015（10）：26-27.

动手实践

为某幼儿园制定健康教育总目标、年龄阶段目标，选择健康教育内容，并阐述理由。

第一章 幼儿园健康教育的目标与内容

1. 美国得克萨斯州《早期学习标准——身体发展领域》

身体运动能力的发展在童年早期处于中心地位。儿童在动作技能领域的发展同样也会影响到其在认知、情感和社会性等多方面的成功。教师应该鼓励儿童发展粗大和精细动作技能以更好地探究周围的世界。该领域主要由粗大动作技能和精细动作技能两大子领域构成。

（1）粗大动作技能。

粗大动作技能主要指儿童通过多种身体锻炼活动来发展大肌肉的协调、控制、力量以及平衡能力。该子领域包括2项内容标准和11条儿童行为表现指标。以下为儿童刚入园和离园时在此子领域需达到的标准和行为表现指标列举：

①儿童在刚入园时能够掌握跑、跳、爬、踏等基本的运动技能，而在离园时能够展现出平衡与协调能力，如儿童能够单脚站立或在平衡木上行走；单脚跳、走路、慢走、奔跑；携带盘子或器皿从一端走到另一端；在运动中保持身体协调；前后左右移动时能够控制速度和方向。②儿童在刚入园时能在成人的鼓励下参与一系列的活动，而在离园时能够协调一系列动作完成任务，如在有障碍物的地方迅速移动；移动身体以抓球或踢球；做翻转、弯腰、伸长和旋转等轴线运动；参加集体运动游戏；从一处到另一处采用跑、单脚、双脚跳等多种形式；跟随简单的音乐做律动。

（2）精细动作技能。

精细动作技能主要指儿童通过操作建构多种材料发展对小肌肉的控制能力和手眼协调能力。该子领域包括项内容标准和儿童行为表现指标。以下为儿童刚入园和离园时在此子领域需达到的标准和行为表现指标列举：

①儿童在刚入园时能够从事一些锻炼小肌肉的活动，但缺乏力量性和控制性，而在离园时则能够对需要运用小肌肉的活动表现出一定的控制性，如操作和塑造黏土模型；用手操作室内的多种材料（用各种型号的刷子在画架上涂画）；运用传统的方式掌握画画和书写的工具。②儿童在刚入园时能够在需要手眼协调的任务中表现出熟练性，而在离园时则能够在需要手眼协调的任务中表现出越来越强的控制性，如将紧密相连的图块组成拼图，完成力所能及的任务（系组扣、拉拉链等），穿珠子，画图片和图形。

身体是生命最直接的体现，是生命存在的依据，也是知识、道德、美感和神圣情愫的寄寓依托之所，也只有依靠它，我们才能进入美妙浩瀚的精神世界。卢梭也曾指出：你假如要培养年幼儿童的智力，你应当培养那智力所要控制的体力。为了使年幼儿童体力良好而敏锐，你要给他的身体以不断的锻炼，使他的身体强壮而健康，你要让他工作，让他做事，让他奔跑喊叫，让他成为有体力的人，他

第一部分 《纲要》与《指南》健康领域解读

不久就成为有理性的人了。可见,身体动作能力的发展在儿童早期学习与发展中的基础性作用不容小视。得克萨斯州早期学习标准单独设立了身体发展领域,并下设了2大子领域、4项内容标准和20条儿童行为表现指标,占到指标总量的3.64%,充分显示了对在儿童早期发展身体动作能力的重视。从各子领域的指标特点来看,粗大动作技能和精细动作技能子领域的儿童行为表现指标数量相当,并都注重儿童活动的参与性、积极性。由此可见,得州标准在身体发展领域的重点是通过鼓励儿童积极参与走、跑、爬、跳等基本的位移运动以及操作建构多种物体材料来发展儿童的协调性、控制力量等各项身体素质,并在活动中培养儿童团结、互助、合作的意识。(摘自李洁. 美国得克萨斯州早期学习标准研究[D]. 重庆:西南大学, 2012.)

2. 日本《幼稚园教育要领——健康部分》

此领域主要着眼于培养健康的身心,创造健康安全的生活的能力。

(1)目标。

①让幼儿在心情舒畅、轻松愉快的活动中体验到生活的充实感。

②让幼儿的身体充分活动,并进行力所能及的体育活动。

③掌握健康、安全地生活所必需的习惯和态度。

(2)内容。

①加强老师和小朋友之间的相互接触,使之在活动中有安全感。

②通过各种游戏,充分活动身体。

③让幼儿主动参加户外游戏。

④让幼儿积极、快乐地参加各种活动。

⑤养成健康的生活规律。

⑥保持清洁卫生,能自己穿脱衣服、吃饭、大小便等。

⑦熟悉幼儿园的作息时间,自己整理生活场所。

⑧注意自己的健康,积极预防疾病。

⑨让幼儿懂得危险场所、危险游戏以及应付灾害的办法,在行动中树立安全意识。

(3)注意事项。

①应当认识到身心的健康是相辅相成的,让幼儿在与教师和其他小朋友的友好相处中体味自己的存在感和充实感,促进身心健全发展。

②让幼儿在生活中从事适合兴趣与能力的活动,体味活动本身的快乐和培养他们重视自己身体的意识,但要防止不适合幼儿能力的超负荷运动训练。

摘自木全晃子. 日本《幼稚园教育要领》与中国《幼儿园教育指导纲要(试行)》之比较研究[D]. 北京:北京师范大学, 2005.

思考与实训

1. 幼儿健康的标志是什么？
2. 幼儿园健康教育的总目标是什么？
3. 幼儿园健康教育的内容有哪些？
4. 调查周围人对健康和健康教育的看法，并谈谈自己的认识。
5. 结合所学内容，调查几所幼儿园健康教育的总目标以及各年龄阶段目标，分析二者之间的关系以及各年龄阶段目标有哪些区别与内在联系。
6. 随机观察幼儿园教师组织开展的健康教育活动，结合所学分析教师所选择的内容是否合适，为什么？

知识链接

［1］顾荣芳. "幼儿园究竟应该教些什么？"讨论之四：幼儿健康教育的目标和内容［J］. 学前教育研究，1996（4）.

［2］国家卫生计生委办公厅. 中国公民健康素养——基本知识与技能（2015年版）［R］. 2015-12-30.

［3］刘馨. 试析《3~6岁儿童学习与发展指南》"健康"领域的目标［J］. 幼儿教育，2013（3）.

［4］李季湄，冯晓霞.《3~6岁儿童学习与发展指南》解读［M］. 北京：人民教育出版社，2013.

［5］柳倩，周念丽，张晔. 学前儿童健康学习与发展核心经验［M］. 南京：南京师范大学出版社，2016.

第二章 幼儿园健康教育的实施

引 例

紫苑,女,4岁,每天进餐时,总是坐着一动不动,老师问其为什么,她回答说"老师你来喂我"。老师与其家长沟通,家长认为紫苑很聪明,会识很多字,不会吃饭不要紧,长大了自然会……

学习情境

熟悉《纲要》《指南》关于幼儿园健康领域实施的相关内容,了解并熟悉幼儿园健康教育实施的基本策略方法及其注意事项。

幼儿园健康教育实施是落实健康教育内容,达到预期健康教育目标的途径和手段。《纲要》中健康领域指导要点、《指南》中健康领域教育建议对幼儿园健康教育实施具有重要指导意义。

第一节 《纲要》健康领域指导要点解读

一、《纲要》健康领域指导要点

(1)幼儿园必须把保护幼儿的生命和促进幼儿的健康放在工作的首位。树立正确的健康观念，在重视幼儿身体健康的同时，要高度重视幼儿的心理健康。

（2）既要高度重视和满足幼儿受保护、受照顾的需要，又要尊重和满足他们不断增长的独立要求，避免过度保护和包办代替，鼓励并指导幼儿自理、自立的尝试。

（3）健康领域的活动要充分尊重幼儿生长发育的规律，严禁以任何名义进行有损幼儿健康的比赛、表演或训练等。

（4）培养幼儿对体育活动的兴趣是幼儿园体育的重要目标，要根据幼儿的特点组织生动有趣、形式多样的体育活动，吸引幼儿主动参与。

二、《纲要》健康领域指导要点的理解

《纲要》健康领域指导要点主要是针对幼儿园健康教育的实施，指出了两大问题。

一是幼儿园健康教育实施中教与学的特点。幼儿园在实施健康教育时，必须充分考虑该领域的知识性质，充分考虑幼儿的学习方式及其特点，以提高实施效果。如培养幼儿对体育活动的兴趣是幼儿园体育的重要目标，要根据幼儿的特点组织生动有趣、形式多样的体育活动，吸引幼儿主动参与。

二是幼儿园健康教育实施中应特别注意的事项。如在幼儿园教育实践中，存在"重智育，忽视健康教育"的现象，在"指导要点"中就指出，"幼儿园必须把保护幼儿的生命和促进幼儿的健康放在工作的首位"，非常明确地捍卫了幼儿园健康教育的地位及其重要意义。又如在幼儿园健康教育实施中，存在"将健康教育等同于身体锻炼，忽视心理健康"的现象，在"指导要点"中就指出，要"树立正确的健康观念，在重视幼儿身体健康的同时，要高度重视幼儿的心理健康"。又如在幼儿园健康教育实施中，存在"不顾幼儿生长发育特点及规律，滥施训练，或开展不适宜比赛"的现象，在"指导要点"就明文禁止，"严禁以任何名义进行有损幼儿健康的比赛、表演或训练等"。还有，如在幼儿园健康教育实施中，存在"成人过度保护和包办替代"的现象，剥夺了幼儿实践锻炼的机会，在"指导要点"中就指出，"既要高度重视和满足幼儿受保护、受照顾的需要，又要尊重和满足他们不断增长的独立要求，鼓励并指导幼儿自理、自立的尝试"。

案 例

福建省泉州市机关幼儿园健康教育实施模式与教学方法

1. 课程模式

（1）主题式活动法。即根据不同年龄段幼儿的发展特点设计不同的生命教育主题活动。如小班主题"独一无二的我"。

（2）绘本教学法。即在幼儿语言教育中渗透生命启蒙教育。如大班绘本教学"你很特别"，教学的过程始终都以两条线索同时进行。一条是生命教育线：如何认识自我—如何认识他人—如何看待问题—如何克服困难—如何处理我我关系—如何处理人

我关系;另一条是语言教学线:激趣导入—观察猜测—阅读思考—倾听理解—交流讨论—体验互动—总结提升。

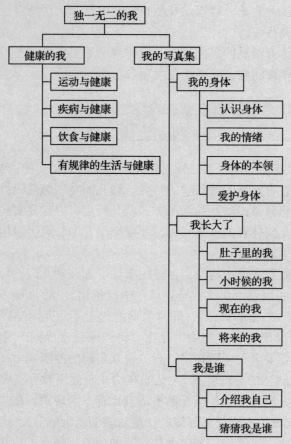

(3)日常及家庭教育渗透法。幼儿园教育活动与中小学的模式很不相同,以一日活动为单位,贯穿幼儿的在园生活和家庭生活。……让家长知道我们目前的教育内容与目标,让家长完成家庭教育的部分。家园密切配合使生命教育具有整体性、连续性与实效性。

2.教学方法

(1)体验教学。只有让幼儿通过体验并得出结论,才能使概念渐渐转化为行为习惯。更为重要的是,只有自己真实的体验过程与经验,才能发展出对其他生命的体验能力。如小班主题活动"独一无二的我"中的分支活动——社会性活动"超级任务'照顾蛋宝宝'"等,就运用了大量的体验教学。

(2)实践教学。鼓励幼儿在日常生活中将所习得的技能、德行、知识与态度,内化为一种行为习惯,成为其人格特质的一部分,并产生学习迁移,从而真正达到生命教育的功能。如中班主题活动"让爱住我家"就运用了大量的实践行动,使幼儿渐渐养成感恩的习惯。

（3）思考教学。激活幼儿的思考能力，强化其同理他人的觉知，使幼儿了解人类生命的多元面向，为今后思索及找寻人生的定位奠定坚实的基础。如绘本教学活动"长大做个好爷爷""你很特别"等，正是让幼儿在不断的思考中渐渐澄清认识与价值，同时学习如何思考。

（4）随机教学。生活的每一个环节都有教育机会。利用各种机会，适时地引导幼儿，就是最有效的生命教育。

（5）角色扮演。玩角色游戏时，幼儿能很快融入角色当中，而且无形中学到角色所表达出的思想意识和态度，幼儿也能于事后产生拓展学习。如中班主题活动"生命树——我是谁"等。幼儿在角色扮演、情景模拟、想象的过程中，自然而然地发展了他们的社会性。

摘自陈娜娟. 融合生命教育的幼儿园健康教育课程模式初探［J］. 福建教育，2014（7/8）：17—20.

第二节 《指南》健康领域教育建议解读

《指南》指出：为有效促进幼儿身心健康发展，成人应为幼儿提供合理均衡的营养，保证充足的睡眠和适宜的锻炼，满足幼儿生长发育的需要；创设温馨的人际环境，让幼儿充分感受到亲情和关爱，形成积极稳定的情绪情感；帮助幼儿养成良好的生活与卫生习惯，提高自我保护能力，使其形成终身受益的生活能力和文明生活方式。

《指南》还指出：幼儿身心发育尚未成熟，需要成人的精心呵护和照顾，但不宜过度保护和包办代替，以免剥夺幼儿自主学习的机会，养成过于依赖的不良习惯，影响其主动性、独立性的发展。

基于以上幼儿健康学习与发展指导思想，《指南》在教育建议部分列举了一些能够有效帮助和促进幼儿健康学习与发展的教育途径与方法，对幼儿园健康教育的实施具有积极的指导意义。

一、《指南》健康领域教育建议

《指南》健康领域从身心状况、动作发展、生活习惯与生活能力三个方面提出了27条教育建议，其中身心状况方面9条，动作发展方面8条，生活习惯与生活能力方面10条，具体如下：

（一）身心状况方面

身心状况方面9条，其中：具有健康的体态4条；情绪安定愉快2条；具有一定的适应能力3条。具体是：

第一部分 《纲要》与《指南》健康领域解读

1. 具有健康的体态 4 条

（1）为幼儿提供营养丰富、健康的饮食。如①参照《中国孕期、哺乳期妇女和 0~6 岁儿童膳食指南》，为幼儿提供谷物、蔬菜、水果、肉、奶、蛋、豆制品等多样化的食物，均衡搭配；②烹调方式要科学，尽量少煎炸、烧烤、腌制。

（2）保证幼儿每天睡 11~12 小时，其中午睡一般应达到 2 小时左右。午睡时间可根据幼儿的年龄、季节的变化和个体差异适当减少。

（3）注意幼儿的体态，帮助他们形成正确的姿势。如①提醒幼儿要保持正确的站、坐、走姿势；发现有八字脚、罗圈腿、驼背等骨骼发育异常的情况，应及时就医矫治。②桌、椅和床要合适。椅子的高度以幼儿写画时双脚能自然着地、大腿基本保持水平状为宜；桌子的高度以写画时身体能坐直，不驼背、不耸肩为宜；床不宜过软。

（4）每年为幼儿进行健康检查。

2. 情绪安定愉快 2 条

（1）营造温暖、轻松的心理环境，让幼儿形成安全感和信赖感。①保持良好的情绪状态，以积极、愉快的情绪影响幼儿；②以欣赏的态度对待幼儿。注意发现幼儿的优点，接纳他们的个体差异，不简单与同伴做横向比较；③幼儿做错事时要冷静处理，不厉声斥责，更不能打骂。

（2）帮助幼儿学会恰当表达和调控情绪。①成人用恰当的方式表达情绪，为幼儿做出榜样，如生气时不乱发脾气，不迁怒于人。②成人和幼儿一起谈论自己高兴或生气的事，鼓励幼儿与人分享自己的情绪。③允许幼儿表达自己的情绪，并给予适当的引导。如幼儿发脾气时不硬性压制，等其平静后告诉他什么行为是可以接受的。④发现幼儿不高兴时，主动询问情况，帮助他们化解消极情绪。

3. 具有一定的适应能力 3 条

（1）保证幼儿的户外活动时间，提高幼儿适应季节变化的能力。①幼儿每天的户外活动时间一般不少于两小时，其中体育活动时间不少于 1 小时，季节交替时要坚持；②气温过热或过冷的季节或地区应因地制宜，选择温度适当的时间段开展户外活动，也可根据气温的变化和幼儿的个体差异，适当减少活动的时间。

（2）经常与幼儿玩拉手转圈、秋千、转椅等游戏活动，让幼儿适应轻微的摆动、颠簸、旋转，促进其平衡机能的发展。

（3）锻炼幼儿适应生活环境变化的能力。如①注意观察幼儿在新环境中的饮食、睡眠、游戏等方面的情况，采取相应的措施帮助他们尽快适应新环境；②经常带幼儿接触不同的人际环境，如参加亲戚朋友聚会，多和不熟悉的小朋友玩，使幼儿较快适应新的人际关系。

（二）动作发展方面

动作发展方面 8 条，其中：具有一定的平衡能力，动作协调、灵敏 4 条；具有一定的力量和耐力 2 条；手的动作灵活协调 2 条。具体是：

1. 具有一定的平衡能力，动作协调、灵敏 4 条

（1）利用多种活动发展身体平衡和协调能力。如①走平衡木，或沿着地面直线、田埂

行走；②玩跳房子、踢毽子、蒙眼走路、踩小高跷等游戏活动。

（2）发展幼儿动作的协调性和灵活性。如①鼓励幼儿进行跑跳、钻爬、攀登、投掷、拍球等活动；②玩跳竹竿、滚铁环等传统体育游戏。

（3）对于拍球、跳绳等技能性活动，不要过于要求数量，更不能机械训练。

（4）结合活动内容对幼儿进行安全教育，注重在活动中培养幼儿的自我保护能力。

2. 具有一定的力量和耐力 2 条

（1）开展丰富多样、适合幼儿年龄特点的各种身体活动，如走、跑、跳、攀、爬等，鼓励幼儿坚持下来，不怕累。

（2）日常生活中鼓励幼儿多走路、少坐车；自己上下楼梯、自己背包。

3. 手的动作灵活协调 2 条

（1）创造条件和机会，促进幼儿手的动作灵活协调。如①提供画笔、剪刀、纸张、泥团等工具和材料，或充分利用各种自然、废旧材料和常见物品，让幼儿进行画、剪、折、粘等美工活动；②引导幼儿生活自理或参与家务劳动，发展其手的动作。如练习自己用筷子吃饭、扣扣子，帮助家人择菜叶、做面食等；③幼儿园在布置娃娃家、商店等活动区时，多提供原材料和半成品，让幼儿有更多机会参与制作活动。

（2）引导幼儿注意活动安全。如①为幼儿提供的塑料粒、珠子等活动材料要足够大，材质要安全，以免造成异物进入气管、铅中毒等伤害，提供幼儿用安全剪刀；②为幼儿示范拿筷子、握笔的正确姿势以及使用剪刀、锤子等工具的方法；③提醒幼儿不要拿剪刀等锋利工具玩耍，用完后要放回原处。

（三）生活习惯与生活能力方面

生活习惯与生活能力方面 8 条，其中：具有良好的生活与卫生习惯 4 条；具有基本的生活自理能力 3 条；具备基本的安全知识和自我保护能力 3 条。具体是：

1. 具有良好的生活与卫生习惯 4 条

（1）让幼儿保持有规律的生活，养成良好的作息习惯。如早睡早起、每天午睡、按时进餐、吃好早餐等。

（2）帮助幼儿养成良好的饮食习惯。如①合理安排餐点，帮助幼儿养成定点、定时、定量进餐的习惯。②帮助幼儿了解食物的营养价值，引导他们不偏食不挑食、少吃或不吃不利于健康的食品；多喝白开水，少喝饮料。③吃饭时不过分催促，提醒幼儿细嚼慢咽，不要边吃边玩。

（3）帮助幼儿养成良好的个人卫生习惯。如①早晚刷牙、饭后漱口；②勤为幼儿洗澡、换衣服、剪指甲；③提醒幼儿保护五官，如不乱挖耳朵、鼻孔，看电视时保持 3 米左右的距离等。

（4）激发幼儿参加体育活动的兴趣，养成锻炼的习惯。如①为幼儿准备多种体育活动材料，鼓励他选择自己喜欢的材料开展活动；②经常和幼儿一起在户外运动和游戏，鼓励幼儿和同伴一起开展体育活动；③和幼儿一起观看体育比赛或有关体育赛事的电视节目，培养他对体育活动的兴趣。

第一部分 《纲要》与《指南》健康领域解读

2. 具有基本的生活自理能力 3 条

（1）鼓励幼儿做力所能及的事情，对幼儿的尝试与努力给予肯定，不因幼儿做不好或做得慢而包办代替。

（2）指导幼儿学习和掌握生活自理的基本方法，如穿脱衣服和鞋袜、洗手洗脸、擦鼻涕、擦屁股的正确方法。

（3）提供有利于幼儿生活自理的条件。如①提供一些纸箱、盒子，供幼儿收拾和存放自己的玩具、图书或生活用品等；②幼儿的衣服、鞋子等要简单实用，便于自己穿脱。

3. 具备基本的安全知识和自我保护能力 3 条

（1）创设安全的生活环境，提供必要的保护措施。如①要把热水瓶、药品、火柴、刀具等物品放到幼儿够不到的地方；阳台或窗台要有安全保护措施；要使用安全的电源插座等。②在公共场所要注意照看好幼儿；幼儿乘车、乘电梯时要有成人陪伴；不把幼儿单独留在家里或汽车里等。

（2）结合生活实际对幼儿进行安全教育。如①外出时，提醒幼儿要紧跟成人，不远离成人的视线，不跟陌生人走，不吃陌生人给的东西；不在河边和马路边玩耍；要遵守交通规则等。②帮助幼儿了解周围环境中不安全的事物，不做危险的事。如不动热水壶，不玩火柴或打火机，不摸电源插座，不攀爬窗户或阳台等。③帮助幼儿认识常见的安全标识，如小心触电、小心有毒、禁止下河游泳、紧急出口等。④告诉幼儿不允许别人触摸自己的隐私部位。

（3）教给幼儿简单的自救和求救的方法。如①记住自己家庭的住址、电话号码、父母的姓名和单位，一旦走失时知道向成人求助，并能提供必要信息；②遇到火灾或其他紧急情况时，知道要拨打 110、120、119 等求救电话；③可利用图书、音像等材料对幼儿进行逃生和求救方面的教育，并运用游戏方式模拟练习；④幼儿园应定期进行火灾、地震等自然灾害的逃生演习。

二、《指南》健康领域教育建议的理解

正确理解《指南》健康领域教育建议，幼儿园健康教育实施需着重把握好以下四个方面：

（一）良好的生活环境是维护和促进幼儿身心健康的重要保证

《指南》健康领域教育建议要求为幼儿提供一个良好的生活环境，全面照料好幼儿的生活和关爱幼儿，以满足幼儿身体和心理发展的基本需要，以尽量减少外界不利因素对幼儿的伤害。

一方面幼儿园要为幼儿提供一个安全、卫生，有利于生长发育的生活环境，并全面照顾好幼儿的生活，以确保幼儿正常的生长发育与健康。幼儿园的设施设备、用具用品、玩教具、食品等方面的卫生与安全，幼儿园的卫生保健工作和日常的保育工作，都需要幼儿园各部门、各类工作人员认真而踏实地工作以及相互的有效配合。有关幼儿一日生活的安排、膳食、卫生与消毒、伤害预防等方面的具体要求，应严格遵照卫生部 2012 年 3 月颁

布的《托儿所幼儿园卫生保健工作规范》等相关文件规定。幼儿园园长要切实负起责任，幼儿园各部门应认真贯彻和执行。

另一方面幼儿园应为幼儿提供一个温暖、轻松、能得到支持的心理环境，确保幼儿在幼儿园里能愉快地生活和活动。让幼儿感受到幼儿园中的温暖、轻松与教师给予的尊重、理解、接纳、关爱以及支持，可以使幼儿产生安全感和对成人的信赖，有助于幼儿心理的健康发展。为此，教师要进一步加强职业道德，增强责任心，提升爱心，不断增强教育意识和教育能力。

（二）健康教育是维护和促进幼儿健康的重要途径

必要的健康教育可以使幼儿获得基本的健康知识和技能，提高幼儿自我保健、自我保护的意识和能力，并促使幼儿逐步形成有益于健康的行为和习惯。这不仅对维护幼儿当前的健康具有重要的意义，而且可以使幼儿逐步成为维护和促进自身健康的小主人，并为其一生的健康奠定良好的态度与行为基础。

1. 幼儿健康教育本质上是生活教育，幼儿园应重视在幼儿日常生活中渗透健康教育

健康领域的大部分目标都与幼儿日常生活中的吃喝拉撒睡、玩耍等密切相关。幼儿生活中的每个环节都包含着许多学习与发展的机会，在此过程中渗透健康方面的指导既自然也十分必要。幼儿可以在日常生活中通过反复学习和实践，逐渐提高健康意识，习得有益于健康的行为，并获得能力上的发展。例如，在幼儿进餐、吃午点的过程中渗透营养教育和良好的饮食习惯的培养，同时发展幼儿手的协调性、灵活性，培养幼儿的生活自理能力。又如，在幼儿进行体育活动的过程中，结合具体的运动内容以及幼儿的行为特点和个体特征，随时渗透运动安全方面的指导。

2. 幼儿园应根据幼儿在健康领域学习与发展的需要以及幼儿健康发展的特点、幼儿学习的特点及规律等，开展专门的健康教育活动

为确保全体幼儿获得健康方面的关键性且成系统的经验，幼儿园有必要围绕某一个健康主题开展专门的健康教育活动，如"爱护眼睛""耳朵的故事""美味蔬菜""食物旅行记""陌生人敲门怎么办""防火逃生演习""情绪脸谱""不高兴怎么办"等，以对所有幼儿进行有目的、有计划，更具体、更深入的相关健康指导。这是帮助幼儿形成健康意识、获得基本的健康知识和技能以及培养幼儿健康行为与习惯的重要途径。因此，幼儿园有必要根据幼儿的年龄特点、生活实际以及幼儿学习与发展的需要，有目的、有计划地开展专门的健康教育活动。例如，在"爱护眼睛"这一主题活动中，教师可以通过讲故事，指导幼儿观看相关音像资料，让幼儿知道为什么要爱护眼睛，并通过讨论与交流，分享爱护眼睛的经验；教师与幼儿针对日常生活中看电视、看图书等，编儿歌、看图示，引导幼儿学习爱护眼睛的正确方法。

3. 幼儿园应对家长进行必要的健康教育和指导，实现家园合作共育

家庭是幼儿生活的主要场所，家长的教养方式、生活方式对幼儿健康意识的形成以及健康知识、行为的获得会产生重要的影响。因此，幼儿园有必要对家长进行一定的健康方面的指导。例如，通过设置健康教育专栏，定期面向家长举办健康教育讲座，提高家长的健康意识和健康认知水平。同时，教师也要关注和支持幼儿在家中的健康实践，家园密切

配合，形成合力，对幼儿的健康成长产生积极的影响。如前面提到的"爱护眼睛"主题活动，幼儿园应及时向家长传递有关爱护幼儿眼睛的信息，鼓励家长在家里培养和支持幼儿的健康行为，帮助幼儿养成爱护眼睛的良好行为与习惯。

（三）体育活动是增强幼儿体质、促进幼儿健康的积极手段

其一，体育时间要保证。幼儿每天的户外活动时间一般不少于两小时，其中体育活动时间不少于1小时，季节交替时要坚持。

其二，体育活动要丰富多样。应利用多种活动发展身体平衡和协调能力。开展丰富多样、适合幼儿年龄特点的各种身体活动，如走、跑、跳、攀、爬等，鼓励幼儿坚持下来，不怕累。

其三，体育活动要有针对性。如经常与幼儿玩拉手转圈、秋千、转椅等游戏活动，让幼儿适应轻微的摆动、颠簸、旋转，促进其平衡机能的发展。鼓励幼儿进行跑跳、钻爬、攀登、投掷、拍球等活动，以及玩跳竹竿、滚铁环等传统体育游戏，发展幼儿动作的协调性和灵活性。

其四，体育活动要确保安全。如结合活动内容对幼儿进行安全教育，注重在活动中培养幼儿的自我保护能力。

其五，体育活动忌专门性训练。《指南》动作发展方面，尤其是力量与耐力部分出现了量化的表述，其原因在于力量与耐力的特殊性，很难用非量化的语言来表述，更难以用非量化的语言来表述年龄段之间的差异，切忌在幼儿园健康教育实施中被这些量化指标迷惑，以此为依据对幼儿进行专门性的训练，这不仅没有贯彻《指南》精神，相反，还是对《指南》精神的违背。如在《指南》教育建议中，明确指出"对于拍球、跳绳等技能性活动，不要过于要求数量，更不能机械训练"。

（四）幼儿园健康教育需要且应与其他各领域教育有机融合，才有利于幼儿身心全面协调发展

幼儿的发展是一个整体，幼儿各领域的学习与发展密不可分，幼儿园健康教育与其他各领域教育应有机结合、相互渗透，才能有利于幼儿身心全面和谐发展。如《指南》教育建议中，"经常带幼儿接触不同的人际环境，如参加亲戚朋友聚会，多和不熟悉的小朋友玩，使幼儿较快适应新的人际关系""鼓励幼儿和同伴一起开展体育活动"等，与社会领域是紧密相关的。又如"提醒幼儿要保持正确的站、坐、走姿势""椅子的高度以幼儿写画时双脚能自然着地、大腿基本保持水平状为宜；桌子的高度以写画时身体能坐直，不驼背、不耸肩为宜"等，是与语言领域、艺术领域，甚至是任何一个领域都分不开的。

案 例

厦门市第四幼儿园《指南》背景下幼儿园健康教育活动开展

健康在幼儿园教育中起着举足轻重的作用。近年来我们发现很多幼儿园在健康课程的研究上更多的只是局限在体育活动开展上，健康课程的整体框架单一、不完整。

我园在"身心并重"的幼儿健康教育观指导下，着重从幼儿的健康体态、动作发展、健康心理三方面进行研究，探索《指南》背景下的幼儿园健康教育活动。

1. 加强保健介入研究，形成幼儿的健康体态
2. 打造特色健康活动，发展幼儿的动作能力

对照《指南》精神，在《指南》健康教育理念的引领下，拓展健康教育内容，开展一系列健康特色系列活动。

（1）特色多样的晨间区域性体育活动。

（2）特色创新的趣味早操活动。

在早操的编排上，我园推陈出新，注重不同阶段幼儿的年龄特点、兴趣爱好和发展需要，从内容、动作、队形等方面综合考虑，使编排的早操贴近幼儿生活，具体体现在"精、趣、新"三方面。

一是"精"。在早操编排主题上做"精"，结合当下的热点和流行元素与时俱进，有喜迎奥运、足球世界杯、红红火火中国龙、最炫民族风、闽南风情、异国风情等。二是"趣"。在早操编排内容上体现"趣"，游戏多变有趣，器械激趣有创意，如我们选取幼儿喜爱的呼啦圈、枪、功夫扇、剑、红五星、椅子、斗笠、棒球棒、哑铃、红绸等，通过一物多用，最大功能地开发器械的多种玩法，结合活泼、生动、有趣味的音乐，将音乐的节奏加入了朗朗上口的口令，以各种相声词"轰、哈、嘿"来制造声势增添早操的精气神，在游戏与队列设计中我们打破班级界限，体现年龄段的互动，班班互动，使整个早操更大气。为了调动孩子在做操中的激情和参与，我们还在游戏环节增加了班班竞赛的元素，使孩子在竞赛中获得成功的喜悦，将早操游戏化、趣味化。三是"新"。体现在音乐的选择上，音乐是早操之"魂"。合适的音乐可以激发和调动幼儿参与早操的热情，培养幼儿的审美情趣、节奏感和表现力。我们将孩子熟悉的动画片音乐、当下流行的儿童歌曲、中国台湾的youyou音乐等，这些富有变化的活泼可爱、民族、流行的元素有机地融合在早操的主题创编中，让孩子欣赏不同的音乐风格，感受音乐的不同变化。

（3）凸显快乐的体育特色活动。

3. 开展幼儿个案研究，促进幼儿的心理健康

摘自郑鹭.《指南》背景下的幼儿园健康教育活动初探［J］.科教文汇，2014（6）：10-15.

动手实践

调研幼儿园健康教育实施中，有没有被忽视的方面？被忽视的是哪些方面？是什么原因导致的？

第一部分 《纲要》与《指南》健康领域解读

拓展知识

1. 幼儿园心理健康课程实施的影响因素

影响幼儿园心理健康课程实施的因素主要有：教师自身的因素（教师的知识与能力、信念、课程实施取向等）、外部的影响因素（政策的支持、教学资源、幼儿园的环境、家长与社会的支持等）。

（1）教师自身的因素。①教师的知识与能力。教师的知识、能力与课程实施的效果有着密切的关系。……在对五所幼儿园的部分老师的访谈中，以问卷（附录3）中的题目直接提问他们，在几乎所有的被访者，都能大致说出《纲要》中关于幼儿心理健康教育的目标和内容，但也有部分教师对此比较模糊，甚至就回答说是为了发现幼儿的心理偏差，促进其心理健康发展；而部分教师对针对性的教学方法也了解不多，教学技能和经验也比较缺乏，导致了部分老师在心理健康课程的实施课程中显得捉襟见肘。②教师的信念。综合有关文献资料，笔者将从以下几个方面来认识有关幼儿教师信念的问题：幼儿教师对幼儿学习心理健康课程的信念、对心理健康课程的信念、幼儿教师在心理健康课程实施中的角色的信念以及幼儿教师的教学效能感等。……在实地研究中，笔者发现幼儿园的课程计划表中，专门的心理健康课程所占的时间是很少的，一般是一月一次，有时甚至是一学期只有一次或可数的几次，课程计划表中更多安排的是语言、科学、数学等，而且心理健康领域的内容也几乎是重复进行。……在实际的课程实施中，教师还是占据主导地位，幼儿只是按照教师预设的课程走，经常出现开放的问题，但却只能得到预设的答案。……由于心理健康课程不像语言、数学等课程那样系统、内容层次清晰又能产生立竿见影的效果，所以难以符合某些家长的要求，加上长期以来人们对此课程不太重视，所以老师们也都是按教材要求或上级安排去准备活动，很少自己去创生相关活动。③教师的课程实施取向。……幼儿园大部分教师采取了忠实的课程实施取向，即他们在课程实施的过程中基本是按照教材、教学计划进行，基本不做调整。但是也有部分教师在心理健康课程的实施中采取了相互调适取向，即他们在遵循《纲要》、教材、课程安排的情况下，会根据具体情况对课程实施做出一些调整。不过这些调整，也只是在教学活动的准备中，针对教材内容做一些增删。当教学中出现与预设内容不一致的情况时，教师通常都是换一种形式，然后继续按照原计划进行教学，所谓的有调整也还是换汤不换药，很少有教师及时生成新的课程。

（2）外部的影响因素。①园长的支持。……园长们对心理健康课程的重视程度不一。②教学资源。……幼儿园为心理健康课程提供的相关教学资源很有限，基本没有专门的教材，只有从相关主题中整理出来的零星内容，谈不上系统性；有的幼儿园几乎没有专门的材料准备。③幼儿园的环境。……幼儿园的物质环境和

第二章 幼儿园健康教育的实施

人文精神环境都还不错，是有利于其心理健康教育活动的实施的。④家长与社会的支持。……家庭是幼儿活动的第一场所，同时也是幼儿的主要生活场所，家庭环境对幼儿的心理健康的影响非常大。而目前很多家长都没有注意到这方面，致使许多幼儿出现了"两面派"现象，给幼儿教师心理健康课程的实施带来困难。

综上所述，幼儿园心理健康课程实施的影响因素是很多的。概括来讲，有教师自身的因素，也有外部的因素。尽管各因素的影响不同，但是我们应该认识到，这些因素之间不是完全独立的，而是相互联系着的，忽视其中任何一个因素，都会影响心理健康课程实施的有效性。

摘自周卫萍. 幼儿园心理健康课程实施的研究［D］. 苏州：苏州大学，2011.

2. 日本幼儿健康教育的方法（指导要点）

方法（指导要点）是对健康教育内容的指导和说明，指出教师在实施过程中应该着重关注的要点。具体的方法有：

（1）鉴于身心健康之间有着密切的相互联系，幼儿应在与教师及其他幼儿和谐、融洽相处中去体验自己的存在感和充实感等为基础，促进幼儿身心的健康发展。

（2）通过在生活中让幼儿根据自己的兴趣、需要和能力，以及运用整个身体去进行各种各样的活动，使其在体验充分活动身体的乐趣中养成爱惜自己身体的精神。

（3）幼儿身体功能的发展必须在自然环境中进行体育活动才能获得，教师激发幼儿进行户外活动的兴趣和欲望。教师应依据幼儿运动方式的特点，创造性地布置活动场地及设置活动器械。

（4）在保持良好的同伴关系的氛围中，教师应该引导幼儿通过独立、自主的活动，使其养成健康的、基本的、必需的生活习惯。

摘自何峰. 日本幼儿健康教育：目标、内容、方法之特点［J］. 山东教育，2006（9）.

思考与实训

1. 幼儿园健康教育的本质是什么？该如何实施？
2. 幼儿园健康教育实施与其他各领域教育能否融合？
3. 幼儿园健康教育就是"健康课"？
4. 调查幼儿园教师实施幼儿心理健康教育存在哪些困难，尝试分析对策。
5. 随机观察幼儿园教师实施的健康教育活动，结合所学分析值得教师学习借鉴及有待改进之处。
6. 在幼儿园健康教育实施过程中，该如何看待《指南》健康领域数量化的发展指标？

第一部分 《纲要》与《指南》健康领域解读

知识链接

［1］顾荣芳. 保护幼儿生命，促进幼儿健康——《纲要》幼儿健康教育思想解读［M］.// 教育部基础教育司.《幼儿园教育指导纲要（试行）》解读. 南京：江苏教育出版社，2002.

［2］顾荣芳. 试论幼儿健康教育的渗透与融合——兼议《纲要》幼儿健康教育思想的贯彻［J］. 学前教育研究，2002（1）.

［3］顾荣芳. 幼儿健康教育问题的探讨［N］. 中国教育资讯报，2002-01-03（12）.

［4］刘馨.《3~6岁儿童学习与发展指南》健康领域教育建议解析［J］. 幼儿教育，2013（5）.

［5］王先达. 正确领会指导思想，避免走入实践误区——《3~6岁童学习与发展指南》健康领域解读［J］. 福建教育，2013（5）.

［6］陆静雯. 做孩子健康成长的护航者——例谈如何指导家长读《3~6岁儿童学习与发展指南》健康领域［J］. 幼教会刊，2014（6）.

［7］叶平枝，赵景辉等. 幼儿园健康领域教育精要——关键经验与活动指导［M］. 北京：教育科学出版社，2015.

第三章 幼儿园健康教育评价

引例

乐乐，女，4.5岁，幼儿园准备在亲子运动会上组织跳绳比赛，鼓励家长陪同幼儿一起练习，妈妈询问比较发现乐乐跳的数量远不如班级其他幼儿，于是回家每天都要求乐乐反复训练……

学习情境

熟悉《纲要》《指南》关于幼儿园教育评价的相关内容，理解并掌握幼儿园健康教育评价的注意事项。

幼儿园健康教育评价是对幼儿园健康教育进行价值判断的过程。即对幼儿园健康教育目标的实现程度、健康教育内容的选择状况，以及健康教育实施效果的价值判断。《纲要》《指南》针对幼儿园健康教育评价尽管没有专门的内容，但《纲要》中的教育评价部分和实施《指南》应把握的几个方面，都对幼儿园健康教育评价具有重要指导意义。

第一节 《纲要》相关内容对幼儿园健康教育评价的启示

一、《纲要》教育评价部分内容

（1）教育评价是幼儿园教育工作的重要组成部分，是了解教育的适宜性、有效性，调

整和改进工作,促进每一个幼儿发展,提高教育质量的必要手段。

(2)管理人员、教师、幼儿及其家长均是幼儿园教育评价工作的参与者。评价过程是各方共同参与、相互支持与合作的过程。

(3)评价的过程,是教师运用专业知识审视教育实践,发现、分析、研究、解决问题的过程,也是其自我成长的重要途径。

(4)幼儿园教育工作评价实行以教师自评为主,园长以及有关管理人员、其他教师和家长等参与评价的制度。

(5)评价应自然地伴随着整个教育过程进行。综合采用观察、谈话、作品分析等多种方法。

(6)幼儿的行为表现和发展变化具有重要的评价意义,教师应视之为重要的评价信息和改进工作的依据。

(7)教育工作评价宜重点考察以下方面:
①教育计划和教育活动的目标是否建立在了解本班幼儿现状的基础上。
②教育的内容、方式、策略、环境条件是否能调动幼儿学习的积极性。
③教育过程是否能为幼儿提供有益的学习经验,并符合其发展需要。
④教育内容、要求能否兼顾群体需要和个体差异,使每个幼儿都能得到发展,都有成功感。
⑤教师的指导是否有利于幼儿主动、有效地学习。

(8)对幼儿发展状况的评估,要注意:
①明确评价的目的是了解幼儿的发展需要,以便提供更加适宜的帮助和指导。
②全面了解幼儿的发展状况,防止片面性,尤其要避免只重视知识和技能,忽略情感、社会性和实际能力的倾向。
③在日常活动与教育教学过程中采用自然的方法进行。平时观察所获得的具有典型意义的幼儿行为表现和所积累的各种作品等,是评价的重要依据。
④承认和关注幼儿的个体差异,避免用划一的标准评价不同的幼儿,在幼儿面前慎用横向的比较。
⑤以发展的眼光看待幼儿,既要了解现有水平,更要关注其发展的速度、特点和倾向等。

二、《纲要》教育评价部分对幼儿园健康教育评价的启示

一是幼儿园健康教育评价意义重大。通过幼儿园健康教育评价可以准确把握幼儿园健康教育的客观现状,可以全面了解幼儿的身心健康发展状况及水平,能及时发现问题,采取相对应的干预措施,改善幼儿园健康教育现状,提高幼儿园健康教育质量,提升教师的专业成长,促进幼儿健康发展。

二是幼儿园健康教育评价人员具有广泛性。管理人员、教师、幼儿及其家长均是幼儿园健康教育评价工作的参与者。

三是幼儿园健康教育评价方法具有多样性。但应以教师自评为主，应伴随着整个健康教育过程评价自然地进行，应将观察到的幼儿的行为表现和发展变化视之为重要的评价信息和改进工作的依据。

四是幼儿园健康教育评价是围绕活动目标、活动内容、活动方式方法、环境条件等方面进行的。幼儿的已有经验、兴趣需要、主体性发挥、个体性差异关注等是把握的重点。

案例

武汉市青山区第一幼儿园健康教育评价体系

1. 对幼儿健康和动作发展的评价

幼儿健康和动作发展评价中的评估内容包括两个主要方面：一般健康情况（生长发育情况、身体适应能力）和动作发展情况（大肌肉运动、小肌肉动作）。

2. 对幼儿社会能力的评价

幼儿园对儿童社会能力的培养可以从以下方面进行评价：A. 认识自我和周围人；B. 了解日常规则；C. 了解人际交往规则；D. 理解他人见解；E. 爱周围的人；F. 爱集体；G. 控制与表达情绪情感；H. 与别人交流情感；I. 自信；J. 成就感；K. 自我再现；L. 坚持性；M. 与教师交往；N. 同伴交往；O. 同伴地位；P. 交往策略；Q. 自己解决矛盾；R. 与陌生人交往。

3. 对幼儿行为习惯的评价

具体从生活、行为、学习三方面进行评价：A. 进餐；B. 睡眠；C. 如厕；D. 穿戴衣服；E. 个人整洁；F. 注意公共卫生；G. 安全意识；H. 礼貌行为；I. 关心他人；J. 遵守规则；K. 劳动习惯；L. 爱护物品；M. 诚实；N. 独立活动；O. 学习兴趣；P. 注意力；Q. 任务意识；R. 学习姿势。

摘自武汉市青山区第一幼儿园课题组. 构建以幼儿为主体的幼儿园健康教育体系［J］. 武汉市教育科学研究院学报，2006（4）.

第二节 《指南》相关内容对幼儿园健康教育评价的启示

一、实施《指南》应把握的几个方面

（一）关注幼儿学习与发展的整体性

儿童的发展是一个整体，要注重领域之间、目标之间的相互渗透和整合，促进幼儿身心全面协调发展，而不应片面追求某一方面或几方面的发展。

（二）尊重幼儿发展的个体差异

幼儿的发展是一个持续、渐进的过程，同时也表现出一定的阶段性特征。每个幼儿在沿着相似进程发展的过程中，各自的发展速度和到达某一水平的时间不完全相同。要充分理解和尊重幼儿发展进程中的个别差异，支持和引导他们从原有水平向更高水平发展，按照自身的速度和方式到达《指南》所呈现的发展"阶梯"，切忌用一把"尺子"衡量所有幼儿。

（三）理解幼儿的学习方式和特点

幼儿的学习是以直接经验为基础，在游戏和日常生活中进行的。要珍视游戏和生活的独特价值，创设丰富的教育环境，合理安排一日生活，最大限度地支持和满足幼儿通过直接感知、实际操作和亲身体验获取经验的需要，严禁"拔苗助长"式的超前教育和强化训练。

（四）重视幼儿的学习品质

幼儿在活动过程中表现出的积极态度和良好的行为倾向是终身学习与发展所必需的宝贵品质。要充分尊重和保护幼儿的好奇心和学习兴趣，帮助幼儿逐步养成积极主动、认真专注、不怕困难、敢于探究和尝试、乐于想象和创造等良好的学习品质。忽视幼儿学习品质培养、单纯追求知识技能学习的做法是短视而有害的。

二、《指南》对幼儿发展评价的启示

《指南》健康领域部分描述了健康领域学习与发展的目标，呈现了3~6岁儿童健康学习与发展的特点与过程，为幼儿园教师和家长观察、了解儿童健康学习与发展提供了科学的参照，为幼儿园健康教育评价中的幼儿发展评价提供了科学的参照。实施《指南》应把握的几个方面为幼儿健康学习与发展明确了核心价值理念，为幼儿园健康教育评价中的幼儿发展评价明确了核心理念。《指南》对幼儿发展评价的启示主要有：

首先，幼儿发展评价应以整体的眼光来看待。儿童的身心发展是一个整体，片面重视某一方面或忽视某一方面的发展都是不合适的。

其次，幼儿发展评价应以差异性的眼光来看待。每个儿童发展的速度、方向乃至方式都是不一样的，不能用统一的标准来要求所有幼儿。

最后，幼儿发展评价应以质性评价重于量性评价的眼光来看待。儿童的发展是追求长远的发展，而不能只着眼于眼前短暂利益。一味追求数量、技能，赶超幼儿发展实际，不顾幼儿发展特点及规律的机械训练，都应受到批判。

案 例

误区：家长和教师将健康领域发展指标作为检测幼儿发展的工具

在当前对《指南》的解读中，一些教师和家长侧重于文本的了解，没能理解文本内容背后所包含的价值取向。其中在健康领域又是最容易引起大家误读或误解的领域，特别是有关"动作发展"的"具有一定的力量和耐力"等健康领域的发展指标。《指

《南》的主要执笔人李季湄和冯晓霞两位教授在多个场合都提到了这个话题。李季湄教授就特别指出:"一些家长和老师看到《指南》健康领域有关儿童动作发展的典型表现描述得很具体、明确,就按耐不住测试的冲动,以这些指标作为检测儿童是否达标的标准,这是对《指南》健康领域教育很大的误解。"

一些幼儿园或家长根据《指南》中健康领域的发展指标,对幼儿进行检测。《海峡都市报》就报道了这样一个例子:4岁孩子的母亲李女士,从网上看到了教育部出台的这部《指南》,也非常认真地看了全文。看完之后,她说孩子的多数教育目标基本能达标,但因为孩子是早产儿,体质不是特别好,在运动能力上要稍弱一点,比如能单脚连续向前跳5米左右、能双手抓杠悬空吊起15秒左右等目标,她的孩子恐怕都无法做到。这位家长的做法就是将发展指标作为一个标尺来衡量自己孩子是否达标的典型。

从文件的出台来看,这次文件名为"发展指南",而不是"发展标准",其实已经考虑到了公众的心理,避免公众把它理解成为一个统一的标尺或工具。上文的家长案例,就是对《指南》发展指标的误读。《指南》在健康领域设定了较多具有量化的发展目标和指标,确实在文本上容易引起成人将发展指标作为检测幼儿是否达标的工具。健康领域的发展指标,只能作为幼儿园教师和家长的参考,不能作为评判幼儿发展的"标尺",成人不应该用一把"尺子"来衡量所有幼儿,也不可用一把"尺子"评判教育是否合格。教师或家长对《指南》的解读走入了误区,将《指南》里面的发展指标作为检测工具,这在解读和贯彻《指南》健康领域过程中尤其要注意避免,否则,这样做的后果反而会对幼儿的发展不利。正如专家所言:"相比较其他领域,健康领域数量化的发展指标,可以为家长或老师了解儿童学习与发展状况做出评价,但不能仅仅把《指南》作为一个专门的评价或测量工具。即使能测出来,我们还要看到,这种统一的测试方法是弊大于利,容易对达不到这个标准的幼儿自信心、自尊心产生伤害。"

摘自王先达. 正确领会指导思想,避免走入实践误区——《3~6岁儿童学习与发展指南》健康领域解读[J]. 福建教育,2013(5).

动手实践

调研幼儿园健康教育评价指标体系,并运用《纲要》和《指南》相关精神进行分析。

拓展知识

1.《3~6岁儿童学习与发展指南》下幼儿发展评价的定位与实施

《指南》通过对各领域目标的详细描述,呈现出儿童学习与发展的特点与过程,为家长和教师观察、了解儿童提供了科学的参照。这无疑为幼儿发展评价提

第一部分 《纲要》与《指南》健康领域解读

供了更加科学、具体的视角,但把指南直接作为幼儿发展评价的指标并不妥当。《指南》中的目标不是各年龄段儿童发展的最终结果,也不是评价和衡量幼儿发展好坏、快慢的"标尺",不能简单地把幼儿的发展同目标相对照来进行所谓的"评价"。

(1) 幼儿发展评价的定位:以幼儿为本。

以幼儿为本,就是指以幼儿发展为本,一切教育工作以促进幼儿发展为主旨。评价,是幼儿园教育工作的一部分,其开展旨在促进每个幼儿全面发展。坚持以幼儿为本的幼儿评价的定位,总结起来就是围绕幼儿发展而展开:为发展而评价,对发展而评价,在发展中评价。①为发展而评价——聚焦幼儿的"闪光点"。聚焦幼儿的闪光点,就是要求幼儿教师学会欣赏每一个幼儿,不戴有色眼镜,平等对待每一个幼儿,发现幼儿身上被忽略的优势。②对发展而评价——重视真实情境下的发展。所谓真实情境,是指不是专门预先设计的幼儿获得情境,而是自然发生的生活情境,是动态的、变化的、开放的情境。要保证幼儿发展评价的真实性,幼儿教师不能为幼儿目标行为的出现而预先设定活动的情境,把幼儿的学习与活动禁锢在一种人为创造的环境中,盲目地为了评价而评价,以致打乱幼儿原有的活动秩序。③在发展中评价——关注幼儿学习过程。发展的过程就是学习的过程,幼儿的发展是在幼儿的学习、活动中产生的。因此,对幼儿发展的评价就要关注幼儿的学习过程,在幼儿的学习过程中进行评价。关注幼儿的学习过程,幼儿教师可以在学期初、学期中和学期末三个阶段,收集幼儿平日具有代表性的作品形成档案,作为评价的素材。纵向时间下的连续评价,呈现出幼儿的学习方式与历程,展现幼儿的发展状况,同时也应及时反馈给教育教学,为幼儿更好地学习和发展提供支架。

(2) 幼儿发展评价的价值实现:以有序实施为梯。

在学习《指南》时,幼儿教师不能直接拿它作为评价工具去评价幼儿,而应以其为参照,在具体实施过程中去探索出适宜的评价策略,在持续、有序、动态的评价过程中,为幼儿的成长搭建阶梯,推动幼儿全面发展。①准备:心中有目标。目标的确认是一个核心任务,所有行动只有围绕这个核心展开,才不会偏离正确的方向。幼儿教师心中拥有清晰的评价目标,在评价过程中就会保持清晰的头脑,时刻监控自己的评价行为,保证评价不偏离最初确定的旨在促进幼儿发展的价值轨道。保证评价的实施有方向可循,幼儿教师首先需要事先熟悉《指南》的相关内容,明确自己要评价的幼儿在各个领域的表现,对幼儿在这些领域应有的学习与发展水平做到心中有数。然后,依照《指南》对所有评价的领域制定详细的评价指引与检核表。接下来,幼儿教师要围绕已制定好的指引与检核表,思考将在哪里、在什么时间最有效地收集幼儿活动的资料;每次收集花多长时间;采用何种方式收集评价资料较为适宜;每次评价幼儿的数量为多少;用什么方式进行记录较为便捷;等等。最后,把心中想好的评价方向形成具体的评价方案。此外,幼儿教师还要想好评价材料的储存系统。②开展:眼中有幼儿。开展评价就需要做到"眼中有幼儿",把心中的评价目标聚焦到幼儿的学习活动与行为表现上。"眼中有幼儿"不能简单地等同于"看"幼儿,而是指"观察"幼儿。观察不等同于看,观察取决于在看的同时还要对外界获取的信息进行理解，观察具有目的性、意义性。幼儿教师可以运用多种方式深入幼儿学习情境进行观察，如可以从与儿童谈话、讨论、指导儿童的过程中观察；可以从与儿童互动中脱离出来进行观察，还可以在幼儿活动发生后，用几分钟时间记录活动中所发生的事情。"眼中有幼儿"要求观察的记录要避免出现主观、情绪色彩的文字，以幼儿的实际活动为准，客观描述幼儿的学习与发展的行为表现。幼儿教师还要在随后的材料的整理分析中对幼儿的行为做出解释和相应的判断。③收尾：结果有应用。这里所说的"结果"，就是幼儿教师根据对收集的资料进行解释而得出的结论。幼儿发展评价的终极目标，是在了解幼儿发展状况的基础上，教师积极采取措施，有针对性地、高效能地促进每个幼儿的全面发展。幼儿教师不要把一个阶段内评价的结果只是进行简单的汇总，当成静止的文本档案。收集幼儿一定的行为表现材料后，幼儿教师就需要对这些材料进行解释，做出适宜的判断。这里的"判断"，不是指对某幼儿的学习表现或行为形成某种印象、下结论或是"贴标签"，而是运用现实的材料对幼儿的行为进行分析、解读。幼儿教师首先要利用评价结果重新审视幼儿的学习，分析评价对象的发展状态，在幼儿行为发生发展的背后找到相应的原因；然后通过深入挖掘出一些规律性、本质性的问题，达到教师对幼儿学习与发展的理解，为每位儿童书写评述，描写他的优点及需要关注之处；最后反思以往的教学活动，为下一步的教育提供依据，并适时调整教育策略。此外，幼儿教师还需把评价结果反馈给幼儿和家长，让幼儿知道自己的进步，这会让他们在以后的学习中充满信心和动力；让家长充分了解幼儿在园情况，帮助家长找到幼儿的强项与不足，为科学的家庭教育提供方向，形成家园教育的合力。

摘自秦旭芳、陈铮. 为幼儿成长搭建阶梯——《3~6岁儿童学习与发展指南》下幼儿发展评价的定位与实施［J］. 教育导刊，2013（10）.

2.《3~6岁儿童学习与发展指南》对幼儿发展评价的启示

《指南》通过一整套比较科学、明确、具体的目标和教育建议，体现出国家对3~6岁儿童学习与发展方向的引导与质量要求，为我们评价幼儿的发展提供了导向性的指引与有力的行动支持。

（1）《指南》有助于全面观察、评价幼儿的整体发展，获得幼儿发展的完整图像。

幼儿是一个"完整的人"，幼儿各个领域的发展是整体的、内在联系的、相互促进的，而非孤立、单独、割裂地发展。幼儿发展的整体性，要求我们对幼儿发展的评价也应是整体的。在应用《指南》观察、评价幼儿的时候，我们需要熟记《指南》的结构，每个领域包含几个子领域，每个子领域有几条目标，并且要综合地应用和理解。

（2）《指南》有助于系统观察、评价幼儿的动态发展，追踪了解幼儿的发展进步。

幼儿发展评价除了关注幼儿共同的发展特征，还要考虑幼儿在发展水平、能力倾向及原有经验等方面的个体差异，考虑幼儿每一阶段发展水平与前一阶段发展水平的差异。在应用《指南》时，教师要以《指南》中的目标及典型表现为依

第一部分 《纲要》与《指南》健康领域解读

据,观察、评价幼儿的表现,了解幼儿是如何朝着这些目标发挥的。有研究者指出,可以从幼儿表现的一种情形发现他们的进步:①最初朝着某项学习指标迈进的情形;②朝着某项学习指标迈进的情形;③达到某项学习指标的情形。

(3)《指南》有助于重点观察、评价幼儿有意义的发展,获得幼儿发展的独特表现。

在幼儿园实践工作中,教师应及时地捕捉幼儿有意义的行为,使之成为进一步观察、评价或者制订课程计划的基础。那么,什么是幼儿有意义的发展呢?我们体会,教师可以从应用《指南》入手,重点观察、评价幼儿与《指南》32条目标及典型表现有关的行为表现。

摘自刘霞.《3~6岁儿童学习与发展指南》对幼儿发展评价的启示[J].教育导刊,2014(1):13-16.

思考与实训

1. 什么是幼儿园健康教育评价?
2. 幼儿园健康教育评价的方法主要有哪些?
3. 幼儿园健康教育评价重点关注哪些方面?
4. 幼儿健康发展评价应注意哪些事项?
5. 《指南》健康领域量化的发展指标对评价有怎样的意义?
6. 动手设计一个幼儿园健康教育评价方案。
7. 随机观察幼儿园实施的健康教育活动,结合所学进行评价。
8. 随机入园观察幼儿的健康行为,撰写评价报告。

知识链接

[1]国家体育总局.中国关心下一代工作委员会1998中国3~6岁儿童体质现状研究[M].北京:北京医科大学出版社,2002.

[2]吕书红.健康教育评价中存在的问题与对策[J].中国健康教育,2003(8).

[3]杜萍.幼儿科学运动健身内容和评价与体质测定相结合的探讨[J].甘肃科技,2008(8).

[4]吴爱华.《多主体参与的健康教育评价方法的研究》课题研究报告[R].当代学前教育,2008(8).

[5]刘霞.试析当前幼儿发展评价改革的基本走向[J].幼儿教育:教育科学,2008(8).

[6]马进春,高敏.幼儿发展评价存在的问题与对策[J].甘肃教育,2014(6).

第二部分 幼儿园健康教育活动指导

第一章 幼儿园身体认知教育活动的设计与指导

引例

幼儿午休时,刘老师巡视后没发现异常,就拿起一本书看了起来。突然,听到了一阵异样的声音,刘老师急忙起身察看,只见小佳呼吸急促,脸红红的,眼睛里满是泪水。"你怎么了?"老师问她,"珠珠,珠珠在鼻子里。"她结结巴巴地说。刘老师赶紧把她抱起来,果然一个白色的小珠子在右鼻孔里,刘老师一边安慰她一边用手指按住她的左鼻翼,让她像擤鼻涕一样用力向外擤,还好,小珠子出来了。

学习情境

明确幼儿园身体认知教育的含义,理解并掌握幼儿园身体认知教育的目标、内容,熟悉幼儿园身体认知教育活动实施的原则、途径和方法,能够进行幼儿园身体认知教育的活动设计和有效指导。

幼儿对这个世界的探索,从他们出生那一刻就开始了。在生命起初的几个月,婴儿探索最多的是自己的身体,因为对于一个新生儿来说,自己身体的一切感觉和反应都是前所未有、新鲜未知的。从呼吸、吸吮、吞咽、咳嗽、打喷嚏,到饥饿、困倦,乃至大小便,许许多多我们成年人习以为常、难以觉察的感觉,对小婴儿来说都是刻骨铭心的经历。

随着年龄的增长,幼儿对身体的探索更加积极。他们通常会问:"在我从椅子上摔下来之前,我能爬多高"之类关于身体能力的问题,"我是哪里来的?""人能不能不死?我不要死!"之类关于生命的起源和消亡的问题,也会在对自己的身体特征考虑一番后,提问"尿是从什么地方流出来的""为什么女孩子要蹲着尿尿,男孩子要站着尿尿"等。幼

第一章 幼儿园身体认知教育活动的设计与指导

儿园身体认知教育对以上问题的解决及幼儿的健康发展具有重要的意义。

那么，究竟什么是幼儿园身体认知教育呢？

幼儿园身体认知教育主要是对幼儿进行身体认识与保护知识的教育，使幼儿初步认识自己身体各器官、系统的机能及其生长发育，认识疾病对健康的影响，并在此基础上逐步且粗略地认识人体各部分的生理特点，学习保护身体的一些方法，逐步建立关心、保护身体健康的意识，形成相应的保护身体健康的行为。

第一节　幼儿园身体认知教育概述

一、幼儿园身体认知教育的目标

3~6岁幼儿生长发育迅速，身体大部分器官、系统的结构和功能发展极快，同时也是身体感官发展的敏感期，对自己和他人的身体有强烈的探索兴趣和欲望。幼儿身心发展的特点，是确立幼儿园身体认知教育的总目标和各年龄阶段目标的基本前提。

（一）幼儿园身体认知教育的总目标

在认识身体主要器官形态、结构和功能的基础上，了解常见疾病的简单知识，具有保护自己（和他人）身体器官的意识，并学习和掌握保护自己（和他人）身体健康的基本方法。

（二）幼儿身体认知教育各年龄阶段目标

幼儿身体认知教育各年龄阶段目标的确立，应参照《指南》中相关内容对幼儿学习与发展的合理期望。

《指南》中幼儿身体认知的相关内容

阶段目标	3~4岁	4~5岁	5~6岁
具有健康的体态	①身高和体重适宜。②在提醒下能自然坐直、站直	①身高和体重适宜。②在提醒下能保持正确的站、坐和行走姿势	①身高和体重适宜。②经常保持正确的站、坐和行走姿势
具有良好的生活与卫生习惯	①不用脏手揉眼睛，连续看电视等不超过15分钟。②在提醒下，每天早晚刷牙、饭前便后洗手	①知道保护眼睛，不在光线过强或过暗的地方看书，连续看电视等不超过20分钟。②每天早晚刷牙、饭前便后洗手，方法基本正确	①主动保护眼睛。不在光线过强或过暗的地方看书，连续看电视等不超过30分钟。②每天早晚主动刷牙，饭前便后主动洗手，方法正确

依据幼儿园身体认知教育总目标，以及参照《纲要》《指南》，幼儿园身体认知教育各年龄阶段目标为：

1. 3~4岁（小班）

①了解身体的外形结构，知道其名称；②认识并学习保护五官，知道不把异物放入耳、鼻、口内；③身高体重适宜，在提醒下能自然坐直、站直，不害怕各种身体检查和各种预防接种；④知道自己的性别。

2. 4~5岁（中班）

①认识身体的外部主要器官，了解其功能及保护方法。②身高和体重适宜；在提醒下能保持正确的站、坐和行走姿势；知道预防接种的重要性，逐步形成乐于接受疾病预防和治疗的积极态度和行为；不乱吃药物。③知道处理常见外伤最简单的方法。

3. 5~6岁（大班）

①进一步认识身体主要内部器官，知道其主要功能，了解简单的保护方法；②了解身体部分系统（如消化系统）的简单运行原理，知道一些保护方法；③身高和体重适宜，经常保持正确的站、坐和行走姿势；懂得预防常见疾病的常识；④初步具有性别角色意识。

某幼儿园身体认知教育目标

1. 幼儿身体认知教育的总目标

（1）认识身体的主要器官及组织系统，了解其形态、简单构造及主要功能。

活动的开展要基于幼儿的身体认知水平，并注意在认知的基础上，引导幼儿自我保护态度和行为的形成。

（2）知道身体器官和系统的重要性，学习保护身体的基本方法。

重视对幼儿生命的人文关怀，培养幼儿的生命意识、安全意识，让幼儿学会自我保护，养成健康的生活方式。

（3）了解常见身体疾病的简单知识，形成积极预防及接受治疗的态度和行为。

让幼儿初步了解预防疾病的常识和学会简单技能，树立关心自己和他人身体健康的意识，纠正不良的生活卫生习惯，形成初步抵御疾病的意识，保障幼儿的身体健康。

2. 各年龄班身体认知教育的目标

（1）小班。

了解身体主要外部器官的形态、结构，知道名称；学习保护自己的五官，不把异物放入五官中；知道自己是男孩还是女孩。

（2）中班。

进一步认识身体外部器官，并初步学习保护自己身体器官的方法；愿意接受疾病预防和治疗。

（3）大班。

认识身体内部主要器官及其重要功能，并懂得简单的保护方法；了解龋齿、近视等基础知识，能够自觉保护牙齿和眼睛；具备初步的性别角色意识。

二、幼儿园身体认知教育的内容

保护幼儿身体健康是幼儿园健康教育的首要内容，儿童对自己及他人身体的认知和保护是幼儿园身体认知教育的主要内容。《纲要》中指出，幼儿健康领域内容的选择应"既适合幼儿身心的现有水平，又有一定的挑战性""既符合幼儿的现实需要，又有利于其长远发展""既贴近幼儿的生活来选择幼儿感兴趣的健康事件和问题，又有助于拓展幼儿健康的经验和视野"。身体认知教育作为幼儿园健康教育的重要组成部分，身体认知教育内容的选择也要遵循幼儿园健康教育内容选择的原则。

（一）幼儿园身体认知教育的主要内容

1. 认识身体和保护身体的教育

具体包括身体器官认识与保护教育、身体系统认识与保护教育、生长发育教育。身体器官认识与保护教育又可以分为身体外部器官认识与保护教育和身体内部器官认识与保护教育。身体外部器官认识与保护教育，主要有眼、耳、口、鼻、皮肤、手、脚等的认识与保护。如对眼睛的认识与保护主要是培养幼儿正确用眼的良好行为习惯，正确的阅读、书写姿势，不用脏手揉眼睛，不在光线过强或过暗的地方看书，连续看电视不超过一定的时间（小班不超过 15 分钟，中班不超过 20 分钟，大班不超过 30 分钟），不用别人的毛巾洗脸，多吃胡萝卜、猪肝等对眼睛有好处的食物等。对口腔的认识和保护主要是培养幼儿良好的口腔卫生习惯，饭前洗手，饭后漱口，早晚刷牙等。对耳朵的认识与保护主要有不掏耳朵，不往耳朵里塞细小物品，防止噪声，保持环境安静等。对鼻子的认识与保护主要有掌握正确的擤鼻涕的方法，不抠鼻子，不往鼻子里塞细小物品等。对皮肤的认识与保护主要是注意皮肤清洁，勤洗头洗脸洗手洗澡，不暴晒，防止冻疮等。身体内部器官认识与保护教育主要有脑、肺、心脏、关节、骨骼等内部器官的结构及功能的认识与保护。身体系统认识与保护教育主要是对诸如呼吸系统、血液循环系统、消化系统等身体系统运行原理的简单认知与保护等。生长发育教育主要是帮助幼儿探索生命的奥秘，体验成长的快乐。

2. 常见疾病防治教育

具体包括预防接种的认识与配合、健康体态的认识与保护、身体不适的主动表达意识与医生治疗的配合、常见疾病与传染病防治的简单方法等。

3. 性启蒙教育

具体包括性器官的基本常识、生命由来科学知识、性别角色认识与保护等。主要内容有知道自己是男孩还是女孩，初步了解男女的区别；正确使用手纸方法、擦屁股的方法；知道保护自己的隐私，知道隐私部位不能随意暴露，不能让别人触摸，如果有人做了这样的事情，要及时告知父母和老师等。

第二部分 幼儿园健康教育活动指导

某幼儿园身体认知教育内容

1. 认识自我，了解生命，知道自我保护的重要性

（1）认识人体器官、系统的构造、功能，知道这些器官缺一不可。如认识眼睛，让幼儿观察它的外形特点，说说它的作用，试一试扮演盲人会给我们生活带来什么麻烦（感受盲人走路、盲人取物……），让幼儿充分感知盲人、哑巴、聋人等残疾人生活的不便，从而知道要保护好自己。

（2）知道人的生命只有一次，我们要爱惜生命。可以通过让幼儿观看电视《动物世界》中小动物遭遇不测的一些情节，以及观看饲养角中小朋友亲手喂养的小动物不幸染病身亡的真实情景，来感受失去它们的悲痛。同时对幼儿进行迁移教育，知道人的生命是珍贵的，是只有一次的。

2. 创设良好的生活环境，增强幼儿自我保护的意识

鼓励孩子勇于探索，但不鼓励孩子随意冒险，要适当地让孩子学会在一些活动中掌握自我保护的方法。如在幼儿园的楼梯口、转角处，我们可以都贴上安全标志，时刻提醒幼儿注意安全。在活动室，可以设立专门的"生活角"，为幼儿提供一些录音、图书、图片资料，还可以将自我保护的内容编成小故事讲给小朋友听。此外，教师还应创设良好的心理环境，以民主、平等的态度对待幼儿，体谅和容忍幼儿的所作所为甚至过失行为，给幼儿以安全感和信任感。

3. 培养幼儿良好的生活习惯，促进自我保护能力的发展

良好的生活习惯与自我保护教育是紧密结合、相辅相成的。例如：正确有序地穿衣服能保护身体，热汤热水吹一吹再喝能避免烫伤，吃饭不嬉笑打闹可避免气管进异物。教师平时应当非常注意幼儿这些生活小节的训练，孩子能做的事就让他自己做，绝不包办代替，让幼儿逐渐形成自我保护的意识和能力。

4. 通过生活和游戏、日常体育活动，学习和巩固一些自我保护的方法与技能

（1）生活是对幼儿进行自我保护教育的重要内容。教育幼儿"不玩尖利的东西"，可以通过观看图片，让幼儿讨论"手指为什么会被划破？手受伤了会给我们的生活带来哪些不方便？手受伤后该怎么办？"然后让幼儿实践操作，学会正确使用剪刀、游戏棒等尖利物的方法，避免危险的产生。

（2）游戏是幼儿最喜欢的活动，将自我保护的学习内容融入游戏之中，能使幼儿在轻松、愉快的气氛中巩固生活技能。如将"橡皮膏朋朋"的故事编成表演游戏，在游戏中进行表演；在自由活动时和孩子一起下"好习惯棋"等，使孩子的自我保护技能在游戏中得到发展。

（3）日常体育活动中随机教育幼儿学会面对危险的事情能及时做出反应，控制自己的行为和动作，让幼儿形成一定的安全意识。如有的小朋友在玩荡秋千的时候会让别的小朋友在后面推一把让自己荡得高一点，但推的小朋友没有想到自己还站在原地

会被荡回来的秋千撞伤,当发现这方面的情况时,教师应立刻帮助幼儿分析这些事情易引起的危害和后果,让幼儿深刻认识到自己所做的事情的严重性,增强其自我保护的意识和能力。

5. 采用形象生动的方法,让幼儿掌握常见疾病预防与治疗的简单知识

对疾病的预防与治疗,教育内容包括:常见身体疾病的发生原因、如何预防的简单知识;在身体出现不适时,要有主动诉说的意识,并能主动接受检查和治疗;关于健康体检和预防接种的简单知识;有关预防及治疗传染病的简单知识等(如传染病不仅使得自己生病,还会传染给与自己接触的其他人)。

6. 与家长及时沟通、家园配合,共同提高幼儿的自我保护能力

通过召开家长会,向家长详细介绍培养幼儿自我保护能力的意义、目标、计划及需要家长配合的事项。保持与家长沟通,促使家长认同幼儿园的培养要求和教育策略,尽可能地吸引家长共同参与班级的教育。另外,可以在"家长园地""家园联系栏"等地方开辟有关的专栏,和家长共同探讨、交流看法。

第二节 幼儿园身体认知教育的实施

幼儿身体认知的发展、保护身体技能的获得,需要通过操作材料、情景而获得,也需要在与环境中人与物的互动过程中学习,幼儿园身体认知教育的组织方法、形式应是多种多样的。

一、幼儿园身体认知教育的原则

幼儿园身体认知教育应根据幼儿的身心发展特点,选择适合的教育内容,遵循相应的原则有效开展。

(一)科学性原则

科学性原则是指在幼儿身体认知教育中要采用科学的方法,向幼儿讲授科学的知识。科学的方法是指要选择适合幼儿年龄特点和认知特点的方式,不能千篇一律。科学的知识是指教师要弄清楚所传递知识的科学性、严谨性,传递给幼儿的知识和经验应是有科学根据的,教师自己不能一知半解或者干脆欺骗、糊弄幼儿。如幼儿提问"我是从哪里来的",不要说"捡来的""树上长的",要结合生命由来的科学知识,给予幼儿正确的有艺术性的回答。

(二)整体性原则

幼儿身体认知教育不仅是传递知识,更重要的是在让幼儿获取身体结构、功能、保健相关知识的同时,形成积极保护自己身体器官和系统健康的意识,并具备保护自己和他人身体健康的能力,是情感、能力和知识的统一。

（三）发展适宜性原则

幼儿身体认知教育具有很强的随机性，不同个体甚至群体之间有很大的差异，需要教师把握幼儿的身心发展特点，在充分观察、了解幼儿需要的基础上，运用幼儿能听懂的语言，采用幼儿乐于接受的方式，在幼儿的认知能力范围之内开展教育。

（四）正面教育原则

正面教育原则是指当发现幼儿有不正当的行为时（如在如厕时窥视异性、触摸异性隐私部位、玩弄自己的生殖器等），不能对幼儿进行斥责或讥笑，更不能打骂幼儿，以免给幼儿造成心理上的创伤，要认识到这是幼儿身体发展过程中的正常行为，在理解其行为发生的基础上，给予幼儿积极正面的教育，使幼儿的身心能够和谐发展。

（五）关注全体，照顾个体原则

幼儿身体认知教育是针对全体的，但每个幼儿家庭生活环境不同，成长背景、性格特点、智力发展水平等都有所不同，在理解、参与活动的过程中又表现为不同的兴趣和水平，这就要求教师在制定针对全体幼儿的教育目标和活动内容时，还要考虑不同幼儿的特点，对个别幼儿进行特别教育。

二、幼儿园身体认知教育的特点

幼儿身体认知教育具有自身不同特色，表现在如下几个方面：

（一）隐蔽性

幼儿园身体认知的隐蔽性特点体现在，教师对幼儿的吃喝拉撒、睡眠、盥洗、穿衣等生理需要能够给予足够的照顾，而实际上，这些行为也占用了老师大量的时间和精力，这些行为具有琐碎、外显、直观、具体等特点，容易引起教师的注意，但身体认知教育所需要把握的隐藏在其中的教育时机和对教育价值的认识往往被忽视，这就是身体认知教育中教育价值和教育时机的隐蔽性特点。

（二）长效性

幼儿园身体认知教育的长效性特点体现在，幼儿在园期间按照一定的作息时间表有规律的生活，形成了一定的生活方式和生活习惯，对自己身体的认知和保护意识也慢慢建立起来，如对自己性别的认知和认同，对五官的保护意识和能力等。幼儿期形成的这些生活习惯、生活方式、处理问题的思维方式和能力常常影响他们的一生。因此，在幼儿进行身体认知教育的过程中，要注意教育的科学性和反复性，利用其长效性特点，为幼儿一生的幸福奠定基础。

三、幼儿园身体认知教育的途径

（一）专门的身体认知教育活动

在身体认知教育过程中，幼儿不容易理解的知识，只有通过教师有计划、有目的、精

第一章　幼儿园身体认知教育活动的设计与指导

心的教学设计，以及生动、活泼、游戏化的教学组织，才能引导幼儿在积极参与活动的过程中，更好地探索、理解和掌握相关内容。幼儿园专门的教育活动形式多样，具有代表性课程模式有领域课程、主题教育活动、活动课程等，幼儿园身体认知教育活动要根据自身特点、发展目标、不同的教育内容、本园实际情况和本班幼儿实际发展水平（如认知水平），选择相应的课程模式。这里重点分析主题教育活动。

主题活动是指教师根据教育目标和幼儿认知发展的需要，在一定阶段围绕一个教育中心课题，综合选用多种教育形式，组成一系列活动，发挥各种教育手段的交互作用，各领域相互融合，促进幼儿认知、情感、个性等方面全面协调的发展。也就是说主题教育活动包括各领域的教育活动以及游戏、区域活动等各个环节，其组织形式包括集体活动、小组活动、个别活动、自由活动等。主题教育目标多通过具体的教育活动、生活活动等一日活动来实现。

主题活动一般用一周或几周的时间完成，在这一阶段中，着重以某一个领域为侧重点进行相关的系列活动，并将其贯穿于整个主题活动的始终。从而达到加深幼儿的印象，巩固其已有经验的目的。以健康（身体认知）为侧重点的主题活动主要偏重于健康领域的一些活动，特别是根据幼儿某一阶段身心发展的需要进行。

主题活动通常包括若干个集体教育活动、区域和游戏活动以及生活活动、家园共育等活动内容。集体教育活动主要是针对班级幼儿身心发展过程中存在的一些共性的问题、幼儿较难理解的一些健康常识、需要特别学习与练习的自我保护技能等，幼儿教师预设一些针对性的策略和方法，有目的、有计划、有组织地面向全体幼儿实施的教育教学活动形式。当然，活动的内容除了预设，还可以根据幼儿的需要临时生成。活动可以采用多种教育形式开展。例如，以情景表演的形式开展，可以使幼儿感受到直观生动的形象，印象深刻；也可以采用多媒体手段，特别是将一些幼儿难以理解的知识，如蛋白质、维生素等营养成分用卡通的形式来表现，使抽象的知识变得较为具体，幼儿易于掌握。当然，活动中一定要给幼儿充分动手操作体验的机会，以巩固幼儿获得的经验。

另外，根据主题活动的需要，在区域活动中设置一些与主题活动密切相关的内容。一方面，使主题活动得到有效的延伸和拓展；另一方面，可以将一些适合于小组或个别的活动直接在区域活动中进行，从而有效地达到促进幼儿个性化发展的目的。如区域活动"我的牙齿"，针对正在换牙的幼儿，在区域中准备一些有关换牙的科学小图片和视频，让幼儿通过认识牙齿的健康教育活动，了解一些牙齿的构造和换牙的原因，再针对幼儿的心理特点进行有关换牙的心理健康教育，引导幼儿正确面对换牙的过程。同时，在阅读区提供一些有关牙齿构造、牙齿健康的图书供幼儿阅读；在游戏区设置一些有关看牙医的游戏，以巩固幼儿的认识等。

通过专门的教育活动来进行身体认知和自我保护教育时，应做到：

（1）教师要根据班级幼儿的问题预设好主题活动教育目标，并且侧重于幼儿身体认知、自我保护行为和技能的培养。将其分别分配在各个领域的活动中开展，其形式可以在集体活动中进行，也可以以区角活动的形式开展，还可以在日常生活的各个环节中渗透。

（2）一个主题活动的结束并不代表行为习惯培养的结束，还可以根据幼儿达到的程度在下一个主题或者下一个阶段中继续进行相应的延伸，以真正实现培养目标。

案例

小班主题活动：奇妙的身体

【主题设计思路】

小班阶段幼儿知识经验不够丰富，但对周围世界充满浓厚兴趣，探索世界不妨从幼儿最贴近的自身开始。当幼儿在讨论"奇妙的身体"题目时，许多幼儿充满了好奇，发表了不同的意见并引发了疑问：

"为什么我们人有手、脚丫、眼睛、嘴巴呢？"

"为什么会有大便和小便，还有'放屁'呢？"

"为什么我们要穿上衣服呢？"

"为什么身体会发出很多不同的声音呢？"

"为什么爸爸的手比我的大呀？"……

【主题活动目标】

（1）通过"收集资料—认识外形—感知用途—学习保护"的步骤，认识自己身体的外部主要器官。

（2）融合绘画、科学、歌舞表演、儿歌、游戏等形式，初步了解身体的构造，知道五官、消化系统等的外形特征及其用途。

（3）初步知道如何保护好自己的身体。

【具体活动安排】

1. 活动一：认识身体器官的名称和作用

与幼儿一起收集相关的书籍，并认识眼眉、鼻毛、指甲、耳朵、胃、大肠、小肠等的名称和功用。

通过教师解释消化系统的运作过程，知道大、小便是怎样形成的，初步养成良好的饮食和卫生习惯。

2. 活动二：尝一尝

大家闭上眼睛，用舌头试试这些是什么：甜？酸？苦？辣？咸？

3. 活动三：嗅一嗅

嗅嗅这些是什么。原来我们的鼻子能够辨别出很多东西呢！

4. 活动四：身体也能说话

身体中有很多器官都会"说话"，以表达出身体的机能状况，如"打嗝"代表氧气不够，胃发出"咕咕"声代表肚子饿等。

尝试利用自己的身体做出不同动作表达出一些友善和不友善的表情。

5. 活动五：动动手

利用不同的材料如羽毛、绒线、粉笔、纸……集合在一起造成一个大巨人！小朋友自选身体的一部分来画画，例如将鼻子涂上水彩。

6. 活动六：保护自己的身体

从书本、录像带和经验分享中，知道怎样才能保持身体健康，如睡眠充足、适量运动、少发脾气。并认识到怎样去保护身体，如在猛烈阳光下要戴上太阳眼镜和在干燥时涂上润肤露等。

通过角色扮演故事"多多告诉你"，小朋友知道怎样保护自己，免受骚扰。

小朋友将带回来的相片和图片加以分类，从而认识一些对身体有益和无益的食物。

7. 活动七：小小诗歌创作家

通过儿歌表达对身体奇妙的赞美。

附1：集体教育活动"可爱的小脚丫"设计方案

设计思路：

小班阶段幼儿知识经验不够丰富，但对周围世界充满浓厚兴趣，探索世界不妨从幼儿最贴近的自身开始。小脚是每个孩子都有的，却很少有机会去仔细观察它。创设这样的机会让孩子感受，在游戏中萌发对身体的初步探索兴趣，着实是件非常有意义的事。

活动目标：

（1）对身体认知活动感兴趣，愿意参与活动；

（2）能够说出自己脚丫的外形特征，初步感受脚丫的作用；

（3）能够爱护自己的小脚，知道如何保护自己的小脚丫。

活动准备：

报纸10张、白纸20张、颜料3盆、大脸盆3个、砖10块、海绵1块、排笔10根、跳珠若干、小框5个、擦手布5条、小椅子33把、坐垫33块、音乐磁带2盘、录音机。

活动过程：

1. 以"脚丫游戏"的形式导入，激发幼儿的兴趣

提问：我们和小脚丫玩了什么小游戏？还可以玩什么游戏？

2. 幼儿自由地通过看一看、踩一踩、比一比的形式让脚丫去感知

提问：感觉怎么样？你发现了什么？

3. 幼儿通过踩一踩、碰一碰的形式探索脚的特点

（1）和同伴一起看一看、比一比，看看自己和别人的小脚是什么样子的，有什么不同？

（2）与同伴交流自己的发现。

提问：你刚才用小脚玩了什么？感觉怎么样？你的小脚是什么样的？上面有什么？和别人有什么不同的地方？

（3）教师小结：脚上有脚心、脚背、有脚趾，有大有小，可以走路、跑，可以感觉物体的冷热、粗细、软硬等。

第二部分 幼儿园健康教育活动指导

4. 想一想，说一说保护小脚的方法

（1）提问：小脚的本领有什么？应该怎么样保护自己的小脚？

（2）教师小结：保护小脚丫的方法有很多，比如：勤洗脚，保持小脚的清洁；不用力地跺脚、走路，应轻轻地走；不踩有刺的东西，避免伤到脚丫，等等。

5. 脚丫游戏，进一步感知自己脚丫的神奇

幼儿可以自己选择不同的游戏活动，体验脚丫的能力。

（1）脚撕报纸：用脚把报纸撕碎；

（2）脚丫想象画：用脚蘸颜料印在纸上，后想象添画出各种图案；

（3）脚步夹珠：用脚在桶里夹出珠子放进小框里，看谁夹得又多又快。

附2：区域活动安排

科学区："闻一闻是什么"活动，投放醋、酒精、香水等不同气味的嗅觉瓶。

阅读区：将师幼收集的身体认知图片、图书等布置在阅读区，供幼儿自由阅读。

美工区：提供纸、笔等材料，供幼儿进行身体认知的绘画。

附3：公共区环境创设

班级张贴人体主要器官图，以介绍身体外部器官为主。

附4：家园共育

在"家园联系栏"介绍主题活动方案，利用离园时间与家长密切沟通，使每个家长了解到孩子们最近在学什么、主题开展的程度、家长需要配合的内容等。请家长配合的内容如下：与幼儿一起收集有关身体结构和功能的图书、录像；请家长利用平时的时间引导幼儿观察人的身体部分的外形特征、每个人的异同等；请家长平时引导、督促幼儿保护好自己的身体。

活动评析：

"奇妙的身体"是反映小班幼儿认识自我的教育内容。主题既贴近孩子的实际，又满足了他们的需要，同时还能在活动中将幼儿零碎的经验进行整合，有利于帮助幼儿提升经验，发展思维能力。由于认识、探索的对象来自幼儿自身，这对小班幼儿来讲无疑是件神秘又充满情趣的乐事。在目标的定位上，活动将认知、技能、情感三要素有机地结合，根据小班幼儿"认识很大程度依赖于行动"的特点，活动形式的安排中，着重幼儿的直接体验，注重他们的感受、探索，立足于让幼儿在多种感官的参与下，通过感知—观察—比较—推理，提升其已有的经验，通过绘画、常识、歌表演、儿歌、游戏等形式让幼儿初步了解身体的构造，知道五官、消化系统等的外形特征及其用途，并在此过程中使幼儿知道了要保护好自己的身体，并获得了一定的保护自己身体健康的方法和技能。

（二）生活中的身体认知教育

著名教育家陶行知先生提出了"生活教育"的理论。指出"生活即教育，社会即学校""教学做合一"等。他强烈主张"生活就是教育，不是生活就不是教育"，教育和实际

第一章 幼儿园身体认知教育活动的设计与指导

生活紧密联系。幼儿园的一日生活环节包括晨间锻炼、教育活动、游戏、自由活动、就餐、散步、睡眠等多个环节。幼儿园身体认知教育的目的不仅是让幼儿对自己的身体器官和系统具有正确的认识，更重要的是在此基础上学习保护自己和他人身体免受疾病和外界的伤害，所以幼儿园的身体认知教育不仅是认知知识的教育，更重要的良好生活习惯和生活能力的养成教育，这些内容本身的特点决定了其在生活中开展教育的要求，需要在日常生活中长期渗透和进行，在生活活动中加以行为练习。另外幼儿的生活中蕴含着大量的教育时机，如能抓住这些教育时机，教育将起到事半功倍的效果。其一，日常生活中的教育常常比传统意义上的"上课"来得及时。例如幼儿如厕过程中是对幼儿进行正确的使用手纸方法教育的良好时机，没有必要等到幼儿"上课"时再进行。其二，幼儿生活中的身体认知教育是对集体教学活动中身体认知教育活动的巩固练习和延伸，有利于对其行为进行强化。例如，即使已经组织过不用脏手揉眼睛的教育活动，但其态度的转变和行为的确立还需要在生活中进行巩固和确认，教师要在生活中不断进行再教育。总之，良好的身体认知和自我保护教育需要在生活中不断加以联系和巩固。

在生活中进行身体认知教育活动可以从以下几个方面进行：

（1）利用日常生活的各个环节如洗手、就餐、如厕等，及时对幼儿进行一些相关的日常行为习惯养成教育：如饭前进行正确的就餐习惯教育；洗手时利用示范、儿歌等方法引导幼儿掌握正确的洗手程序等。

（2）利用日常活动时间对幼儿进行教育活动的延伸，有利于巩固幼儿健康行为的养成。例如：教师对幼儿进行了牙齿健康的教育，饭后对幼儿进行漱口练习；进行了有关营养的教育活动；利用就餐时间引导幼儿注意合理地摄取食物，养成不挑食、不偏食的习惯等。总之，健康的生活、行为习惯的养成必须通过日常生活得到巩固。

（3）利用散步、自由活动等一些形式巩固幼儿的行为习惯。

 案例 1

午饭之前，小班老师组织小朋友去洗手，并且边洗手边念事先学会的儿歌：搓搓搓、搓手心，搓搓搓、搓手背，搓完小手洗一洗，一二三，甩三下。

活动评析：小班幼儿刚刚入园，常规的习惯需要在反复的练习中形成。对于朗朗上口、生动有趣的儿歌，幼儿很容易掌握，很快就能记住洗手的要求。

 案例 2

苗苗小朋友在体育活动中突然出鼻血了。小朋友们十分紧张，老师立刻进行处理并告诉幼儿出鼻血以后的相关急救措施，并且组织幼儿运用已有经验进行"出鼻血怎么办"的活动，引导幼儿明确："出鼻血要多喝水""出鼻血要多吃水果""不能抠鼻子……"接下来，老师又特别邀请了保健医生就出鼻血的一些自我保护措施、正确的预防方法等专门对幼儿进行了专业的讲解。

活动评析：幼儿年龄小，鼻黏膜柔嫩，容易出血。请保健医生讲解，可以帮助幼儿掌握规范的自我保护方法，如举起手、压住鼻翼、多喝水等。此外，在阅读区，教师提供一些有关五官的书籍供幼儿进行阅读；在医院游戏中，鼓励幼儿将鼻子出血的生活经验再现……这些都是培养幼儿自我保护能力的有效途径。

（三）家庭、幼儿园、社会合作形成教育合力

幼儿教育者不等于教师，幼儿教育不等于幼儿园教育。幼儿积极生存、自我认知、自我保护教育工作不仅是幼儿园的工作内容，也应是家庭教育、社会教育及幼儿终身教育的重要内容，只有从大教育观的角度给予重新认识，才能有新的进展，特别是随着幼儿年龄的增长，社会的发展，面临新的内容和矛盾，需要在步入小学、中学乃至大学进行相应的教育，培养其积极生存、自理自护的能力和意识，保证生存教育的连续性。

家长是孩子的第一任老师，家长对生命的态度及其对幼儿自理自护的认识直接影响孩子能力的形成。由于家长片面追求幼儿智力发展，忽视孩子生存需求，对孩子宠爱有加，保护有加，过分包办代替，造成幼儿娇气重，生存依赖性强，心理素质差，对疾病和自己身体异常的认知不够、主动求助少，多是被动依赖成人解决问题，造成幼儿积极生存能力差，降低幼儿自我身体认知和保护的意识和能力。

另外，社会大环境的文明程度高低、卫生保健意识的强弱也是孩子安全自护意识形成的因素。一方面，医疗部门要加强幼儿保健知识的宣传和常见疾病的预防与治疗知识的宣讲，让整个社会形成良好的医疗保健风气；另一方面家长要切实转变教育观念，提高自身素质，掌握幼儿保健常识，建立起良好的幼儿保健意识和常见疾病预防及治疗的意识，不要一碰到问题就交给医生处理，并要自觉遵守生活卫生规范，为孩子树立良好的榜样，避免教育过程中孩子的知行脱节现象。

在幼儿园身体认知教育过程中，家庭、幼儿园、社会的积极合作尤为重要，否则来自任何一方的消极影响都将抵消幼儿园身体认知教育的积极作用。

幼儿园在对幼儿进行身体认知教育过程中，要将需要掌握的相关保健内容及时与家长交流，可保持教育的一贯性和一致性，使幼儿行为习惯的养成更加顺利。可以将一些教育活动内容通过家长园地、校信通、QQ群、微信等途径向家长、社会进行第一时间的宣传，并通过这些沟通平台与家长进行及时的互动反馈。可以开展专门的身体认知和保护教育亲子活动，也可以充分利用社区资源，邀请社区医生来园有针对性地对家长、幼儿进行相关的身体保健讲座，从科学和专业的角度解答家长、幼儿的问题。

第一章 幼儿园身体认知教育活动的设计与指导

案例

入园前的准备

即将入园的小班幼儿，家长可以在家中有意识地培养孩子的各方面生活习惯。例如：让孩子自己吃饭，即便吃得到处都是，也要鼓励幼儿自己吃完，尤其是不能挑食；女孩子要学习自己脱裤子小便、男孩子要学习站着小便；睡觉的时候不要拍孩子，让孩子独立入睡，自己睡自己的小床。这样孩子就能够较快地适应幼儿园的集体生活。

四、幼儿身体认知教育的方法

（一）行为练习法

行为练习法，是指让幼儿对已经学过的健康行为与技能反复练习，加深理解，形成稳定的行为习惯。如盥洗的顺序和方法、如厕后正确使用手纸的方法、刷牙的方法等，都必须在教师和家长的具体指导下反复练习才能真正掌握。

（二）讲解演示法

讲解演示法是指教师边讲解边结合动作演示，或以实物、模型演示，具体而形象地向幼儿传授有关身体保健的知识和技能，提高幼儿对自己身体和身体保护的认识水平，需要说明的是，演示的手段应多样化，尤其是运用电教手段进行直观而动态的演示，更能激发幼儿的兴趣，增强幼儿对身体认知和身体保护知识的理解。

（三）情境表演法

情境表演是指教师或幼儿就特设的生活情境加以表演，然后让幼儿思考分析情境中所涉及的身体认知教育问题。由于情境表演的主题来源于幼儿的现实生活，能激发幼儿的兴趣，故能较好地帮助幼儿认识生活中可能遇到的问题和冲突，了解应该做出的合乎健康要求的行为。

（四）讨论评议法

讨论评议法是指让幼儿参与身体认知教育过程，为他们提出问题、发表意见、自己得出结论提供机会。这种方法能有效地帮助幼儿表达自己的真实想法，能鼓励幼儿对他人的思想加以评价，从而提高幼儿辨别是非的能力。例如，夏季，教师就多吃冷饮的害处让幼儿进行讨论，从而提高认识，指导行为。

（五）感知体验法

感知体验法是指让幼儿通过感觉器官认识事物，辨别事物特性。这种方法能加深幼儿对事物的印象，同时由于加入了身体动作，更能激发幼儿的兴趣，集中幼儿的注意

五、教师在开展幼儿身体认知时的注意事项

（一）积累扎实的幼儿卫生学知识

幼儿园身体认知教育具有自身的知识背景，实施过程中十分强调信息传播的科学性及准确性，因此，要增强幼儿对人体的认知及保护，教师必须充分了解幼儿的生理特点，准确掌握人体的构造、器官名称、功能及其保护的知识，并且能够深入浅出地表达，对于幼儿不正确、模棱两可的回答及时给予纠正。

（二）集体教育与个别教育相结合

一般来说，幼儿身体认知与保护教育以集体教育行为指导为主，但是在培养幼儿健康行为的过程中，由于个体差异与发展不均衡以及幼儿存在着个人的特殊健康问题等原因，在集体教育后幼儿的行为表现会有差异。因此，对个别幼儿进行有的放矢的健康行为指导是非常有必要的。对于幼儿看书时离得太近、斜着眼睛看东西、吮吸手指、用手指抠鼻孔等行为，教师要及时关注，进行正确的行为引导。

（三）与其他领域教育的融合

《纲要》中明确要求："幼儿园必须把保护幼儿的生命和促进幼儿的健康放在工作首位。"因此，幼儿身体认知与保护教育要与艺术、语言、社会、科学领域的教育活动有机地配合；把身体认知教育渗入幼儿园保育和教育的各个环节，发挥幼儿园各项教育活动的整体教育功能。如在幼儿绘画、看图书时，要及时提醒幼儿坐姿端正、握笔正确、手眼保持一定距离等。

（四）常抓不懈，持之以恒

对幼儿进行身体认知及自我保护教育，常常能在短期内使幼儿建立起某种健康行为，但由于年龄特点及生理发展的影响，幼儿的健康行为具有不稳定性，只有坚持不懈地开展教育活动，才能使幼儿养成良好的健康行为习惯。

（五）发挥教师主导作用

教师要深入调查本班幼儿生活习惯、卫生习惯和生活自理自护能力等的发展水平，合理制定幼儿身体认知和保护教育的目标，选择合适的内容，要在活动中发现问题并提出发展性课题，引导儿童主动去探索和解决问题，改进指导方法，提高指导艺术，提高幼儿的自我发展能力和活动能力。

（六）尊重幼儿，充分发挥幼儿的主体作用

尊重幼儿的人格，尊重幼儿的需要和愿望，尊重幼儿在活动中的主体地位，充分发挥幼儿的主体作用；多用榜样、鼓励、表扬等方法，以发挥幼儿的主动性和积极性，要克服动辄训斥、随意处罚、挖苦讽刺幼儿的错误方法，坚决反对体罚和变相体罚。

第三节 幼儿园身体认知教育活动设计与指导案例评析

一、认识身体与保护身体教育案例

案例1

脸上有什么（小班）

设计思路：

小班幼儿对于自己的五官已经开始有初步的认识，但是他们对于五官的用途以及如何保护五官缺少相应的认识，经常会用脏手揉眼睛、挖鼻子等，针对这一问题，教师开展了认识五官和树立保护五官的意识的活动。

活动目标：

（1）能够关注自己的五官，知道五官的名称和作用。

（2）初步萌发保护五官的意识，体验与同伴玩五官游戏的乐趣。

活动准备：

有关五官的多媒体课件一套，每人一面小镜子。

活动过程：

1. 幼儿照镜子，观察自己的脸，相互自由交谈"脸上有什么"
2. 观看动画课件（观看课件一）

（1）师：这个小朋友怎么啦？看看少了什么？眼睛（鼻子、耳朵、嘴巴）在哪里？我们给它添上眼睛（鼻子、耳朵、嘴巴）。

（2）小结。我们的脸上有眼睛、鼻子、耳朵、嘴巴。鼻子在脸的中间，眼睛在鼻子的两边，嘴巴在鼻子的下面，耳朵在脸的两边。

3. 接着看课件，请幼儿将动画中的小朋友的五官补充完整，并了解各部分的用途。

（1）师：我们来看看这位小朋友，它少了什么？眼睛（鼻子、耳朵、嘴巴）有什么作用？

（2）小结。我们的眼睛、鼻子、耳朵、嘴巴的本领可大了。眼睛可以看书、看电视，还可以看风景等；鼻子可以呼吸，可以闻到不同的味道等；嘴巴可以说话、唱歌，还可以吃东西等；耳朵可以听到各种不同的声音。

（3）讨论：我们应怎样爱护它们呢？

活动延伸：

玩游戏：指五官。

师：我们和眼睛、鼻子、耳朵、嘴巴来做游戏。你们把手先指在鼻子上，听到我说哪个器官，手就指到那里。看谁指得又快又准。（师幼玩游戏，幼儿互相做游戏。）

第二部分 幼儿园健康教育活动指导

活动评析：

通过教师专门组织的教育活动，将五官的用途和保护方法用多媒体的手段一一呈现在幼儿面前，可以帮助幼儿认识五官，理解五官的重要性。通过讨论，懂得保护五官的简单常识。本活动建议放在单独认识眼睛、鼻子之后，并根据幼儿的情况分为两次活动完成。

摘自杭梅.幼儿健康教育与活动指导［M］.北京：北京师范大学出版社，2014.作者为江苏省军区机关幼儿园焦阳。

案例 2

肚脐，你好（中班）

设计思路：

"肚脐眼"对于孩子来说既熟悉又陌生，成人会经常告诫孩子：不要抠肚脐哦，否则会肚子疼！但是一味地制止只会激发孩子更强的好奇心和探究欲望：人为什么会有肚脐？肚脐眼又有什么用？为什么不能抠肚脐呢？绘本故事《肚脐，你好》填补了这个空白。

活动目标：

（1）初步了解肚脐的由来，培养幼儿探索身体奥秘的兴趣。

（2）知道肚脐是妈妈对我们爱的纪念，要好好保护自己的肚脐。

活动准备：

（1）课件：《肚脐，你好》。

（2）镜子人手一面。

（3）宝宝肚脐图片、孕妇肚脐图片以及各种动物图片。

活动过程：

1. 利用白板的聚光灯功能，让幼儿"猜猜这是什么"，导入活动

用镜子照一照，自己的肚脐是什么样子的？跟旁边的小朋友互相看一看、找一找，有什么不一样的地方？

2. 了解肚脐的来由

（1）欣赏孕妇肚脐，激发幼儿活动兴趣。

提问：这是谁的肚脐？她的肚脐是什么样子的？为什么会鼓鼓的？

（2）观看图片，认识"脐带"并了解其作用。

指导语：当我们还在妈妈肚子里的时候，肚脐是什么样子的呢？和现在一样呢？（脐带的作用：吸收营养，排除废物。）

（3）播放课件，进一步了解脐带的去向。

提问：后来脐带哪里去了呢？怎么会变成现在的肚脐了呢？没有了脐带我们该怎

样吸收营养呢?

（4）小结：肚脐不光是脐带脱落后留下的痕迹，更是妈妈爱我们最好的纪念。

3. 讨论如何保护肚脐

提问：如果不保护好我们的肚脐会怎样呢？你是怎么保护自己的肚脐的呢？（引导幼儿迁移生活经验进行讨论）

活动延伸：

猜一猜"动物也有肚脐吗"？

提问：除了人有肚脐，小动物们有没有肚脐呢？今天老师请来了一些小动物，请你们动动脑筋，猜一猜它们有没有肚脐？

活动评析：

日常生活中经常会发现幼儿受好奇心的驱使，会悄悄地在无人发现的地方或是躲在被窝里"研究着"自己的小肚脐，本活动利用绘本《肚脐，你好》，通过阅读、想象，帮助幼儿认识肚脐的来源以及重要作用。开拓了幼儿的思路，丰富了幼儿的想象，引发了幼儿语言表达的动机，也提高了幼儿的看图讲述画面的能力。活动第一步中运用多媒体，激发了幼儿探究的兴趣。老师为幼儿每人准备一面小镜子，这样幼儿不仅可以观察到肚脐，还能观察到肚子变化时的不同形态。帮助幼儿了解肚脐的来由是本次活动的重点和难点，中班幼儿以具体形象思维为主，因而在活动中教师选用直观形象的图片，引导幼儿认识脐带及其在母体中的重要作用，使幼儿了解到肚脐的作用，并在活动中体验到妈妈对自己的爱。这样自然而然地解决难点，并将问题转向利用已有生活经验讨论"怎样保护自己的肚脐"。日常生活中，成人在制止孩子抠肚脐的行为中，已经无意间渗透了一些保护肚脐的方法，教师和幼儿一起进行归纳，丰富了幼儿的生活经验。

摘自http://www.diyifanwen.com/jiaoan/youeryuanzhongbanjiankangjiaoan/503629.htm

案例3

食物的旅行（大班）

设计思路：

随着人民生活水平的提高，家长为孩子提供的饮食也越来越富有营养，但有许多家长抱怨孩子不能好好吃饭，孩子的健康不能得到保证，原因是许多幼儿有一些不良的饮食卫生习惯，如不吃早饭、大量喝饮料、吃冷饮、不定时大便等。为了使孩子们明白食物在体内消化吸收的过程，养成良好的饮食和卫生习惯，学习保护自己的健康，创编了《小豆子的旅行》视频教材并设计了本次活动。

活动目标：

（1）初步认识人体的主要消化器官，了解食物的消化过程；

（2）学习简单的保护消化器官的方法，提高自我保护意识；

（3）认识到良好的饮食和卫生习惯的重要性。

活动重点、难点：

重点：讲解胃与身体健康的关系，让幼儿明白不良饮食习惯对胃的伤害。

难点：知道人体消化器官的顺序及功能并能自我保护。

活动准备：

（1）电脑制作视频《小豆子的旅行》；

（2）健康知识卡片、消化图、自制健康行为棋。

活动过程：

1. 观看《小豆子的旅行》，了解各器官的功能

今天，有颗小豆子要到淘淘的消化器官中去旅行，它会看到些什么，在里面会发生什么事呢？请小豆子来告诉我们。

（1）播放第一段食物从口腔到食管的动画。

提问：小豆子从哪里进去？看到了什么？

（2）播放第二段，了解胃的功能。

提问：胃有什么作用？小豆子在胃里还看见了什么？我们应该怎样来保护我们的胃呢？

小结：以后我们要注意，少吃冷、硬的东西，少吃零食，不吃不干净的东西，不能吃得太饱，也不能饿坏了胃，要吃饱早饭少喝冷饮。

（3）播放第三段，了解小肠的功能。

提问：小豆子到哪里去？（小肠）小肠有什么用呢？小豆子在小肠里看到些什么呢？小豆子为什么没有从小门里出去呢？

小结：食物没有被磨碎就不能被身体吸收利用，所以我们在吃饭的时候要细细地咀嚼，把东西都嚼碎了再吞下去。

（4）播放第四段，了解大肠的功能。

提问：小豆子又到了哪里呢？

大肠里都是些什么呢？什么叫残渣？能不能让残渣长时间在体内呢？

小结：我们小朋友要定时大便，将身体的垃圾排出去，减轻大肠的负担。

2. 分组操作和讨论，进一步巩固对身体消化器官顺序、功能的认识

（1）分组找顺序排图。

指导语：我们知道了每个消化器官的用处，现在，老师为每组小朋友准备了一套图片分别表示每个消化器官的工作情况，请各组小朋友合作，按照刚才小豆子旅行的顺序排列出来。然后，讲一讲为什么这样排列？

（2）在观察图片的基础上讨论如何保护各消化器官。

教师提出问题，幼儿分组讨论或请个别幼儿作答。

提问：如何保护牙齿，保持牙齿的锋利？怎样保护我们的胃？大便是怎么产生的，为什么大便以后要洗手？

3. 健康知识有奖抢答活动，进一步培养和巩固保护消化器官的意识

活动规则：教师事先准备图片，上面有的行为是对的，有的是错的，当教师出示

图片时幼儿马上抢答对还是错,为什么。回答得又多又对者为优胜。图片内容有在路边小摊吃东西、剧烈运动后马上喝水、饭后剧烈运动、吃汤泡饭等。

活动延伸：

玩健康行为棋。教师自制健康行为棋,棋谱上都是一些生活习惯方面的内容。

（1）教师讲解下棋的规则；

（2）帮助幼儿理解棋盘上图的意思；

（3）自由组合下棋。

附故事：小豆子的旅行

我是小豆子,我可愿意为小朋友服务了。今天,我要到淘淘的身体里去旅行一次。瞧,嘴巴已经打开了,哇,淘淘的牙齿可真锋利。我的朋友们一下子都变成了碎片。瞧,他们都往下走了,一会儿,我也会变成碎片往下走。哎！我怎么整个就被挤下去了？我现在被挤到一根细细长长的管子里,这就是食管。食管壁很薄,要是遇到鱼刺就可能被刺破,在食管中我被一点一点地往下送。

我现在来到了一个大口袋里,这个口袋就是胃。它像一个磨子不停地动。我的朋友在这里不停地转呀转,磨呀磨,变得像糨糊一样。"哎哟！是谁,身体硬邦邦的？""是我,胃大哥。""你怎么整个儿就下来了？""是呀,你的小主人吃饭太快,没把我嚼碎,就让我下来了。""咦,胃大哥,你身上怎么有伤口呀？你的伤口疼不疼？""那就要怪我的小主人,平时吃东西不注意,爱吃的就吃得很多,把我撑得很难受,他一会儿吃冰冷的冷饮,一会儿又喝滚烫的开水,把我搞得够呛。有时我很想休息一会儿,可是我的小主人又要吃零食,把东西硬塞进来,让我不停地工作。我实在是累坏了。所以,就成了现在这样,我生病时可难受了。"

我又来到了小肠妹妹家,小肠妹妹的家弯弯曲曲的就像一个迷宫。边上有许多绒毛,还有一扇扇小门。"我是小肠妹妹,欢迎你食物朋友。从我的小门出去就可到达淘淘的全身,使小淘淘长高、长胖,给淘淘力量。""我也要出去,为淘淘做点事。哎,怎么出不去？"

"喂,小豆子,到我这里来。""好吧,你是谁？""我是大肠姐姐。""我身边怎么都是脏东西,他们是谁？要到哪里去。""他们是残渣,他们将被排出体外。""那我呢？""你也会被排出体外。""但我还没有为淘淘做事。""那没办法,因为你没被嚼碎,不能变成营养,被身体吸收。"我出去以后,一定要把看到的告诉小朋友,让他们养成好的饮食习惯,使他们更健康。

活动评析：

本活动选取的内容接近幼儿生活,受到幼儿欢迎。活动的第一部分,通过一颗没有被嚼碎的小豆子去淘淘体内旅行时的所见所闻,形象地表述了食物旅行的经过和不良生活习惯对消化器官的损坏,知识容量较大,但通过动画故事这种形式能够使孩子们易于理解和接受。第二、第三部分通过动手给消化图排序,使幼儿进一步明白了食物旅行的顺序和各消化器官的功能,并通过细致观察图片发现进食时应注意的问题,活动第四部分意在让幼儿知道消化系统的功能和作用的基础上,使幼儿关注平时的生

第二部分 幼儿园健康教育活动指导

活卫生和饮食习惯,这部分的内容起到巩固和延伸的功能。活动的延伸——玩健康行为棋,使幼儿掌握的知识进一步得到巩固,通过不断的强化,使幼儿形成习惯。整个活动运用了多种形式做到动静交替,充分调动了幼儿的多种感官,同时也体现了教师的主导作用,使活动传递给幼儿的信息具有很强的科学性和趣味性。

本活动根据江苏省海门市少年宫幼儿园陈海青的设计进行改编

案例 4

睡觉安全比一比(小班)

设计思路:

幼儿的睡姿多种多样,有些睡觉时喜欢玩玩具,有些总喜欢蒙头睡觉。这样的睡姿对幼儿的身体发育不利,还容易发生危险。为了让幼儿养成良好的睡姿,专门开展了此次教育活动。

活动目标:

(1)乐意参加歌表演,知道睡觉时不能随便玩玩具;
(2)能运用自己掌握的正确的睡觉姿势指导玩具娃娃睡觉;
(3)通过观看情景表演,了解睡觉的正确睡姿。

活动准备:

(1)小狗玩偶一个,任何形象的玩偶幼儿人手一个;
(2)教学挂图、幼儿图书。

活动过程:

1. 以情景表演的方式,向幼儿提出问题,引发幼儿对不健康的午睡行为的思考(如情景表演有困难,可引导幼儿观看教学挂图)

(1)教师表演第一段,请幼儿讨论为什么不能蒙头睡觉。

午睡的时间到了,小动物们都睡觉了。小狗说我要美美地睡一觉啦。(说完拉起被子蒙住自己的头。)小狗(发出睡觉的呼噜声,突然掀开被子):嗯,好闷呀,我都喘不过气来了!

教师提问:小狗这样做对吗?为什么不能蒙头睡觉呢?

教师小结:睡觉时蒙着被子,会感觉很闷,喘不过气来。我们睡觉的时候也要呼吸新鲜空气,不能蒙头大睡。

(2)教师表演第二段,请幼儿讨论睡觉的时候为什么不能玩玩具。

小狗在床上玩玩具飞机:小飞机,和我一起睡觉吧,呜——飞起来喽!小狗玩着玩着睡着了。小狗突然坐起来:啊,谁戳我?好痛!

教师提问:小狗睡觉的时候干什么了?发生了什么事?床铺上都是软软的被子、枕头,可能会是什么东西戳到了小狗呢?小狗这样做对吗?为什么?

教师小结:不能带玩具上床睡觉,有的玩具有尖角很危险,会伤害小朋友。

（3）教师表演第三段，请幼儿讨论为什么不能趴着睡觉。

小狗哈欠连天，困极了，他趴在床上立刻呼呼睡着了。到了起床时间，妈妈喊小狗起床："小宝贝，该起床了。"小狗皱着眉头慢慢地坐起来，一边揉着自己的胸口一边难受地说："妈妈，我不舒服。"教师提问："小狗是怎么睡觉的？他为什么不舒服呢？"

教师小结：趴着睡觉，容易压迫心脏，让我们感觉很不舒服。

2. 引导幼儿观看图书，了解睡觉的正确姿势

教师：怎样睡才能让自己睡得更舒服呢？我们看看书上的小朋友是怎么样睡的。你最喜欢哪一种睡法？今天午睡的时候你准备怎么睡？

3. 游戏"宝宝睡觉了"

老师这里有很多小宝宝要睡觉了，请小朋友选一个宝宝，带他去你的床上睡觉。想一想，宝宝怎么睡才更舒服？

宝宝睡觉了，我们来给宝宝唱首《摇篮曲》哄宝宝睡觉吧。

活动评析：

午睡时要求幼儿不蒙头睡觉、不把玩具带到床上去、不趴着睡是老师们通常会进行的教育，孩子们常常是一边听一边又忘了，原因在于单纯的说教不容易引起幼儿的注意和长时间的记忆。本活动中采用生动形象的方式，利用教师的情境表演和提问，启发幼儿主动思考：为什么一些常见的睡觉姿势是错误的，以及怎样才是正确的睡觉姿势。最后，让幼儿照顾玩具娃娃睡觉环节实际是对前面正确睡眠姿势的巩固和练习，通过幼儿的主动思考以及动手操作使得健康睡眠姿势这一教育活动能够收到较好的教育效果。

案例 5

保护耳朵（中班）

设计思路：

幼儿的耳朵是很脆弱的，日常生活中，有的幼儿喜欢掏耳朵，有的幼儿还会故意在同伴的耳朵边大声说话，这样的行为会导致耳朵受伤，根据中班幼儿的生活经验，设计了本次活动"保护耳朵"，旨在通过活动让幼儿在生活中学习一些简单而必要的自我保护方法，积累自我保护的经验。

活动目标：

（1）愿意参与活动，能够在活动中大胆表达；

（2）初步掌握保护耳朵的方法，能够保护自己的耳朵；

（3）了解耳朵的外形结构和特点，知道耳朵的用处。

活动准备：

PPT；图片：耳朵、耳垂、耳廓。

活动重难点： 养成好习惯，注意保护耳朵的健康。

活动过程：

1. 谜语导入，了解耳朵的外形特征与简单的构造

（1）猜谜导入活动

圆圆脑袋一座山，兄弟两人住两边，各种声音能听见，从小到老不见面。小朋友知道这是我们身体的哪个器官吗？

（2）出示人的耳朵图片，初步认识耳朵的外形结构。

指导语：这是我们人类的耳朵，它像什么？

小结：看上去像数字3，也有点像一个大大的"？"

（3）观察朋友的耳朵，进一步了解耳朵的外形特点。

提问：看看摸一摸你身边好朋友的耳朵，告诉我发现了什么？（软软的是耳垂，弯弯的是耳廓。）

小结：人的耳朵是长在脑袋左右两边的，是由耳垂、耳廓和内耳构成的。

2. 听力游戏，感受耳朵的作用

游戏①：小朋友们闭上眼睛后，教师取出事先准备好的录音机、琴、小鼓等，使它们发出声音，请幼儿说出听到的是什么发出的声音，初步了解耳朵的用处。

游戏②：小朋友闭上眼睛，捂住耳朵，教师取出准备好的废纸、水、杯子，请幼儿听撕纸和倒水的声音，感受耳朵被堵上后听不到声音。

游戏③："捉迷藏"。请一位小朋友蒙上眼睛，其余小朋友围成一个圈，把他围在中间，一面转圈，一面说儿歌，等儿歌说完了就站着不动，老师指一位小朋友对中间的小朋友说一句话，然后请中间小朋友猜测说话的是谁。

3. 师幼讨论各种保护耳朵的办法

提问：耳朵这么重要，我们应该怎么保护耳朵呢？

教师依次出示自己用尖锐物品掏耳朵、黄豆塞进耳朵里、放鞭炮等伤害耳朵行为的图片，讨论应该怎样保护我们的耳朵。

教师出示戴耳帽、围围巾以及在电钻、鞭炮等噪声下捂住耳朵张开嘴巴等保护耳朵的图片，学习保护耳朵的方法。

小结：我们的耳朵不仅可以听见声音还能够辨别声音，所以我们要好好保护它们。不自己掏耳朵，不把小物品塞到耳朵里，遇到噪声要把耳朵捂住。

活动延伸：

感受大自然中的奇妙声音。小朋友们跟老师散步时，到外面去听一听、感受一下大自然中的各种声音吧。

活动评析：

生活中，我们常常忽略一些看起来很小的问题，比如对耳朵的保护，看起来似乎无关紧要，但实际却是事关幼儿健康的大问题，本次活动采用猜谜、游戏等方法，让幼儿深刻体会耳朵的作用和重要性，不仅让活动充满了趣味性，也让幼儿对耳朵的作用这一教育内容有了深刻的体验，而幼儿经验的获得就是以直接经验获取为主的，在亲身感受中，体会到了耳朵的作用和重要性，为接下来如何保护耳朵的讨论在情感上

做了充分的铺垫。教师各环节设计紧密、连贯、有层次，让幼儿在游戏中学会了保护自己的方法，培养了幼儿良好的行为习惯。

案例 6

我的眼睛（大班）

设计思路：

眼睛是我们人体重要的感觉器官，对于我们的生活、工作、学习都非常重要。随着现代科技的飞速发展，由于幼儿在日常生活中玩手机玩电脑成为家常便饭，导致其眼睛健康的严重受损。同时看书、画画、看电视等一些姿势的不正确，也严重影响了眼睛的健康。为了让幼儿能了解眼睛、提高幼儿保护眼睛的意识、掌握保护眼睛的方法，特设计了"我的眼睛"教学活动。

活动目标：

（1）通过对盲人的初步了解，懂得尊重盲人，乐意帮助盲人；

（2）感受眼睛的重要性，学习保护眼睛的方法；

（3）初步认识眼睛的正面结构图，了解保护眼睛（视力）的简单知识。

活动准备：

（1）每人一面小镜子，操作图每人一份；

（2）活动 PPT：眼睛正面结构图、操作环节图片等；

（3）每人一副眼罩。

活动过程：

1. 黑暗体验，初步了解眼睛的重要性

（1）教师请孩子戴着眼罩进入教室。

指导语：请小朋友找个位置坐下来，看谁找得最快，但是不许偷看哦！

（2）播放动画片引起孩子注意力。

指导语：你们知道我在看什么动画片吗？猜猜看！

想知道老师在看什么吗？那就请摘掉眼罩。

2. 感受眼睛的重要性，懂得关爱盲人

拿走眼罩感觉光明，引出盲人的不便。

指导语：你们眼睛看不见有什么感觉呢？

指导语：原来眼睛看不到有那么多的不方便。那你们知不知道有的人的眼睛是天生看不见的？（盲人）

指导语：盲人的眼睛看不见会带来哪些不方便的事？盲人行动非常不方便，我们要帮助他们。

小结：我们的眼睛真了不起，能让我们看到很多很多的东西。小朋友都有一双明亮的眼睛，那我们的眼睛是怎样构成的呢？

3. 了解眼睛各部分的组成及名称

（1）让幼儿用镜子观察自己的眼睛。

指导语：原来眼睛也是我们人类身体上的一大宝贝。那我们的眼部有什么？眼睫毛有什么用处？眼睛里面像黑葡萄的是什么？眼睛最中间的小黑点是什么？

（2）出示眼睛结构图，引导幼儿观察。

指导语：我们一起来看看，我们的眼部这些小宝贝们都有些什么好听的名字？它们都有什么用？

教师小结：

眉毛——眉毛在眼睛上边形成一道屏障，刮风时，它可以阻挡灰尘；下小雨时，它挡住雨水，不让流进眼睛里。夏天，额头上出很多汗，但是汗珠不会流进眼里，这也是眉毛的功劳。

眼睑——能够活动的眼皮盖，俗称眼皮，位于眼球前方，构成保护眼球的屏障，以保护眼球及其最外部的易于受伤的角膜，并具有将泪液散布到整个结膜和角膜的作用。

睫毛——是眼睛的第二道防线。若有尘埃等异物碰到睫毛，眼睑会合上，以保护眼球不受外来的侵犯。有遮光，防止灰尘、异物、汗水进入眼内和对角膜、眼球进行保护的作用。睫毛还能防止紫外线对眼睛的伤害。

瞳孔——用来调节进入眼睛内的光线。在弱光条件下开大，允许更多的光线进入，以便视物清楚；在强光条件下缩小，防止强光损伤视网膜，起到保护视网膜的作用。

4. 操作记录并讨论学习保护眼睛的方法

（1）幼儿讨论保护眼睛的方法。

指导语：我们的眼睛有那么多的用处，我们应该怎样好好地来保护眼睛呢？

小结：看电视时，距离电视2米以上，看电视时间不能过长；看书时身体要坐正，不能趴着或仰着看书，看书时间长了，要休息或向远处看或看绿颜色的植物；不能在太强或太弱的光线下看书；画画、写字时要注意与桌子保持一拳、一尺、一寸的距离；平时毛巾、脸盆等要专人专用，并定期消毒和清洗，防止相互传染；眼睛生病了可以点眼药水等进行治疗。

（2）幼儿进行操作。

指导语：这里有许多保护眼睛和伤害眼睛的图片，请小朋友们给保护眼睛的方法打钩钩，给伤害眼睛的图片打叉叉。

（3）播放课件，科学讲解保护眼睛的方法。

指导语：在生活中，我们到底应该怎样保护我们的眼睛呢？让我们一起听听眼科医生给我们的建议吧！

5. 学习眼保健康，保护眼睛

指导语：小朋友们，我们的眼睛玩累了，我们要让我们的眼睛休息下。

小结：今天我们知道了许多有关生活中保护眼睛的方法和眼睛里的秘密。老师希望每个小朋友都有一双明亮的眼睛。从现在起，改掉那些不好的习惯，好好地保护我们的眼睛。

第一章 幼儿园身体认知教育活动的设计与指导

活动延伸：
（1）将眼保健操作为一日活动中的常规活动；
（2）幼儿将"眼保健操"带回家，提醒自己和家长不忘保护视力。

活动评析：
　　随着科技的发展，电子产品不仅成为成人的新宠，也给幼儿的生活带来了巨大的变化，健康问题尤其是幼儿近视问题越来越严重，保护眼睛、预防近视成为幼儿园健康教育的重要内容。生活中，我们经常要求幼儿少看电视，不玩手机和平板电脑，也告诉幼儿那样会近视，但是至于近视了会给生活带来哪些不便，眼睛为什么会近视等问题，孩子知之甚少，因此本活动的选择具有现实意义。为了使抽象的认知活动变得具体形象，教师使用挂图配合讲解，并让幼儿通过镜子观察自己的眼睛，通过幼儿的看一看、猜一猜、说一说、做一做，认识了眼睛的构成，知道了眼睛每一部分的重要性，获得了保护眼睛的方法。活动中充分鼓励幼儿参与，让幼儿动脑、动手、动口，调动幼儿多种感官系统参与，既保证了活动的趣味性，也让幼儿不断提高保护眼睛的意识，巩固和加深对保护眼睛的方法的掌握。

二、疾病防治教育案例

案例 1

感冒了（小班）

活动目标：
(1) 愿意参与活动，能够积极回忆自己感冒时的感受；
(2) 了解感冒的症状，并能够清晰地表达出来；
(3) 初步了解预防感冒的方法，知道感冒后要配合医生的治疗。

活动准备：
(1) 小叮当手偶一个；
(2) 自拍录像小片段；
(3) 感冒症状图片、预防感冒方法的图片。

活动过程：
　　1. 设置情景——引发兴趣，导入活动
　　出示小叮当手偶："今天我给小朋友请来了一位小客人，小朋友看看他是谁？"小叮当："大家好！我是小叮当，今天我给大家唱一首歌曲（唱两句后不停地打喷嚏），我怎么了？我不能给大家表演节目了，小朋友再见！"

第二部分　幼儿园健康教育活动指导

2. 组织讨论——了解感冒的症状及原因

（1）提问：小朋友你觉得小叮当怎么了？

小结：穿衣服少了、蹬被子了、到人多的地方被传染了都容易引起感冒。

（2）提问：小朋友你们有没有感冒过啊？小朋友感冒了会怎么样啊？

教师根据幼儿的回答出示相关感冒症状的图片。如打喷嚏、流鼻涕、头痛、咳嗽。

小结：感冒会导致鼻子不透气、流鼻涕、头痛、咳嗽、打喷嚏，有时候还会发烧，我们会觉得身体不舒服，很难受。当身体不舒服的时候要及时告诉大人。

3. 观看录像小片段——渗透情感，懂得不怕打针吃药

讨论：小叮当到哪里去了？他打针的时候哭了没有？小朋友打针的时候是怎么做的？

小结：小朋友也是勇敢的孩子，如果你感冒了，要赶紧去看医生，不怕打针吃药，这样感冒很快就会好了。

4. 结合图片展开讨论——初步了解预防感冒的方法

（1）讨论：小朋友想一想，怎么样就不感冒了？

根据幼儿的回答，出示相应图片，如洗手、吃饭、锻炼。

（2）看图片提升经验，了解预防感冒的方法。

小结：我们可以多喝水（多上厕所就会把身体里的毒给排出来）、不挑食（样样都爱吃，这样我们才能吸收各种各样的营养，从而战胜感冒）、睡觉盖好被子、天冷了及时穿衣服（这样我们才不会着凉感冒）、多锻炼身体（让身体壮壮的，让感冒躲得远远的）、用正确的方法勤洗手（将手里的细菌洗掉，这样我们吃饭吃东西的时候就不会不小心把病菌吃进嘴巴里了）、不到人多的地方去。

活动延伸：

跟着老师一起去户外锻炼身体。

活动评析：

感冒作为一种常见疾病，几乎每个幼儿都遇到过，但不是每个孩子都能够向成人表达出自己的感受并愿意配合医生的治疗，对于感冒的预防也基本上由成人代替，孩子知之甚少，因此本活动选题来源于幼儿的生活，也是为解决幼儿生活问题而设，选题具有现实意义。活动从幼儿的生活体验出发，以情境表演小叮当感冒了导入活动，通过教师的语言提问、观察图片，回忆自己感冒时不舒服的感受，活动设计生动有趣，能够引发幼儿的兴趣。活动调动了幼儿的生活经验，让表达能力还不太强的小班幼儿能够"有话可说"。

案例 2

爱吃糖的大老虎（中班）

设计思路：

幼儿园最近组织了小朋友的健康体检，医生提出龋齿问题在幼儿中严重存在，班里也有三四个幼儿出现了龋齿，而且有个幼儿的牙齿都掉了一些。针对这一现状，教师设计了本活动，让幼儿知道爱护牙齿的重要性，培养幼儿自我保护的意识，同时掌握保护牙齿的方法。

活动目标：

（1）愿意参与牙齿保护活动，初步建立保护牙齿的意识；

（2）掌握正确的刷牙方式；

（3）了解牙齿的功能和龋齿的危害。

活动重点与难点：

（1）活动重点：了解牙齿的功能和龋齿的危害；

（2）活动难点：教育幼儿如何保护牙齿。

活动准备：

多媒体课件；西瓜；牙齿模型；小镜子、牙刷等幼儿操作材料每人一份。

活动过程：

1. 引入活动，激发兴趣

（1）以吃西瓜的方式引起幼儿对牙齿的兴趣。

"小朋友，你们好，今天我为你们准备了甜甜的西瓜。请你们一边吃一边想，你是用什么把它咬碎的？"

（2）在幼儿回答后出示牙齿模型，让幼儿说说牙齿的样子及作用。使他们知道方方的牙齿可把食物切断、嚼碎，帮助我们吸收营养，使身体长得结实健康。

2. 观看多媒体动画片，了解龋齿形成的原因及危害

指导语："健康的牙齿使小朋友更好看，健康的牙齿有时也会变得不健康，连威武的老虎也会得牙病，你想知道为什么吗？"请小朋友观看多媒体动画片《爱吃糖的大老虎》。

（1）观看动画第一部分。

提问：狐狸为什么害怕大老虎？（请幼儿自由回答，教师给予鼓励。）

（2）观看动画第二部分。

提问：狐狸是个狡猾的家伙，它一定会想办法对付大老虎，它想什么办法呢？（教师鼓励幼儿大胆想象回答。）

（3）观看动画第三部分。

提问：现在让我们来看看老虎的牙齿最后到底怎么样了。

（4）观看动画第四部分。

小结：小朋友们听得真仔细，说得也很好，它每天吃糖，还不刷牙，糖在口腔中变成了酸，把牙齿给腐蚀掉了，成了没有牙齿的老虎，狐狸不再害怕它了。

（5）看一看，说一说自己的牙齿。

请小朋友用镜子看看自己的牙齿，和同伴们说说牙齿是什么颜色的？找找有没有小洞洞？并请个别幼儿谈谈蛀牙牙疼时的感受。同时丰富词汇：龋齿。

第二部分　幼儿园健康教育活动指导

3. 学习保护牙齿的方法

（1）讨论怎样保护牙齿。

小结：要多吃蔬菜水果，少吃甜的食物，坚持早晚刷牙，饭后漱口，这样牙齿才会健康。

（2）操作游戏。

教师讲解游戏规则：现在我们来和牙宝宝做个游戏，这里有张图片，有哭的牙齿宝宝和笑的牙齿宝宝，还有许多的食物和用品，你认为哪些食物和用品吃多了、用多了对牙齿有帮助就和笑的牙齿宝宝连在一起；哪些食物和用品吃多了、用多了对牙齿有坏处就和哭的牙齿宝宝连在一起。（幼儿操作、展示作品、随机讲述。）

（3）出示牙齿模型，学习正确的刷牙方法。

先请个别幼儿示范自己是怎么刷牙的，及时进行纠错，并教幼儿正确的刷牙方法。

活动延伸：

小结："小朋友你们真棒！不但知道了龋齿的危害，还懂得了怎样保护牙齿，晚上回家请你把这些知识讲给爸爸妈妈听好吗？"

活动评析：

幼儿期是形成健康行为的有利时期，此时幼儿对人体缺乏足够的认识，自我保护能力较差，需要成人为其提供良好的教育和保育，以使幼儿形成有益于终身的健康行为方式。此活动的组织形式是以集体讨论为主、分组操作为辅，以幼儿为主、教师为辅，活动开始部分通过多媒体课件的演示，吸引幼儿的注意力，不断引导幼儿探讨回答问题，使幼儿了解牙齿的作用及龋齿的危害，扩展了幼儿的知识面。活动中教师注意幼儿主动思考和积极回答问题等行为的培养，通过调动幼儿已有生活经验和亲身感受（有龋齿幼儿的感受），了解龋齿的危害，使幼儿对龋齿的认识回到现实生活中，也激发了幼儿保护自己牙齿的意识，最后通过讨论和实际操作，让幼儿学习保护牙齿的方法。活动采用了视听法、情境教学法、讨论法，并以操作法、赏识激励法对活动加以整合，达到科学性、健康性、愉悦性的和谐统一，使孩子从中了解了保护牙齿的重要性；运用体验法、多种感官参与法，引导幼儿想一想、看一看、听一听、说一说、玩一玩，促使幼儿对活动保持浓厚的兴趣。

案例 3

预防手足口病（大班）

设计思路：

春天天气转暖，各种传染病开始流行，如手足口病、流行性感冒、流行性脑脊髓膜炎、麻疹、水痘、腮腺炎、风疹等。幼儿园的孩子，对这些传染病及预防知识知道得很少。特别是这几年的手足口病，影响着幼儿园孩子的健康，家长也是谈"手足口"色变。预防手足口病，除了教师、家长的细心科学护理外，幼儿对手足口病的认识和主动预防是更为关键的内容,为此我们组织了此次活动。

活动目标:

(1) 愿意参与疾病认识活动,初步建立主动预防疾病的意识;

(2) 能够按照手足口病预防要求进行自我预防;

(3) 了解关于手足口病的传播和预防的知识。

活动重难点:

了解手足口病的传播和预防的措施。

活动准备:

用手足口病例图制作PPT。

活动过程:

1. 谈话导入活动

提问:小朋友们,每天老师都会给你们量体温、检查手和嘴巴,谁知道这是为什么?

2. 介绍手足口病的基本知识

(1) 师幼共同讲述手足口病症状。

请幼儿交流对手足口病的了解,教师总结手足口病的症状,幼儿观看手足口病例图片。手足口病的潜伏期为2~5天,往往先出现发烧症状,手掌心、脚掌心出现斑丘疹,口腔黏膜出现疱疹或溃疡,很疼。还会咳嗽、流涕、食欲不振、恶心、呕吐和头疼,病情重的会并发脑炎、心肌炎、肺炎等。

小结:手足口病是传染病,若不及时治疗可危及生命。所以,小朋友不舒服时要赶快告诉老师和大人,及时就医。

3. 了解手足口病的传播途径

提问:手足口病病菌是怎么传播的呢?

小结:手足口病是一种由肠道病毒引起的、好发于小儿的传染病,主要通过五条途径传播:一是人群密切接触;二是病人的分泌物、排泄物通过空气传播;三是饮用或吃了被病人污染的水、食物;四是接触了手足口病患儿摸过的玩具、图书;五是带有病毒的苍蝇叮、爬过的食物我们再接触。

手足口病全年均可发病,但3—11月份多见,6—8月份为高峰期。这种病传播速度极快。

4. 知道预防手足口病的方法

提问:怎样预防手足口病?(幼儿讨论)

小结:预防手足口病应该做到勤洗手、吃熟食、喝开水、勤通风、晒太阳。

5. 总结

小朋友们,今天我们一起认识了手足口病,了解了手足口病。手足口病并不可怕,只要我们讲卫生,勤锻炼身体,增强体质,按老师和小朋友总结的预防方法来做,手足口病就会远离我们的。

活动延伸:

拍手游戏。

第二部分　幼儿园健康教育活动指导

附:"预防手足口"拍手歌

你拍一,我拍一,勤洗澡来勤换衣;你拍二,我拍二,开窗通风好习惯;你拍三,我拍三,肥皂洗手把好关;你拍四,我拍四,人多地方我不去;你拍五,我拍五,晒晒毛巾和被褥;你拍六,我拍六,盐水天天来漱口;你拍七,我拍七,生冷食物不要吃;你拍八,我拍八,手足口病赶跑它;你拍九,我拍九,太阳下面扭一扭;你拍十,我拍十,良好习惯要保持。

活动评析:

传染性疾病的预防和教育是幼儿园健康教育活动的重要内容。幼儿的许多行为来源于对事物的认知,让幼儿了解疾病的相关知识,如疾病的相关症状、后果,有利于孩子建立起主动预防疾病的意识,通过对预防疾病相关方法的学习能够培养孩子预防传染病的技能。同时,对疾病的认识和预防活动也有利于幼儿形成健康的生活、卫生习惯。为避免在介绍疾病相关知识时太过抽象和枯燥,教师采用PPT的形式,有助于幼儿直观了解手足口病的病症。在活动中,注意引导幼儿多思考、多表达,教师要注意倾听,并及时进行总结,将孩子的零散经验进行梳理,帮助孩子建立起对手足口病的认知和预防知识。最后的延伸活动是对手足口病预防知识的强化,通过朗朗上口的儿歌让手足口病相关预防知识深入幼儿脑海中。

三、性启蒙教育案例

案例 1

男孩女孩(小班)

设计思路:

班上的男孩东东,有一次穿裙子来幼儿园,教师问家长怎么回事,家长说东东一直闹着要穿裙子,不给他买就闹,家长实在没办法就给他买了裙子。问东东为什么,他说:"姐姐也穿裙子,为什么我不能穿裙子?"他其实也知道自己是男孩子,但是他仍然坚持要穿裙子。

活动目标:

(1)愿意参与活动,能够在集体面前表达自己的看法;
(2)能够根据某些典型特征区分男孩和女孩;
(3)知道自己的性别。

活动准备:

男孩和女孩的图片;各种衣服、发型;自编歌曲《男孩和女孩》。

活动过程:

1. 出示男孩、女孩图片,请幼儿区分

提问:他们谁是男孩,谁是女孩,你是从哪里看出来的?(幼儿分别从头发、鞋子、衣服等方面进行区分。)

2. 说一说自己是男孩还是女孩

(1) 给男孩子和女孩子分别划定一个区域,让幼儿根据自己的性别进入不同的区域中就座。

(2) 教师和幼儿一起检验是不是所有的孩子都进入了正确的区域。

3. 游戏,打扮男孩、女孩,尝试区分男孩、女孩

(1) 教师请幼儿分别为图片中的男孩和女孩贴上不同的衣服、发型、鞋子。让幼儿感受男孩、女孩的简单区分。

(2) 教师为女孩贴上短裤、短发和中性颜色的运动鞋,再请幼儿说说,是男孩还是女孩。

小结:有时候仅从头发的长短和所穿的衣服、鞋子是不能准确地判断他们是男孩还是女孩的。

4. 讨论男孩、女孩身体上的区别

怎样才能正确地判断出男孩和女孩呢?

教师请幼儿说出男孩和女孩之间除了发型、衣服等不同之处,在身体上还有哪些不同之处呢?

小结:男孩有小鸡鸡,站着尿尿;女孩没有小鸡鸡,要蹲着尿尿。

5. 学唱歌曲《男孩和女孩》(附后),培养幼儿对自己性别的认同感和自豪感

活动延伸:

绘画:我心中的男孩和女孩;幼儿作品展览。

男孩和女孩

1=D 2/4　　　　　　　　　　　　　词:党静　曲:吴靓洁

3 5　3 3 ｜5 -｜3 3　1 1｜2 1　2｜3 5　6 i｜5 -｜
我 是 男　　孩,　勇敢 坚强 有力 气,遇到 事 情
我 是 女　　孩,　漂亮 文静 又听 话,遇到 事 情

6 0　5 0｜3 -｜6 5　3｜2 1　2 3｜2 -：｜1 -｜
不　害　怕,　会勇 敢 坚强 面对 它。
不　害　怕,　会认 真 仔细 解决　　　它。

3 5　5 3｜5 -｜3 3　6｜5 5　2｜3 2　3 5｜6 -｜
我 有 一 个　家,　爱爸 爸,爱妈 妈,我爱 我 的　家,

2 1　2 3｜5　7｜i -｜
就像 盛开 的　幸 福　花。

注:本歌曲在选入教材时略有调整。

第二部分 幼儿园健康教育活动指导

活动评析：

3岁是儿童性别心理发展的开始，也是他们形成正确性别认同的关键时期。在儿童早期树立正确的性别认同是对儿童进行性别教育的重要内容，若引导不良，则可能产生性别识别障碍。因此，在小班开展幼儿性别认同教育具有一定的重要意义，幼儿在小班阶段逐渐有了初步的性别意识，尽管这种意识可能是肤浅的，但他们对自己是男孩还是女孩这一点上已有了一定的了解。少数小班幼儿存在着性别认同偏差，但这种现象并不普遍，通常情况下，性别认同的教育在日常生活中只要老师稍加用心就可以通过潜移默化的形式渗透教育，如果班上有幼儿出现了性别认同偏差，则可以通过开设专门的活动来进行，同时要注意做好家园共育工作，和家长一起寻找事情发生的原因，并一起进行纠正，幼儿性别认同感的形成在很大程度上受模仿对象、幼儿年龄和生活经验的影响，教师在进行教育的过程中要多观察、了解，找准病因再下药。

案例 2

身体的秘密（大班）

设计思路：

在本月开展《变变变，长大了》主题活动时，有一个分题活动是"身体的秘密"，孩子们一看到书中男女小朋友如厕的情景，立即炸开了锅。同时，他们对两性问题表现出的早熟倾向引起了我们的关注：有的孩子在课后向教师提了很多他关于成人生活的困惑；还有的男孩子竟忍不住好奇，偷偷跑进女厕所想一窥究竟……于是，我们决定对孩子们现阶段最为关注的话题做出正面的、积极的回应，同时对学前教育阶段如何开展启蒙"性教育"进行探索，生成了本次活动"身体的秘密"。

活动目标：

（1）愿意参与活动，能大胆地表达自己的想法和认识；
（2）对自己的隐私部位有初步的自我保护意识，了解基本的防卫方法；
（3）初步了解男孩和女孩身体器官等方面的不同，形成正确的性别意识。

活动准备：

（1）幼儿的准备：活动前的调查记录，对两性的区别有初步的认识；
（2）教师的准备：收集大量的性教育资料（今日说法、《画说性》等）；两位老师角色分工、互助协调；布置有关两性知识的活动区角（包括人物、动物），提供较为丰富安全的可操作材料。

活动过程：

1. 谈话引入，讲解什么是"性"
（1）请小朋友以性别分为男女两组，两名老师明确分工。
幼儿阐述自己对不同性别的看法，即"男女有什么区别"。

（2）提问引发思考：什么是"性"？

小结："性"是和我们的身体密切相关的，不光是从头发的长短就能判断性别的，更重要的是我们身体的某些部位，是代表着性别差异的。是哪些部位呢？就是我们穿衣服遮起来的部位。

2. 明确身体的隐私部位，学会尊重自己和别人的身体

（1）请幼儿观看《蜡笔小新》，对小新随便脱裤子的行为进行讨论。

（2）出示洋娃娃，请幼儿指出什么部位是要保护的，不能随便给别人看的？（游泳时遮起来的部位就是我们身体的隐私部位）

小结：我们身体的某些部位是不能随便给别人看的，我们要尊重自己和别人的身体，因为那是我们的隐私，随便暴露自己的隐私是不礼貌的行为，也不能去偷看别人的隐私。

3. 游戏"找朋友"

体验与朋友的亲密接触，讨论哪些接触是友好、善意的，哪些是不友善的接触？（如有必要，可解释"性侵犯"。）

小结：除了爸爸妈妈，我们的隐私部位别人不能碰。

4. 案例分析，幼儿分组开展"参与式讨论"，老师做好引导和记录

（1）案例讲述。

如果有人叫你单独一人去没人的角落或屋子；如果有不认识的人要抱你、摸你的隐私部位……

（2）分组"参与式讨论"，提出自我防卫的策略。

打电话给父母、报警、向可信任的成人求助、大声呼叫求救……

活动延伸：

（1）自主选择活动区，丰富有关身体的知识；

（2）了解幼儿关注的热点，捕捉有价值的教育素材，继续生成、开展相关的主题活动。

活动评析：

幼儿早期的性意识需要引导，性教育是幼儿早期生理和心理发展到一定年龄的需要，幼儿在日常同伴交往中已经产生了所谓男孩、女孩的概念，从而会做出一些性行为，包括对人体器官的关心，幼儿很好奇男女孩子有什么不同，甚至窥视异性或直接用手去摸。幼儿期是人生中十分重要的一个时期，这个时期的性教育，将在很大程度上决定孩子今后一生的"性认同感"，影响以后的性别行为以及性向目标选择。正确而恰当的性别同一感需要培养。此活动的开展一定要根据本班幼儿的实际需求来进行。在活动开始前，教师要做好充分的调查，了解幼儿对相关知识的了解程度，以便有的放矢。

第二部分 幼儿园健康教育活动指导

动手实践

为某幼儿园大、中、小班各设计一个身体认知教育主题活动,要求有活动设计思路、主题目标、主题活动具体安排(或主题网络结构图)。并分别列举其中涉及的集体教育活动、区域活动、家园共育活动的具体活动方案。

拓展知识

"儿童朴素生物学理论"

学前儿童能够做出生物和非生物的区分。比如,有研究者要求18~24个月的儿童对不同的拥有者和被拥有者的关系做出反应。当涉及动物拥有者的问题(如男孩的花在哪里)时,儿童的完成情况良好;当儿童面临拥有者是非动物这类问题时(如花的男孩在哪里),他们表现出非常困惑。这表明,处于这一年龄阶段的儿童对不同类型的拥有者已经有所区分。又如,24个月的儿童在看到一把椅子向他移来时,表现出非常惊讶。研究者据此推断,24个月的儿童已经认识到动物和非动物的区分。

学前儿童具有朴素生物学的另一证据来自一系列对儿童认识的研究。这些研究不是从"活的"东西着手,而从与生物有关的其他核心概念的角度,探讨了学前儿童的认识问题。这些概念有生长、自愈、遗传、疾病等。由于后面会对儿童对这些概念的认识做较为详细的介绍,这里只举其中一例。有研究者告诉儿童,一些动物、植物和非生物被损坏了,然后问哪些东西能自己愈合,哪些东西不能自己愈合。结果发现,4岁儿童就能认识到,当身体受轻伤时,动物(包括人)和植物可以自己长好,而人造物只能由其他人把它修好。这表明,学前儿童能够认识到生物和非生物的显著区别(能否具有自愈的能力)。

不仅如此,儿童对动物(特别是人类)的心理和生理也能做出区分。比如,他们知道哪些东西(生物特征)可以遗传,哪些东西(心理特征)不可以遗传;他们知道什么行为容易受到环境的影响,什么行为不易受到环境的影响。

如上所介绍的这些研究结果,以及随后即将介绍的大量研究及其结论,在总体上比较支持学前儿童具有朴素生物学的观点,尽管确实还存在一些争议。

1. 学前儿童对生长的认识

在众多区分生物和非生物的特征中,生长特征对学前儿童而言是比较直观、相对比较容易认识的。有研究者认为,生长是儿童朴素生物学的核心概念。

如果学前儿童能够正确认识生长,则应该能够认识到:第一,只有生物体能够生长,非生物体则不能生长;第二,生长是物体由小变大的过程;第三,生长是单向不可逆的过程,即生物体总是由小变大,不能由大变小;第四,生长是自然现象,而非心理现象，因此不能用心理解释机制去解释生长（如想长大就长大）。

罗森格伦（K. S. Rosengren）等人研究了儿童对动物、植物和人造物在生长特征上的区别，他们发现，儿童认为动物和植物都会表现出生长特征而人造物不会。他们给儿童看一个中等大小的标准刺激，然后给儿童看与标准刺激相似的大、中、小三种图片，让儿童选择最能代表经历一段时间后标准刺激的图片。结果表明，儿童认为人造物是不会随时间推移而有所改变的。儿童认为，经历一段时间后，人造物仍保持原来的大小，而动物和植物会随时间推移而发生变化：不会变小，可能会变大。

采用基本相同的方法，我国学者对不同教育条件下的3~6岁儿童对生长现象的认识进行了研究。结果发现，学前儿童对生长现象已经有所认识。表现在他们已经开始认识到，只有生物体才能生长，而且将不可逆、由小变大作为生长的重要特征，而不是颜色、形状等。他们对生长的原因进行了解释。动物生长的原因是：吃饭、喝水；因为像人一样，因为有妈妈；因为它是动物，因为有生命等。植物生长的原因是：因为浇水、施肥；因为是人种的；因为是让人吃的。非生物不生长的原因是：因为没有嘴巴，没有眼睛；因为不能吃饭，不能喝水；因为是人造出来的。这说明，学前儿童已经表现出对生长的一定的认识，但这些认识还较为粗糙。

2. 学前儿童对死亡的认识

成人与儿童一般并不谈论死亡的话题，但这并不意味着学前儿童对死亡一点儿认识也没有。与此相反，有幼儿教师、家长经常反映，学前儿童会提到"死"。只是此时，成人经常不知道如何与他们交谈。

有关儿童死亡概念发展的研究很多，结果也不尽相同。纳吉（M. Nagy）于1948年对378名3~10岁儿童进行研究，建立了死亡概念发展模式的三个阶段，对以后的研究颇有影响。

第一阶段：3~5岁的阶段，否认死亡是一定的、最终的过程。此阶段的儿童视死亡是可逆的过程，是一种离去；认为死亡是暂时的。

第二阶段：5~9岁是拟人化的阶段，此阶段的儿童认为死亡是一个人，叫作死亡先生（death man），只有被死亡先生抓走的人才会死。所以儿童已知道死亡是生命的终止，但不是普遍的，不希望自己会死。他们认为死亡不是经常发生的，而是神奇的事，死亡和死者被认为是相同的。认为死亡是可以避免的，如聪明的人、幸运的人、特殊的人不会被死亡先生抓走。

第三阶段：9岁以上的阶段，儿童知道死亡是普遍的，是真实而不可避免的。

后来的研究者虽然受到纳吉研究的影响，所得到结论却有所不同。比如，斯皮斯（M.Speece）认为儿童的死亡概念要到10~12岁甚或更大以后才相对成熟。我国台湾学者刘惠美研究4~7岁儿童的死亡概念，发现4岁儿童开始对死亡概念已有了解，年龄愈大更趋成熟。我国台湾学者张淑美的研究则发现，影响儿童对死亡的了解，以"学校教育"最少，而以"本身经验"为最大比例。

斯皮斯和布伦特（S. Brent）提出有关死亡的三个次概念：不可逆性、无机能性、普遍性。真正理解了死亡，应该认识到：凡生物体一旦死亡，则其肉体无法再复活；所有界定生命的机能均停止；所有生物体都会死亡。

我国学者正是根据这一有关死亡的理解，对3.5~6.5岁儿童对死亡的认知进行了研究。研究报告了我国儿童在认识死亡上的三个水平。

水平Ⅰ：对死亡特征的四个维度（不可逆性、必然性、功能丧失性和情绪性）不能清楚认识，即使在主试的启发下，儿童也不能理解人（如奶奶、妈妈、爸爸、小朋友等）会死的问题，尤其不能理解动物（如老虎、大象、小花猫等）和植物（大树、花、小草等）会死的问题。儿童认为：奶奶要是生病了，上医院打一针、吃点儿药，就会好的，不会死；老虎凶猛，人打不过它，它永远也不会死；大树、花和小草是直立的东西，不会死。儿童还认为，就是奶奶死了，也会给他讲故事、买好吃的，还会在梦中想念他。他不害怕奶奶死，因为奶奶太老了，走不动，死了也不会起来抓人等。

水平Ⅱ：能够根据某些具体的原因，比较清楚地解释死亡特征的四个维度。但是，表现出强烈的自我中心意识和情感色彩。就前者而言，儿童认为：老爷爷、老奶奶生病治不好会死，因为他们太老了。他自己生病能治好，因为他还太小，太年轻，还没上学，永远不会死的。就后者而论，儿童认为他喜爱的人、动物和植物不会死，如妈妈、爸爸、小朋友、小花猫、小松鼠和小草不会死，坏蛋、爱打人的人、大老虎、大灰狼、大树、高大的草会死等。

水平Ⅲ：能够依据一定的自然原因、疾病原因和意外原因来解释死亡，认为死亡是生命的结束，人死了不能再活；任何人、动物和植物都会死；死去的人、动物和植物既不能走，也不能想问题，并使人感到伤心、难受和悲哀。这意味着，儿童对死亡特征的四个维度和外延的认知达到较高水平。例如，儿童认为，人会老死，得病治不好会死，车祸、中毒、电击、水淹和被害等事故都会致死；动物由于生病、没东西吃、没水喝也会死；植物由于没有阳光、水分和土壤或被人砍伐、毁坏也会死。儿童还对死亡事件普遍地表示出伤心、恐惧、难过和惋惜等情感。

3. 学前儿童对遗传和繁殖的认识

卡格博（Kargbo）等人发现，一些孩子认为在遗传问题上，母亲比父亲的作用更大。同时，许多幼儿认为某些特征，如身高，是由父亲决定的，而另外一些特征，如头发和眼睛的颜色，则来自母亲。

有研究者对学前儿童对遗传方式的理解进行了研究。他们告诉儿童：某个孩子的父母有一个很特别的异常特征。如布尔太太和布尔先生天生就有一个粉红色的心脏。然后让儿童预测布尔夫妇的孩子是否有正常的特征（如心脏的颜色是正常的红色还是异常的粉红色）。结果非常有趣：当告诉儿童异常的生理特征能引起生物学的后果（如粉红色的心脏使布尔夫妇非常有力、非常强健），而非引起社会的或心理的结果（如粉红色的心脏使他们非常气愤）时，儿童往往认为这个特征是可遗传的。斯普林格（K. Springer）因此认为，儿童对此拥有一个一致的、不变的信念，那就是：能引起动物的机能性结果而非社会的、心理的结果的特征都是可能遗传的，即可遗传的特征只限于生物学领域内。

赫斯菲尔德（Hirschfeld）研究了儿童对种族遗传的看法，结果表明，儿童认为种族是一个稳定的特征，它不会因跨种族的收养而改变，比如，黑人生的小孩不会因为由白人收养而成为白人。也就是说，儿童似乎意识到一个人的种族是与他们的生父母有关，而与养父母（抚养者）无关。

格尔曼等研究了儿童对由遗传而获得的发展潜势的认识。他们以讲故事的方式告诉4岁儿童一个刚出生的小动物或一粒种子由于某种意外与另外一类动物或植物生活（长）在一起，如一头刚出生的小牛犊，被带到猪圈里和猪生活在一起，小牛犊从未见过其他的牛。然后让儿童判断这个对象长大后会显示什么样的行为特征和身体特征。结果发现，4岁儿童就能认识到，虽然牛与猪同养，但牛长大后将会哞哞地叫，将会有一个直直的尾巴。他们似乎知道，牛在身体特征上更像牛，而在行为特征上更像猪。对植物也有类似的反应。

另外，学前儿童对繁殖问题也有一定的认识。比如，他们经常提出"我是从哪里来的"这样让成人头痛、尴尬的问题，也逐渐开始理解繁殖的一些基本原理。由于成人对"我是从哪里来的"这样的问题羞于启齿，或者认为讲了孩子也不明白，所以这方面的话题往往刚一开启，就草草收场。

皮亚杰提出繁殖概念的形成需要经历以下几个阶段：第一，先人为阶段，在此阶段中儿童对于自己从哪儿来缺少正确概念；第二，人为阶段，在此阶段中儿童对于人之由来已有一定的认识，但却不清楚父母的作用；第三，自然阶段，在此阶段中儿童首先明白了母亲在繁殖问题上的重要作用，然后才是父亲。

思考与实训

1. 幼儿健康体态的主要标志是什么？
2. 幼儿园身体认知教育的总目标是什么？
3. 幼儿园身体认知教育的内容有哪些？
4. 幼儿园身体认知教育的实施原则是什么？
5. 幼儿园身体认知教育的实施途径与方法有哪些？
6. 调查某幼儿园教师、家长对幼儿身体认知教育的认识，并谈谈自己的看法。
7. 随机观察某幼儿园教师对幼儿进行身体认知教育的教育过程，并分析活动内容的选择是否合理，方法途径的选取是否合适，以及活动是否达到预期效果。

知识链接

［1］顾荣芳．幼儿健康概念认知研究［M］．北京：高等教育出版社，2009．

［2］顾荣芳，陈巧玲，陈艳，等．幼儿对身体生长相关概念的认知［J］．学前教育研究，2008（7）．

［3］苟增强，刘建伟，罗萍，等．幼儿园健康教育与活动指导［M］．北京：北京师范大学出版社，2017．

［4］李君．幼儿园卫生保健与健康教育指导［M］．济南：山东人民出版社，2013．

［5］杭梅．幼儿健康教育与活动指导［M］．北京：北京师范大学出版社，2014．

第二章 幼儿园心理健康教育活动的设计与指导

引例

阳阳，是一个可爱的小男孩，学知识很快。但在幼儿园，小朋友不小心碰到他，他就会放声大哭；老师让小朋友学着穿衣服，他学不会就哭；他和小朋友交往很少，不爱跟大家说话，自己坐一边，不肯参加集体活动；大家玩玩具，他想玩，却不敢跟大家在一起。

学习情境

熟悉幼儿心理健康的定义及标准；熟悉《纲要》《指南》有关幼儿心理健康方面的相关内容；掌握幼儿园心理健康教育的目标、内容及基本途径；能够根据实际情况设计组织开展幼儿心理健康教育活动；了解幼儿常见心理问题的行为表现和教育策略；能够将心理健康教育贯穿到幼儿园一日生活之中。

第一节 幼儿心理健康教育概述

一、幼儿心理健康的定义及标志

（一）心理健康的定义及标准

世界卫生组织认为：心理健康是一种良好的、持续的心理状态与过程，表现为个人具有生命的活力、积极的内心体验、良好的社会适应,能够有效地发挥个人的身心潜力以及作为社会一员的积极的社会功能。

心理健康的标准总体可以归纳为以下6条:①对现实的有效知觉;②自知、自尊与自我接纳;③自我调控能力;④与人建立亲密关系的能力;⑤人格结构的稳定与协调;⑥具有生活热情与工作高效率。

对心理健康标准的理解,主要应该注意以下几点:首先,判断一个人的心理健康状态时,应兼顾个体内部协调与对外良好适应两个方面;其次,心理健康的概念具有相对性,低层次的心理健康主要是指没有心理疾病,而高层次(积极)的心理健康不仅指没有心理疾病,而且能充分发挥个人潜能,发展建设性人际关系,从事具有社会价值的活动,追求高层次需要的满足,追求生活的意义;再次,心理健康并不意味着无失败、无冲突、无痛苦,而是能够在这些情况下做有效的自我调整,且能保持良好的工作效率;最后,不同的社会,由于其主流文化、价值观念、社会规范不同,对于同一行为正常与否会有不同的判断。

(二)幼儿心理健康的定义及标志

幼儿心理健康是指心理发展达到相应年龄组幼儿的正常水平,情绪积极、性格开朗,无心理障碍,对环境有较快的适应能力。

通常主要从认知、情绪、意志、行为及人际关系等方面衡量幼儿的心理健康:①认知发展正常。一定的认知能力是幼儿生活与学习的重要条件。群体幼儿的认知水平呈正态分布,即认知水平极高者与认知能力低下者是少数,大多数幼儿处于中间状态。心理健康的幼儿认知是正常的,他们能够适应幼儿园的学习生活,与周围环境取得平衡。认知能力低下的幼儿,社会适应能力差,常常不能适应幼儿园的集体生活与学习,心理压力大,健康难以维持,需要特殊的保教和护理。只要防护与训练工作做得及时,那些认知能力低下的幼儿可望逐步适应社会生活与学习,达到心理健康状态。②情绪稳定而愉悦。心理健康的幼儿以积极的情绪表现为主,充满了喜悦与欢乐,这样的情绪有助于提高活动的效率,多会受到家长和教师的表扬与称赞,而积极的情绪又得以强化,使幼儿进入良性循环。健康的幼儿还会出现短时的消极情绪,如表现出哭闹、委屈等,这些表现有助于他们不满情绪的发泄,有助于维护心理健康水平。但消极的情绪如果表现得太过分、太频繁,如焦虑、恐惧、强迫、抑郁等情绪反复出现,就难以称得上是心理健康了。③意志健全与行为协调。意志是自觉地确定目的并根据目的来支配和调节自己的行动,克服困难的心理过程。心理健康者在活动中有明确的目的性,并能适时做出决定而且自觉去执行,还能够保持长时间专注的行动去实现既定目标。心理健康的幼儿3岁前就有意志的萌芽表现,能初步借助言语来支配自己的行动,出现独立行动的愿望。3岁后,意志品质中的自觉性、坚持性和自制力得以发展,但总的说来,发展有限。④人际关系融洽。幼儿之间的交往是维持心理健康的重要条件,也是获得心理健康的必要途径。幼儿的人际关系主要包括幼儿与家长、教师以及同伴之间的关系。心理健康的幼儿乐于与人交往,善于和同伴合作与共享,理解与尊敬教师,待人慷慨与友善,也容易被别人理解和接受。心理不健康的幼儿不能与人合作、冷漠、缺乏同情心、斤斤计较、猜疑、嫉妒、退缩、不能置身于集体、与他人格格不入。⑤性格与自我意识良好。幼儿的个性虽然没有稳固形成,但已表现出一定的性格特征。心理健康的幼儿性格相对稳定，开朗、热情、大方、勇敢、谦虚、诚实、乐于助人；在自我意识上，开始正确认识和评价自己，自尊感在发展，寻求独立性，对自己充满了信心。而心理不健康的幼儿性格发展不良，表现出胆怯、冷漠、吝啬、孤僻、敌意、自卑，缺乏自尊心。

《指南》指出，发育良好的身体、愉快的情绪、强健的体质、协调的动作、良好的生活习惯和基本生活能力是幼儿身心健康的重要标志。其中，"愉快的情绪"就是从幼儿心理健康角度提出的重要标志。对于幼儿来说，情绪安定愉快是维护身心健康，促使其产生社会适应行为并逐渐形成良好个性的重要条件。

二、幼儿心理健康教育的定义及主要任务

（一）幼儿心理健康教育的定义

心理健康教育是围绕心理健康开展的教育活动。《心理学大辞典》指出，心理健康教育的主要内容是：普及心理健康基本知识，树立心理健康意识，了解简单的心理调节方法，认识心理异常现象，初步掌握心理保健常识。

幼儿心理健康教育，可以从广义和狭义两个角度来看。广义的幼儿心理健康教育，是指一切有助于幼儿心理素质的培养和人格健全的教育活动，包括幼儿园、家庭、社会的有关教育、课程渗透和社会影响等；狭义的幼儿心理健康教育，是指在幼儿园范围内，以心理素质培养和健全人格为目的的专门教育。这里所说的心理健康教育主要是指后者。幼儿心理健康教育一般包括心理健康教育活动、心理辅导、心理咨询与心理治疗等形式。

（二）幼儿心理健康教育的主要任务

从上述幼儿心理健康教育定义可知，幼儿心理健康教育具有预防和矫治两层含义，其主要任务包括以下三个方面：

第一，对全体幼儿实施发展性的心理健康教育。增强幼儿自我心理保护意识，促进幼儿自我意识、情绪情感、行为习惯、个性心理品质和社会适应能力等方面的发展，努力提高幼儿心理健康水平，这是幼儿心理健康教育的首要任务。

第二，面向个别有心理及行为问题的幼儿，开展补偿性心理健康辅导，使其尽快恢复，并提高其心理健康水平。

第三，识别出少数有严重心理问题的幼儿，密切配合专业心理治疗机构，尽早治愈心理疾病。心理健康教育对于有严重心理问题（如自闭症）的幼儿，其作用仅限于初步的诊断和甄别，对其确诊及进一步的治疗还需要专业人员的鉴定及多方的配合。

三、幼儿园心理健康教育的目标

（一）幼儿心理健康教育的总目标

培养幼儿良好的情绪、行为方式、性格、习惯和社会适应能力，对幼儿的行为偏异、

心理障碍、心理疾病进行早期预防和矫治，促使幼儿养成积极、乐观、向上的良好心理品质和健全人格，促进幼儿身心和谐发展。

（二）幼儿心理健康教育各年龄阶段目标

幼儿心理教育各年龄阶段目标的确立，应充分考虑幼儿身心发展的特点，并参照《指南》中相关内容对幼儿学习与发展的合理期望。

《指南》中幼儿心理的相关内容

阶段目标	3~4岁	4~5岁	5~6岁
情绪安定愉快	①情绪比较稳定，很少因一点小事哭闹不止。②有比较强烈的情绪反应时，能在成人的安抚下逐渐平静下来	①经常保持愉快的情绪，不高兴时能较快缓解。②有比较强烈情绪反应时，能在成人提醒下逐渐平静下来。③愿意把自己的情绪告诉亲近的人，一起分享快乐或求得安慰	①经常保持愉快的情绪。知道引起自己某种情绪的原因，并努力缓解。②表达情绪的方式比较适度，不乱发脾气。③能随着活动的需要转换情绪和注意
具有一定的适应能力	①换新环境时情绪能较快稳定，睡眠、饮食基本正常。②在帮助下能较快适应集体生活	①换新环境时较少出现身体不适。②能较快适应人际环境中发生的变化。如换了新老师能较快适应	能较快融入新的人际关系环境。如换了新的幼儿园或班级能较快适应
具有自尊、自信、自主的表现	①能根据自己的兴趣选择游戏或其他活动。②为自己的好行为或活动成果感到高兴。③自己能做的事情愿意自己做。④喜欢承担一些小任务	①能按自己的想法进行游戏或其他活动。②知道自己的一些优点和长处，并对此感到满意。③自己的事情尽量自己做，不愿意依赖别人。④敢于尝试有一定难度的活动和任务	①能主动发起活动或在活动中出主意、想办法。②做了好事或取得了成功后还想做得更好。③自己的事情自己做，不会的愿意学。④主动承担任务，遇到困难能够坚持而不轻易求助。⑤与别人的看法不同时，敢于坚持自己的意见并说出理由
喜欢并适应群体生活	①对群体活动有兴趣。②对幼儿园的生活好奇，喜欢上幼儿园	①愿意并主动参加群体活动。②愿意与家长一起参加社区的一些群体活动	①在群体活动中积极、快乐。②对小学生活有好奇和向往

依据幼儿心理健康教育的总目标，结合《纲要》《指南》健康、社会领域中幼儿心理相关内容，3~6岁幼儿心理健康教育各年龄目标如下：

1. 3~4 岁（小班）

①情绪比较稳定；有强烈的情绪反应时，能在成人的安抚下调节自己的情绪。②换新环境时，情绪能较快稳定，在成人帮助下能较快适应人际环境。③能根据自己兴趣选择活动；为自己的好行为和成果感到高兴；自己能做的事情愿意自己做；喜欢承担一些小任务。④愿意参加群体活动，喜欢上幼儿园。

2. 4~5 岁（中班）

①经常保持愉快的情绪，不高兴时能较快缓解；有比较强烈的情绪反应时，能在成人的提醒下逐渐平静下来；愿意向亲近的人表达自己的情绪，分享快乐或求得安慰。②换新环境时，能较快适应人际环境。③能按自己的想法进行游戏或其他活动；知道自己的优点和长处并感到满意；自己的事情尽量自己做；敢于尝试有一定难度的活动和任务。④愿意并主动参加集体活动。

3. 5~6 岁（大班）

①经常保持愉快的情绪；表达情绪的方式适度，不乱发脾气；能随着活动需要转换情绪。②换新环境时，能较快融入新的人际环境。③能主动发起活动或在活动中出主意、想办法；做好了事情或取得成功后还想做得更好；不会的事情愿意学；能主动承担任务，遇到困难能够坚持；与别人看法不同，敢于表达自己的观点并坚持。④在集体活动中积极快乐，向往小学生活。

案例

某幼儿园心理教育目标

维护和促进幼儿心理健康，培养幼儿良好的心理品质，全面提高幼儿的心理素质，使幼儿学会适应、学会自理、学会关心、学会合作、学会交往、学会求知、学会创造。具体地说可以归纳成三条：

（1）维护幼儿心理健康，防止幼儿产生病态心理倾向，预防心理障碍和疾病，矫正治疗幼儿身上已有的心理障碍，使幼儿远离孤独、冷漠、抑郁、自卑、自我中心、自我封闭、交往障碍、怯懦等不良心理状况。

（2）培养幼儿乐观、乐群、自信、进取、向上、积极参与、耐挫、诚实、勇敢等良好的个性心理品质，促进幼儿心理健康，使幼儿拥有时代需要的心理适应能力和心理承受能力。

（3）养成幼儿良好的行为习惯，使幼儿具备良好的生活习惯、劳动习惯、学习习惯、品德行为习惯，促进幼儿心理健康成长。

摘自吴荔红. 关于幼儿心理健康教育课程的目标及原则 [J]. 赣南师范学院学报，2000（5）：74-76.

四、幼儿园心理健康教育的内容

（一）情绪管理教育

情绪是个体对外界刺激的主观的、有意识的体验和感受，具有心理和生理反应的特征。《指南》提出让幼儿保持情绪安定愉快，其意义在于奠定幼儿心理健康的基础，具体包括四个层面：

1. 情绪安定

情绪的瞬息万变是幼儿期的主要特征。要让幼儿做到情绪安定，就必须为幼儿"营造温暖、轻松的心理环境，让幼儿形成安全感和信赖感"。

2. 保持愉快情绪

保持愉快情绪就是让幼儿处于较为稳定的积极情绪状态。幼儿对自己所进行的一日活动感到有兴趣、对幼儿园生活有所期盼、在日常生活中能感到满足和自豪感，能感受到周围的人际之爱，就有助于幼儿保持愉悦的情绪。

3. 恰当表达情绪

恰当表达情绪就是指幼儿能根据所处的环境表现出与之相匹配并强度适中的情绪。遇到高兴的事情，愿意与人分享。遇到不高兴的事情，知道如何以合适的方法来宣泄自己的负面情绪，不乱发脾气。让幼儿学会一些适当、适度地表达自己消极情绪的简单易行的方法。

每个人都会有不良的情绪，需要通过一个合适的渠道宣泄出来，以减轻心理压力。幼儿也是一样，他们有时也会受到挫折、感到委屈，在生活中不可避免地会产生一些不良的情绪，这些情绪如果得不到及时的宣泄，压抑久了就会引起身体和心理上的疾病。幼儿由于年龄发展特点的限制，还不懂得如何通过合适的渠道宣泄自己的不良情绪。因此，家长和教师要适时对幼儿进行合理疏导，教会幼儿一些方法来及时释放不良情绪，减轻内心压力，获得内心的平衡。

4. 情绪调控

情绪调控就是指幼儿对自己的情绪状态能做出适度的调整。当幼儿不高兴时，鼓励幼儿与他人分享自己的情绪，学会求得安慰，学会根据活动的变化转换自己的情绪和注意。

幼儿情绪冲动性强，经常处于易激动的状态，情绪表现强烈而难以自制，有时会深深陷入某种情绪状态无法自拔，如大声哭闹，甚至自己都弄不清楚为什么，而且不知道如何停止。这时候成人的安慰与说理无济于事，甚至会使这种情绪由于受到关注愈发猛烈而持久。这时要适当转移幼儿的注意力帮助其从当前情绪状态中摆脱出来，并逐渐教会幼儿，当沉浸在某种不良情绪中时，要自觉转移注意力。

（二）自我意识教育

1. 积极恰当的自我评价

自我评价就是对自我的诊断，是自我认识的核心，反映自我认识的发展水平。让幼儿学会对自己做出适当的评价，逐步克服自我评价的他人化、情绪化、表面化、笼统化，形成一定的独立评价。

2. 自尊、自信、自主

自尊、自信、自主是幼儿在社会比较过程中所获得的有关自我价值的重要体验，是幼儿心理健康的重要指标之一。为每个幼儿提供表现自己长处、优点和获得成功的机会，如日常生活中培养幼儿自我服务的情感，教给幼儿自我服务技巧，并给予适度评价、及时肯定，让幼儿逐步形成自觉，就能增强幼儿的自我价值感，增强其自尊、自信、自主。

（三）社会交往教育

交往是个人与社会建立关系，提高社会适应能力，培养健全人格的重要途径，对幼儿健康心理和人格的形成起着举足轻重的作用。心理健康的幼儿，人际关系和谐，有强烈的交往需要，乐于、善于与人交往。心理不健康的幼儿，不愿意与人交往，经常把自己孤立起来，对他人和外界漠不关心，与环境格格不入。利用幼儿园得天独厚的同伴群体，让幼儿学会一些交往的语言和方法策略。

1. 学会移情

移情是指对他人情绪情感状态的识别和接受，是一个人感受和理解他人情感的能力。幼儿不断发展的移情能力，是激发和促进幼儿亲社会行为发展的重要动机。因此，在日常生活中，成人要为幼儿创造与人交往的机会，鼓励幼儿积极参加各种游戏活动，让他们在与同伴及成人的交往中学会换位思考，觉察他人的情感，感受他人的需要，并能设身处地地为他人着想，产生与他人相同的心理感受，从而促进幼儿建立和谐的人际关系，减少反社会行为的发生。此外，也可以通过听故事、角色扮演等方法来让幼儿产生与角色相似的心理感受，训练幼儿的移情能力。

2. 学会分享与合作

为了更好地适应集体生活，提高社会交往的能力，能够与人和谐相处，幼儿应学会分享物品与角色，互相合作，恰当地表达自己的愿望，并能考虑别人的要求，用恰当的方式解决矛盾冲突。当集体使用玩具、用具时，幼儿应能与同伴共同分享，不独自占有，学会轮流和等待；当需要向别人借东西或参与别人正在进行的活动时，幼儿应能以恰当的方式征得别人的同意；当同伴提出加入自己正在进行的活动时，幼儿应能乐意接受；在活动中，幼儿应能理解同伴的兴趣和爱好，能服从别人的兴趣但不盲从，能积极地提出自己的建议和意见，愉快地与同伴合作。这些交往技能幼儿难以通过简单的示范或单纯的模仿掌握，成人应在示范的基础上结合讲述，并创造机会让幼儿在实践中进行练习，使其学会在集体生活中建立良好的人际关系。

3. 学会尊重与互助

尊重和互相帮助是社会交往中的重要准则和重要内容。为促进幼儿的人际交往，帮助其掌握正确的交往方式，应该从小教育幼儿学会尊重，学会悦纳。教育幼儿不随意取笑别人，不歧视某方面不足或有缺陷的人；尊重老师和长辈，见面主动打招呼问好，不随便插话，不无理取闹；爱惜别人的劳动成果，不故意弄脏地面或桌面，不故意撕毁他人作品；乐于助人，给予同伴关心、帮助和同情，体验帮助别人给自己带来的快乐，感受这种利他行为的价值。

第二部分　幼儿园健康教育活动指导

4. 懂得基本的礼貌、礼节

学习并掌握交往中基本的礼貌、礼节，可以帮助幼儿学习以正确的行为方式控制自己，变不友好的行为为友好行为。在日常的生活和交往过程中，成人要注意用自己文明优雅的言行举止去感染、熏陶幼儿，教给幼儿一些基本的礼貌用语，帮助幼儿掌握简单的礼仪规范，并让幼儿付诸行动，如学会微笑、主动和别人打招呼、会说"请""谢谢""对不起"等，使幼儿成为语言文明、举止优雅、受同伴喜爱的游戏伙伴和交往对象。

（四）心理障碍和行为异常预防教育

依照心理健康的标准，通过调查、观察、筛查和诊断等方法，及早发现幼儿的各类行为问题、心理障碍和心理疾病，确定问题的性质，采取有针对性的措施，进行早期教育、早期干预和早期治疗。

案　例

某幼儿园心理健康教育内容

1. 帮助幼儿学会调整自己的情绪

情绪是幼儿心理健康的一个重要内容。幼儿健康的行为与他们是否以积极恰当的方式认识、分析、解释及交流情绪情感有密切关系。

（1）丰富幼儿情绪体验，学会调控情绪，培养积极情绪。鼓励幼儿积极参加集体活动，教会他们调控自己的情绪，懂得哪些要求合理，哪些要求不合理，引导他们通过面部表情、身体动作、语言和活动等方式表达情绪，培养如快乐、高兴、满足等积极情绪。

（2）合理发泄不良情绪，学会应付对策。在生活中，幼儿经常会遭受各种形式的心理压力。教师要为幼儿提供机会，培养幼儿适应环境的能力，学习以正确的方式应付心理压力的对策，以保持自身与环境之间的平衡。

2. 帮助幼儿学会社会交往技能

幼儿通过学习而获得的社会交往技能对其一生的社会适应能力具有非常重要的作用。

（1）感知和理解他人的情感。帮助幼儿感知和理解他人的情感，对于增进他们的社会交往技能很有价值。在日常生活中要鼓励幼儿积极参加集体活动，体验共同活动的乐趣，正确地认识、感知与理解自己及他人的情感愿望，初步学会人际交往技能。

（2）学会互助、合作与分享。幼儿需要通过人际交往认识、体验、理解并遵守日常生活中基本的社会行为规则，学会自律和尊重他人。应指导他们在活动中学会合作与分享，在交往中养成友好、合作、宽容、热情的心理品质。

（3）恰当的自我评价。幼儿的自我评价能力是逐步发展起来的，反映幼儿对自己在环境中所处地位的认识和评价自身能力的价值观念，在其个性形成中占重要地位。

3. 帮助幼儿形成良好的行为习惯

幼儿的心理健康与良好的行为习惯密切相关，对幼儿来说，行为习惯主要指生活与卫生习惯。良好的生活与卫生习惯有益于幼儿身体健康。

（1）建立科学、规律的日常生活习惯。即培养幼儿良好的睡眠、盥洗、饮食、排便以及室内外活动的生活习惯和生活自理能力，使他们的肌体活动能按照一定的生物节律进行运转，维持正常的生理与心理平衡。

（2）养成良好的卫生习惯。即养成勤理发、勤洗手、勤洗脚、勤洗澡、勤剪指甲、早晚刷牙、饭后漱口、用自己的茶杯和手帕、不挖鼻孔及耳朵、不咬指甲等良好的个人卫生习惯以及必要的安全、营养和保健方面的教育。

（3）开展丰富多彩的户外游戏和体育活动。即组织形式多样的户外游戏和体育活动，增强体质，发展基本动作，提高动作的协调性、灵活性和环境的适应能力，培养幼儿对活动的兴趣及坚强的意志品质和主动、乐观、合作的态度。

摘自姚本先，邓明. 幼儿心理健康教育的目标、任务、内容与途径［J］. 教育科学研究，2004（1）：44–46.

第二节 幼儿园心理健康教育的实施

一、幼儿园心理健康教育的基本原则

幼儿心理健康教育除了要遵循幼儿教育的一般原则之外，还要遵循自身特有的原则。这是根据幼儿心理健康教育的目标和内容确立的，是实施心理健康教育过程中必须遵循的基本要求。

（一）主体性原则

教育的过程就是体验自身感受和变化的过程，而心理体验的获得更离不开个体的主动参与。心理学家皮亚杰认为：没有认识主体的能动作用，认识就不能得到发展。幼儿有他们自己的意志和人格，任何轻视他们人格的言行，都可能引起他们的反感甚至对抗。因此，只让幼儿被动地接受，是不能达到心理教育的目的的。在开展心理健康教育的过程中，要注意尊重幼儿的主体地位，无论是目标的制定、内容的选择还是方法的运用，均应体现出以幼儿为主。教育者应根据幼儿的兴趣和身心发展特点，选择恰当的心理健康教育内容，运用幼儿喜爱的方法，充分调动幼儿的自觉性、积极性，引导他们主动参与到心理健康教育活动中来，并最终通过亲身体验和感受，实现心理的健康和持续发展。

（二）个性化与社会化相协调的原则

个性化就是随着身心的发展和成熟，一个人越来越显现出与他人相区别的独特的人格特征。社会化是指特定社会通过各种措施使个人形成该社会所规定的具有一定共同性的行为模式或人格特征。个性化和社会化是心理品质发展过程中的两个方面，它们相辅相成，

互为补充。因此，在幼儿心理健康教育中，应遵循个性化与社会化相协调的原则，既要重视幼儿的社会化，培养社会发展所需的共同性的心理特征，又不能忽视幼儿的个性化，抹杀他们的个性特点，并且还要通过各种个别教育措施来促进幼儿的特长和独特性的发展。

（三）渗透性原则

幼儿心理健康教育应该渗透到教育的各个方面和各个环节之中，因为心理健康教育是一个全方位的和长时期的熏陶、教育和训练的过程，任何课程都不能单独实现心理健康教育的总目标。我们应该从心理健康教育的角度重新考虑教育者、教育环境、课程和教学方法等。教育者作为仿效的榜样，其心理品质在一定程度上决定了心理健康教育的成败。因此，教师应该自觉地加强自身的人格修养与心理健康教育，提高自己的人格水平，发展良好的心理品质。在各种具体教育活动中，教师不仅要传授专门知识和相关能力，而且要有意识地培养幼儿的心理品质，引入心理健康教育的因素，把心理健康教育渗透到幼儿教育的每个侧面和每一个教育环节。

（四）认知教育与行为训练相结合的原则

心理品质既不是单纯的思想观念，又不是单纯的行为方式，而是认知与行为紧密联系的综合体或心理－行为结构。要培养这种内在心理和外显行为表里一致的结构，不仅要从内在思想观念入手进行认知教育，而且要从外在行为方式入手进行行为训练，只有把两种心理健康教育方式有机结合起来才能有效地促进幼儿良好心理品质的形成，否则会出现过去道德教育中常常有的两个偏差：一是单纯强调道德观念和政治思想的认知教育，而忽视幼儿行为方式的训练；二是强调具体道德行为的训练，而忽视道德理想的认知教育，结果使幼儿的知与行脱节，难以形成完善的道德品质。

（五）与幼儿年龄发展特点、规律相适应原则

幼儿身心发展有自身的规律与顺序。要根据幼儿发展的规律与顺序，预测他们下一阶段的发展，并做好相应的教育准备。心理健康教育目标与内容的确定、心理健康教育方法与措施的选择等都要考虑幼儿的年龄特点及其发展规律。幼儿的生活与学习具有直接体验性与游戏性的特点，心理健康教育要通过直接经验和游戏的教育方式影响幼儿，让幼儿获得更多的直接经验，在愉快的游戏活动中学习，这样会学得更快更好。

（六）幼儿园、家庭和社会协同教育的原则

在幼儿心理发展中，幼儿园、家庭与社会环境都起着同样重要的作用，这几方面的作用应该相互协调一致，才能取得最大的效果。因此，在幼儿心理健康教育中，要求家庭教育与幼儿心理健康教育一致，社会环境的影响要符合幼儿心理的发展。要通过家长会、家访等各种途径影响家长，使他们营造有利于幼儿心理健康发展的家庭教育生活环境，对于社会环境中存在的对幼儿心理发展的消极影响，要采取适当的措施给予限制和消除。幼儿自我意识逐渐觉醒之后，自我对心理结构及其发展都会起到一定的调节作用。因此，我们不仅要通过家庭教育、幼儿园教育和社会教育来促进幼儿心理品质的发展，而且要通过幼儿的自我教育来调控自己，把外控转化为内控，引向自尊、自爱、自强、自我完善和自我实现。

二、幼儿园心理健康教育的途径

幼儿园心理健康教育活动应融入幼儿一日生活之中，包括生活活动、教学活动、游戏活动等，体现"一日生活皆课程"的教育观念。同时，以幼儿的心理健康促进为出发点，针对个体心理行为问题进行必要的行为矫正。

（一）游戏活动

游戏是幼儿喜爱的活动，将心理健康教育融于游戏中，能进一步提高和增强游戏的发展价值。如在体育游戏中，幼儿通过动作训练、竞技比赛、设置障碍等活动，能养成克服困难、勇于挑战、坚持到底的良好心理品质；在角色游戏中，幼儿通过对游戏主题的确立、角色的选择与分配、情节的发展等活动，学会如何与同伴友好相处，自我意识、合群能力得到良好发展，进而促进社会化和个性化的协调发展。同时，幼儿在游戏中玩得开心，乐观的情绪有利于促进幼儿心理健康的发展。游戏是一种"心"的活动，是幼儿的生命。在游戏中，幼儿的心理状态和心理特征可以自由地表现出来，因而是进行心理健康教育的最佳途径。

（二）生活活动

日常生活是幼儿人际交往相对频繁和心理品质自然显露的时刻，日常生活的各个环节蕴含着丰富的心理健康教育因素，既有兴趣、情感的成分，也有意志、个性的成分。因此，生活活动是心理健康教育不可忽视的重要资源。

一方面应结合一日生活各环节进行幼儿心理健康的教育和引导。如入园时，教育幼儿互相问好，为同伴整理桌椅，可以培养幼儿关心、爱护、尊重、乐于助人等良好的情感素质。进餐环节，请值日生为同伴分发餐具和食物，可以培养幼儿爱劳动的情感和为他人服务的责任意识，要求幼儿吃饭时不说话，讲究仪态。午睡时，训练幼儿穿脱衣服和折叠被子，可以培养幼儿的自理能力，让幼儿互相帮助穿脱衣服，可以让幼儿体会帮助别人的乐趣。

另一方面应加强日常生活活动中随机的心理健康教育。随机教育是根据临时出现的事件进行的有针对性的教育，对培养、巩固幼儿良好的个性和心理品质有十分重要的作用。如在幼儿收拾玩具时，教师对那些能够整齐收好玩具的幼儿及时表扬和鼓励，并对不收玩具的幼儿进行教育、引导，促使幼儿学会做事有始有终，培养幼儿的责任心。教育幼儿关心生病的老师、同伴，共同庆祝小伙伴的生日，可使幼儿充分感受集体的温暖。

（三）教学活动

将幼儿心理健康教育渗透到各领域教学活动中。即把各领域教学活动中潜在的心理健康教育因素挖掘出来，依据幼儿身心发展的特点和需求加以精心组织实施，以更好地促进幼儿心理健康。

（四）个体心理行为问题矫正

针对个别幼儿的心理行为问题，可以通过行为矫正使其得以改变。行为矫正是根据学习理论对幼儿进行反复训练,以达到矫正不良行为、形成良好行为习惯的方法。这种方法的理论假设是:一切行为都是学习得来的,因此是可以改变的。行为矫正的过程包括基线,即现有的行为状况;矫正,即确定行为目标选择适当策略;追踪,即实施后对幼儿行为进行持续的观察记录,以此来判断是否达到矫正效果。常见的行为矫正方法有正强化法(奖励法)、惩罚法、消退法、模仿法等。在使用行为矫正法时要注意,矫正的目的是改变行为,而不是改变人格,当然间接地可以导致人格的改变。同时,行为矫正是一个反复训练的过程,因此要遵循严格的程序。

三、开展幼儿园心理健康教育相关注意事项

(一)教师及周围成人自身心理素质的提高

由于生活节奏加快、工作压力增大等原因引发的心理问题困扰着人们,在一定程度上也影响了人们的生活质量和工作态度。教师群体也面临着职业倦怠、焦虑等心理隐患。而教师和家长的心理健康与否,直接影响着身边的幼儿。因此,要做好幼儿心理健康教育工作,教师和家长包括周围的其他成年人首先应注意提高自身心理健康水平。应该能够调整自己的情绪,合理排解工作、生活压力,保持自信、乐观、开朗、向上的良好心态;对自己有正确的评价,生活目标切合实际,保持人格的完整与和谐;具有良好的社会适应能力,融洽和谐的人际关系,良好的行为习惯,给幼儿以积极的正面的影响。尽量不要在幼儿面前宣泄不良情绪,不应因为自己心情不好影响幼儿,更不能对幼儿发泄。

(二)善于观察,适时疏导

幼儿在成长过程中渐渐学会了将情绪由外露转为内隐,如伤心时不哭出声音来,受了委屈不敢表现出来等,但又由于情绪调节能力不足而强制压抑。或有时受制于语言表达能力的发展,不懂得如何表达自己的情感体验,影响情绪和精神状态。这就需要教师善于观察,熟悉每个幼儿的个性特点和表达方式,及时发现幼儿的反常情绪,适时帮助其疏导情绪,以爱心来呵护幼儿的心灵。教师可以通过讲道理、讲故事帮助幼儿调整心态,或教给幼儿用适当的方式来合理宣泄,或者转移其注意力防止过度沉溺于某一不良情绪中。

(三)师幼平等,尊重幼儿人格

幼儿虽小,但在人格上和教师是平等的,要尊重每个幼儿,保护他们健康成长不要随便给幼儿贴标签,如指责某幼儿有"多动症",或断定某幼儿是"自闭症"。这会对幼儿的幼小心灵造成严重伤害,而且影响其社会性的发展;当然,如果发现某幼儿有一些症状与幼儿易患心理疾病的表现相似,教师应及时提醒家长带幼儿去医院检查,以免错过最佳治疗年龄。即使幼儿真的患有某方面心理疾病,教师也应尊重并保护其隐私,尽量为其提供正常的交往环境,并在家长的配合下尽可能帮助治疗,促进其健康发展。

(四)正确看待幼儿个性差异

随着年龄增长,幼儿逐渐有了个性萌芽,表现出明显的个性倾向。这是幼儿心理发展的自然规律,教师应根据这种差异因材施教,使每一幼儿都得到全面和谐的发展。不要因

幼儿个性有差异而表现出对一部分幼儿偏爱，更不要因此认为某些幼儿发展不正常。教师的态度和暗示对幼儿的自我评价影响极大，因此一定要公平、公正地对待每一名幼儿。

（五）幼儿园与家庭、社会密切配合

幼儿的思想很单纯，而且缺乏明辨是非的能力，所以对于周围成人的教育容易全部接受，对周围成人的言行举止尤为敏感，教师或家长不雅的一句话，沿途路人一个动作，都可能误导幼儿。幼儿是在幼儿园、家庭、社区的合力作用下成长的，只有各方面力量保持一致，才能促进其心理健康发展。如果各方面要求相冲突，会大大削弱正面教育的力量，甚至使幼儿养成某些不良心理品质，增加教育的难度。

第三节　幼儿园心理健康教育活动设计与指导案例评析

一、幼儿园心理健康教育活动案例

案例1

宝藏的秘密（小班）

设计思路：

记忆是人脑对过去经验的反映，包括识记、保持、再认与再现。幼儿记忆力的发展也遵循着幼儿心理发展的一般规律，即从不随意向随意方向发展，从具体向抽象发展。因为记忆的存在，幼儿产生表象、想象和思维，能够学习、积累日常生活经验，发展情感、意志，形成独特的个性特征。

本班幼儿大多3岁，喜欢唱歌，在"我是小歌手"的活动中，情绪很高昂，但大多记不住歌词。"记得快，忘得快"，记忆过程缺乏目的性，很难接受有意义的记忆任务，并且语言词汇贫乏。根据这一现象，我们设计了"宝藏的秘密"活动，在寻宝中培养幼儿对记忆的兴趣和一些简单的方法。

活动目标：

（1）通过回忆故事中的宝物，激发幼儿的学习兴趣；

（2）学习记忆的两种方法：联想记忆与顺序记忆。

活动准备：

根据阿里巴巴和四十大盗的故事布置教室。

多媒体（阿里巴巴寻宝）宝物图片：金苹果、水晶球、鸟（会说话的）、银壶、翡翠戒指、红色魔靴；幼儿操作的图卡、笔。

活动过程：

从幼儿的学习内容来看，本次活动可以分为两个部分：寻宝的故事情境学习与"芝麻开门"的游戏操作。故事体验是幼儿记忆的前提，游戏操作是巩固与完善幼儿记忆的重要环节。

1. 导入：回忆故事

"阿里巴巴不小心来到了什么地方？"

"门打开了吗？""他看到了什么那么惊讶？"引导幼儿进行猜想。

2. 体验：故事情境

欣赏多媒体：阿里巴巴寻宝。

讨论总结：阿里巴巴的惊喜发现。

3. 游戏：芝麻开门

幼儿操作桌面图片，按顺序正确摆放宝物；

幼儿扮演阿里巴巴，模仿故事人物的动作，并用语言描述宝物的出现。

活动延伸：

1. 主题活动：盗宝

延续故事的情节，四十大盗分别派出不同的人去盗窃宝物。加深幼儿之前的记忆，并进行复习巩固，扩展幼儿记忆的范围，把学过的联想记忆方法继续用于记忆故事中其他角色的言行。

2. 生活活动

教师经常给予幼儿一些任务，让幼儿记住在什么地方拿什么东西，然后把它交给谁或是放到另一个地方，训练幼儿的有意记忆。

3. 游戏活动：暗号

根据故事延续，阿里巴巴和女仆联系时有暗号——拍手，按不同节奏拍打不同次数。此游戏训练幼儿的听力记忆，一个幼儿示范做，另一个则模仿做出一模一样的节奏，做对了，把门打开欢迎进入，做不对的，就不能通过。

活动建议：

记忆是人脑对过去经验的反映，包括识记、保持、再认与再现。幼儿记忆力的发展遵循着幼儿心理发展的一般规律，即从不随意向随意方向发展，从具体向抽象方向发展。在对幼儿的记忆力进行培养的过程中应注意以下几个方面：

首先，学习中适当的休息有助于幼儿学到更多的东西，在幼儿识记一定内容后，给予他们必要的休息时间，避免因疲劳出错，花更多的时间去纠正。

其次，为了增强记忆效果，尽可能使需要识记的新信息之间形成联系。

再次，在幼儿识记、再现、回忆时，尽量避免无关活动的干扰。

最后，幼儿的记忆易受暗示，常把现实与想象混淆，通常会用自己虚构的内容来补充记忆中残缺的部分，把主观臆想的事当作自己经历过的事回忆。对于幼儿因记忆失实而出现言语描述与实际情况不符的情况，我们要帮助他们区分现实与想象。

第二章 幼儿园心理健康教育活动的设计与指导

活动评析：

活动实施过程中有两点是值得充分肯定的：其一，充分把握小班幼儿年龄的特点，活动设计从幼儿熟悉的童话故事入手，调动幼儿兴趣，使幼儿能够在游戏情境中持续参与。其二，活动设计思路清晰，由易到难层层递进，让小班幼儿初步感知活动的有序与有趣，同时考虑到多种活动形式体验，如游戏故事的讲解回忆及利用故事情节中口令的"芝麻开门"，来提高幼儿的实践操作等内容。本次活动可以做更加细致的调整，调整为两次活动来组织，或许更能适合小班幼儿的年龄特点及保证幼儿获得"真游戏"的体验。

案例2

小白尿床了（小班）

设计思路：

分离焦虑是幼儿对于环境的陌生感以及恐惧感所导致的，由于环境的不适应，尤其是自我服务能力的不足，幼儿会出现许多"过失"或者称为"意外"，而紧张的情绪会加剧这种"过失"行为的发生。"尿床"就是其中的一种现象。面对自己的这种行为，如何引导幼儿主动积极面对，是培养幼儿入园适应行为的突破口之一。

不到3岁的甜甜，总是带着怯怯的表情，很害羞的样子。刚入园的一段时间里，不像其他幼儿又哭又闹，但是眼睛总是盯住厕所方向，频繁去厕所，表情非常紧张。一旦发生意外，就会显得恐慌而可怜。尿床是这个年龄段的幼儿常会发生的现象，大多数幼儿的尿床是生理原因，更多是因对环境的不适应引起的。一旦"尿床"，幼儿要么会因为紧张而哭闹，要么会因为羞愧待在一边，出现自责、羞愧、恐惧、退缩、缺乏信心的情绪。如果成人不当地责罚，或者同伴进行嘲笑，会进一步挫伤幼儿的自尊心，使之更加忧郁自卑，羞于见人。3岁左右幼儿的自尊感开始萌芽，如犯了错误感到羞愧，怕别人讥笑，不愿被人当众训斥等。所以尿床后的幼儿大多都会隐瞒不告诉老师，这个时候，老师如何处理是很重要的。

《布瓦纳尔丛书》使人意识到，面对幼儿的问题时，成人应该以智慧和从容的态度理解幼儿的幼稚、懵懂、尴尬，欣赏那些只有他们才有的珍贵的天真、淘气和诗意。丛书中的故事《小白尿床了》语言俏皮，契合小班幼儿的困境，容易唤起他们的经验，可以轻松幽默地化解幼儿的紧张与尴尬。

活动目标：

（1）乐意与同伴一起边看图书一边听老师讲故事；

（2）了解尿床没什么大不了，是每个人都会经历的事；

（3）初步了解尿床后该怎么做。

活动准备：

PPT：故事《小白尿床了》

活动过程:

1. 欣赏故事，唤起幼儿的经验，从而理解故事的内容

教师将故事书的内容投影到屏幕上，幼儿一边看屏幕的内容，一边听老师讲故事。

（1）这是谁？猜猜它给我们带来什么故事？

（2）发生了什么事？妈妈怎么说的？小白尿在裤子上要紧吗？

（3）爸爸说了什么？（解释爸爸的话）你们家还有谁也尿过床？

（4）康坦尿床了，小白怎么说？纳塔莉老师怎么说？

2. 围绕故事与幼儿对话

一方面进一步熟悉故事，另一方面理解故事中主人公面对问题时，他是怎么处理的，我们还可以怎么做。通过这类对话，澄清幼儿的恐慌与羞愧，让幼儿通过观察学习从而懂得如何积极面对问题。

（1）你们小时候也会尿床呢，现在尿床吗？

（2）不小心尿床了，要紧吗？那怎么办呢？

（3）小白告诉我们该怎么办？

活动延伸:

1. 活动区延伸活动：情景体验"换尿裤"

通过娃娃家的活动，幼儿在操作中学会处理"尿床"。

2. 家长陪读

入园前两天，幼儿园可以采取家长陪读的方式，让幼儿在安全的氛围中感受到幼儿园活动的有趣，萌发对教师和同伴的喜欢、对家长的信任。

活动建议:

对幼儿园环境不熟悉，不认识老师、小伙伴，对活动设施不熟悉，不了解幼儿园活动形式等，都会使小班的小朋友产生不适应。一般来说，培养小班幼儿的适应能力要做到以下几个方面：

首先，保证幼儿每天两小时以上的户外活动时间。良好的身体是适应能力培养的关键。季节变换、气温变化以及饮食起居的变化是难以避免的，教师要引导幼儿逐步学会面对。其中，充足的户外活动时间是幼儿身体健康的保证。

其次，精心设计初入园的活动。缓解幼儿的入园焦虑需要教师与家长配合。教师可以围绕幼儿入园适应召开家长会，提醒家长注意哪些事项，同时告知家长，请家长来幼儿园陪读两天，参与幼儿园设计的亲子游戏，在游戏中让幼儿体会到幼儿园生活有趣、小朋友可亲、老师能干又可信。同时在第一个月适当增加亲子趣味游戏或者其他活动。

最后，逐步培养幼儿生活自理能力。在生活、游戏等活动中给幼儿动手做自己力所能及的事的机会，提高幼儿为自我服务的能力，如如厕、洗手、进餐等，逐步由成人帮助、协助过渡到自己完成。

活动评析:

尿床是幼儿生活中的普遍现象，尤其是面对陌生情境产生焦虑时更容易发生。活

动借助故事《小白尿床了》可以有效缓解幼儿焦虑，可以唤起幼儿的已有经验，并通过故事情节帮助幼儿懂得尿床了不要紧、尿床了的处理办法，从而有效提升幼儿经验。延伸活动为幼儿创设"换尿裤"的游戏情境，幼儿可以通过亲身实践学会轻松处理尿床事件。

案例3

小公鸡的选择（中班）

设计思路：

难以抵抗好吃的、好玩的事物的诱惑是幼儿的天性之一。面对诱惑，幼儿忘却当下的任务、看不见潜在的危险，甚至不顾这些东西的所有人的许可而据为己有。这是幼儿抗拒诱惑能力的表现。抗拒诱惑是一种能力，主要指面对事物诱惑时，能控制自己的满足与占有情绪，抑制冲动、克制行为的能力。抗拒诱惑是自律行为的重要方面，也是良好心理品质形成的保证。

《纲要》社会领域的指导要点是："在共同的生活和活动中，以多种方式引导幼儿认识、体验并理解基本的社会行为规则，学习自律和尊重他人。"自律包括了抗拒诱惑。

观察发现，本班幼儿看到别人的玩具好玩，就去翻别人的书包；看见落叶就忘记做操；看见好玩、好吃的，就要求成人买，不买就大声哭闹……这与他们社会经验不足、分辨能力较差、语言理解能力不足、情绪的冲动性强、外界诱因的诱惑性等有关。"小公鸡的选择"活动就是一个基于此认识而设计的系列教育活动。根据本班幼儿的成长特点和前期经验，从故事入手，让幼儿理解小公鸡面对的诱惑以及被诱惑后的危险，并采取角色扮演等方式强化与延伸抗拒诱惑的经验。

活动目标：

（1）理解故事中公鸡面对诱惑的诱因和危险，感受抗诱惑的意义；

（2）在角色体验中积极表达抗拒诱惑的行为；

（3）尝试学习运用延时吃糖的方法控制自己。

活动准备：

（1）幼儿熟悉故事《金鸡冠的公鸡》；

（2）《金鸡冠的公鸡》的故事图片（公鸡三次被狐狸好话诱惑的故事图片）；

（3）公鸡的纸偶若干，狐狸布偶一个；

（4）各种糖果、饼干、玩具若干。

活动过程：

1.故事欣赏，出示《金鸡冠的公鸡》故事图片

教师："还记得金鸡冠的公鸡吗？它为什么会被狐狸捉去？"

"狐狸对公鸡说了什么？公鸡忍不住做了什么？"

小结：如果像公鸡一样忍不住想吃好吃的东西，就可能被坏人用好吃的东西骗走，

给自己带来危害，所以控制自己不被好吃的东西诱惑很重要。

2.扮演活动"坚定的小公鸡"，表演体验抗诱惑的行为，强化认识

教师："现在邀请小朋友来扮演小公鸡，请你们戴上老师送给你们的公鸡纸偶，老师来扮演狐狸，一起来表演，看看谁是不受诱惑的坚定的小公鸡。"幼儿一只手掌横放扮"房子"，另一只手套上公鸡的指偶立在"房子"上。

（1）第一遍表演，教师手持狐狸手偶，模仿故事中狐狸的语言问："公鸡呀公鸡，金鸡冠的公鸡，你的脑袋油光光，你的胡须丝一样，你把头探出窗口，我给你吃颗小豆。"

幼儿回答："我不要吃你的东西。"

教师又说："幼儿跑呀跑，麦子撒了一地，就是不给公鸡吃。"

幼儿回答："我不要吃你的东西。"

教师又说："人们跑呀跑呀，核桃撒了一地，母鸡捡起来，就是不给公鸡。"

幼儿回答："我不要吃你的东西。"

（2）第二遍扮演，扮"狐狸"的教师每次说完后，分别拿出真的豆豆、糖果、饼干："你把头探出来，我给你吃颗糖果""你把头探出来，我给你吃块饼干。"

规则：如果有幼儿来拿糖果饼干，就要被"狐狸"捉住并停止游戏，可反复多次游戏。

3.情景体验抗诱惑

教师："每个桌子上放上各种糖果，这是给弟弟妹妹和你们吃的糖果。"

"再认真听一遍《金鸡冠的公鸡》的故事，我们拿糖和弟弟妹妹分着吃。待会儿我们到小班请弟弟妹妹先吃，我们后吃。你们能够像改正后的小公鸡一样管住自己吗？"

活动延伸：

1.游戏活动"我们都是木偶人"

目的：有意识地控制自己的行为。

活动过程：幼儿自由坐、站均可，念儿歌："我们都是木偶人，不能说话不能动，动了要打一百一，因为时间来不及，所以只打一十一。"儿歌停，幼儿立刻做出各种动作造型静止不动，保持1~2分钟。旁边会有一些如叫他们名字等干扰动作，动了的幼儿就被找出来做被惩罚的游戏，然后游戏再重新开始。

2.故事表演《金鸡冠的公鸡》

目的：①积极参与《金鸡冠的公鸡》的故事表演，感受表演的乐趣；②表演中体验公鸡被狐狸诱惑的危险。

活动建议：

难以抵抗好吃的、好玩的事物的诱惑是幼儿的天性之一。面对诱惑，幼儿忘却当下的任务、看不见潜在的危险，甚至不顾这些东西的所有人的许可而据为己有，这是幼儿缺乏抗拒诱惑能力的表现。抗拒诱惑是一种能力，主要指面对事物诱惑时，能控制自己的满足与占有欲望，抑制冲动、克制行为的能力。抗拒诱惑是自律行为的重要方面，也是良好心理品质形成的保证。在培养幼儿抗诱惑能力的过程中应注意以下几

第二章 幼儿园心理健康教育活动的设计与指导

个方面：

首先，满足幼儿的合理需要。幼儿渴望吃好吃的，玩有趣的。教师要为幼儿提供充足的营养，并不断变换花样。此外，活动的多样性、冒险性、挑战性能给幼儿带来成就感与满足感。

其次，重视幼儿体验式的学习。好的故事，如《小红帽》《白雪公主》《金鸡冠的公鸡》《金斧头》等，能唤起幼儿的情绪体验。幼儿在听故事时，一方面语言理解能力得到了提高，另一方面，故事中人物的情绪变化能唤起幼儿的同情、理解，而故事的表演等活动强化了幼儿抗拒诱惑的意识与能力。

再次，注意年龄特点。幼儿的抗诱惑能力在不同年龄阶段的表现很不一样，因此教育的方式也应不一样。小班的幼儿语言理解力弱，经验不够丰富，所以我们在教育时就要以转移诱惑为主要策略。对于中大班的幼儿来说，他们的语言理解能力增强，也有一些社会经验，此时我们就要注意对抵抗诱惑的道理阐述，让幼儿学会选择。

最后，延迟满足策略的必要性。重视延迟满足体验在培养幼儿抗诱惑能力中的运用。延迟满足是一种心理成熟的表现。具体来讲，这是专指一种甘愿为更有价值的长远结果而放弃即时满足的抉择取向，以及在等待期中所展示出来的自制能力。等待、轮流、谦让、转移注意等能力的培养与延迟满足培养有关。教师要善于抓住生活中的契机，培养幼儿的延迟满足能力。

活动评析：

利用"金鸡冠的公鸡"故事导入的形式，并与幼儿一同讨论故事中所发生的事情，共同分析故事情节，不仅激发了幼儿的兴趣，也充分尊重了幼儿。通过故事角色扮演、真实情境实践，不仅帮助幼儿更加深刻地理解了故事内涵，更能让他们亲身体验如何抗拒现实中的诱惑，经受住心理上的挑战。

案例 4

情绪脸谱（中班）

设计思路：

"老师，我发现小天竺鼠的眼泪都掉下来了，它很难过，天空都是灰色的。老师，这是一只害怕的小熊，你看它抱着自己的头，腿还在抖呢。"这就是我们所说的情绪识别能力。情绪识别能力是指个体觉察自身、识别他人情绪的能力，包含正确觉察、评估、表达情绪等方面。能够认识情绪的表现形式，区别、理解自己和他人的情绪情感，并能够用语言、绘画等多种形式表达情绪，是幼儿情绪识别能力发展的主要任务。

情绪是心理健康的窗口，情绪能力是健康心理品质的重要方面。情绪所特有的外显行为是表情，人们通过观察对方的表情动作就可知道其情绪状态。幼儿对于情绪的理解离不开对于面部表情的识别。

据观察发现，刚进入中班的幼儿在玩耍中，小朋友之间的冲突、哭闹事件层出不穷，有的幼儿不明白同伴邀请他做游戏的举动，有同伴靠近自己就动手推打；有的幼儿只管自己的情绪，一直拉着同伴玩超人游戏，难以理解对方的拒绝。另外，幼儿在交流中的情绪词汇比较简单，只能说出"高兴"和"不高兴"，常常把所有伤心、生气和害怕的情绪都说成是"不高兴"的情绪，情绪线索识别困难。中班的幼儿对情绪表情的识别和表达都有待培养。

本次活动设计主要从情绪的表情识别入手，引导幼儿识别自己和他人的情绪状态，并用恰当的方式表达自己的情绪。

活动目标：
（1）能辨认高兴、难过、生气、害怕等几种基本的情绪表情；
（2）知道每个人都有自己的情绪，能正确表述自己的情绪状态及原因；
（3）积极地表达自己不同的情绪表情。

活动准备：
（1）四个情绪脸谱娃娃（四个娃娃分别身穿红色、黑色、灰色、蓝色的衣服，代表高兴、生气、难过、害怕）；
（2）音乐（《喜洋洋》和《小白菜》两段音乐）。

活动过程：
1. 音乐游戏导入，感受高兴和难过情绪状态
（播放《喜洋洋》和《小白菜》两段音乐）
教师："我们一起来听音乐，边听边根据音乐做表情和动作，好吗？"
引导幼儿边听边做出高兴和难过的表情和动作。
"听了第一段音乐，你们的心情是什么样的？听了第二段音乐，你们的心情有变化吗，是什么样的？"

2. 情绪表情的辨认
（1）出示高兴和难过两个情绪娃娃脸谱（分着红色和灰色衣服）。
教师："刚才两个娃娃也表演了这两首歌。第一段是哪个娃娃在表演呢？第二段又是哪个娃娃在表演呢？你是怎么知道的？"
讨论：注意看看高兴的表情是什么样的，难过的表情又是什么样的。高兴时和难过时嘴是一样的吗？
小结：高兴时嘴角向上咧开，眼角向下弯弯在笑；难过时嘴角瘪瘪向下，眼睛斜斜也向下，脸上还有眼泪，在哭。
（2）对比辨认生气和害怕的情绪娃娃（分着黑色和蓝色的衣服）。
听听这两个娃娃的故事，看表情，猜猜这是哪个娃娃的故事。
故事①：有个娃娃正在玩的小汽车被别人抢去玩了，他的心情很不好，好生气呀，猜猜他是谁？（是穿黑衣服的娃娃。）
故事②：有个娃娃一会儿要去打针，他的心情也不好，好害怕哟，猜猜他是谁？（是穿蓝衣服的娃娃。）
教师："你从哪里看出这是生气的娃娃？他生气时是什么样的？你从哪里看出这是

害怕的娃娃？他害怕时是什么样的？"

小结：遇到不同的故事，情绪就变得不一样，有时候是高兴娃娃，有时候是生气娃娃，有时候是难过娃娃，有时候又是害怕娃娃。你们会有这样的变化吗？

3. 迁移生活经验，引导幼儿讨论交流

（1）你什么时候会变成高兴娃娃？你什么时候会变成生气娃娃（难过娃娃、害怕娃娃）？

（2）如果高兴（生气、难过、害怕），你会做出什么样的表情动作？

4. "表情娃娃连连贴"的操作游戏

有四种情绪的真人图片，幼儿辨认情绪表情后从表情符号里选择与图片情绪一样的表情符号贴上，再次强化对情绪表情的认识。

教师："小朋友们知道了怎样辨认不同的情绪表情。这里有一面情绪墙。上面有不同的情绪脸谱，请你去辨认出来。这里是生气、高兴、难过、害怕的表情符号，请贴在一样的情绪娃娃旁边，如高兴的表情图旁就贴一个高兴娃娃。"

活动延伸：

1. 布置情绪日记表"我的心情我知道"的主题墙

目的：帮助幼儿有意识地去观察记录自己的情绪与行为，一段时间后，幼儿就能够敏感于自己的情绪状态与表现。此活动可帮助教师了解班级幼儿的情绪状态。

准备：

（1）高兴、生气、难过、害怕四种情绪的表情图。

（2）全班幼儿的情绪表格记录表。

使用方法：幼儿每天来园时选择符合自己情绪的表情娃娃贴在情绪表格记录表上，教师根据情况，请几个幼儿讲述自己的情绪故事（情绪状态及原因）并记录。

2. 谈话活动。

我的开心法宝。

3. 语言艺术类活动。

中班：歌曲《表情歌》、故事《森林里的热线电话》。

活动建议：

情绪是心理健康的窗口，情绪能力是健康心理品质的重要方面。情绪所特有的外显行为是表情，人们通过观察对方的表情动作就可知道其情绪状态。幼儿对于情绪的理解离不开对于面部表情的识别。培养幼儿情绪识别能力应注意以下几个方面：

首先，理解幼儿情绪教育的目标。根据幼儿身心发展的特点和情绪发展的规律，培养幼儿对自我情绪、他人情绪、环境情绪的理解、表达和调节能力，使其逐步做到情绪稳定，形成积极健康的心境，并在此基础上萌发一些基本的社会情感，为幼儿形成良好的个性品质、促进幼儿社会性发展以及身心和谐发展奠定基础。

其次，开展专门的情绪教育。幼儿园情绪教育的内容涉及情绪理解、情绪表达与情绪控制。情绪理解能力主要包括情绪认知与评价能力。其中，对自我情绪的理解包括情绪的自我认知能力、自信心与自尊心等；对他人情绪的理解包括同情与移情、容纳异性等；情绪表达能力包括自我情绪的表达能力、对他人情绪的表达能力（如人际沟通能力、情绪感染力等）、对环境情绪的描述能力等；情绪调节能力包括情绪的适应和控制能力。其中，对自我情绪的调节能力包括延迟满足能力、自我激励能力、耐挫力、自制力和压力承受能力等；对他人情绪的调节主要是冲突解决能力等；对环境情绪的调节包含环境适应能力和角色适应能力等。

活动评析：

《指南》指出，愉快的情绪是幼儿心理健康的重要指标。在识别情绪的基础上，如何缓解不良情绪与强烈的情绪以保持愉快安定的情绪、如何表达情绪以恰当地分享快乐或求得安慰，是中班幼儿情绪教育的重要内容。活动由故事导入，幼儿感兴趣，不仅能帮助幼儿识别情绪，还能帮助幼儿了解引发不同情绪变化背后的原因。结合自身情绪变化的经历，以及动手操作"表情娃娃连连贴"更能有效地帮助幼儿理解情绪、表达情绪。系列延伸活动，通过幼儿的亲身参与实践更能帮助幼儿主动地观察情绪、记录情绪、表达情绪、转换情绪。

案例 5

我长大了（大班）

设计思路：

自我评价是指个体在对自己身心特征了解的基础上对自我做出的判断。自我评价与自我概念一起，成为自我认识最主要的方面，反映了个体自我认识的发展水平。幼儿的自我评价是对处于社会环境中的自己的身心特征及自己与周围环境关系的认知和判断。

幼儿的自我评价能力发展水平低，其评价能力的发展较多受到成人评价的影响。但幼儿自我评价仍然表现出四个明显的特点：从轻信成人评价到自己独立评价，从对外部行为的评价到内心品质的评价，从比较笼统的评价到比较细致的评价，从带有极大主观情绪的自我评价到初步比较客观的评价。

幼儿刚升入大班，随着"我升大班了"主题活动的开展，他们纷纷认识到自己已经是幼儿园的大哥哥大姐姐了，长大的自豪感油然而生。为了帮助幼儿更加清晰地认识到自己的成长变化，笔者设置了活动区"小时候的我"，请幼儿从家里带来了自己小时候的照片和小时候用过的物品。通过自由的交流与分享，幼儿已能认识到自己年龄、相貌、形体上的变化，基本会正确评价自己身体的外部特征，不过这种经验是零散和分散的，需要得到丰富和提升。为此，笔者设计了"我长大了"这一活动。

活动目标：

（1）知道自己在形体、生活、学习等多方面的变化和进步，为自己的成长感到高兴和自豪；

（2）尝试用比较具体的语言描述自己的进步；

（3）乐意用语言、身体动作、图画记录等方式表现自己的进步。

活动准备：

（1）丰富活动区"小时候的我"的陈列内容，并将其布置成展览会的样子。有小朋友的小时候的照片、衣服等；

（2）学具：自制"我的进步"记录册人手一本，彩色笔若干。教具：自制麦克风一个。

活动过程：

1. 猜猜这是谁

教师出示一张幼儿小时候的照片，请大家猜猜这是班上哪个小朋友，然后请该幼儿上来介绍照片中的自己。大家说一说该幼儿与照片中有什么不同。

2. 展览会：小时候的我

（1）参观展览会。在参观的过程中，请幼儿相互交流自己带来的东西，讲一讲自己小时候是什么样子，用过些什么，有哪些趣事，和现在有什么不一样。

（2）集体交流。请个别有代表性的幼儿带上自己的物品，在集体面前讲述自己过去的样子及与现在的样子做比较，教师适时帮助其进行归纳。比如，当幼儿说到自己以前用勺子吃饭，还把饭菜撒满桌，而现在是用筷子吃饭，也很少掉饭粒时，教师可以归纳："××吃饭使用的工具由勺子变成了筷子，吃饭的习惯也变好了，桌面变干净了，这是我们在生活上的变化。"

小结：我们从小婴儿长到现在，身体在成长，我们的生活和学习也都在发生变化，我们长大了。

3. 才艺大展示：我的进步

（1）小组自由交流。请幼儿在小组内自由交流，说说自己学会了什么新的本领，哪些方面比以前做得更好了，取得了哪些进步。

（2）集体交流与个人才艺展示。请一名幼儿在集体面前说说自己的进步，然后给大家表演一下。

"说说他哪些方面表演得好，请说得详细一些。"教师启发幼儿从多角度来进行积极的评价。比如，幼儿表演完唱歌后，教师可以启发大家从声音的大小高低、节奏的快慢、表情、动作、感情等方面来给予该幼儿肯定性的评价。然后，教师示范一句积极肯定的评语："××小朋友唱歌可好听了，声音洪亮，面带微笑，有表情，让我们感觉很快乐。"

请该幼儿具体说说自己的进步："你能把你在××方面的进步说得更详细一点吗？"

（3）示范表演。先让幼儿想想自己在生活上、学习上取得了哪些进步，然后请一名幼儿来展示。要求进行展示的幼儿先说说要表演什么，再进行表演，表演完后具体说说自己在此方面的进步，其他幼儿帮助他把自己的进步说得具体一些。

（4）幼儿分小组展示。在小组中，幼儿先商量一下各自要表演哪方面的进步，然后按刚才的示范逐一进行表演。教师对幼儿的表演与评价行为进行观察，并帮助个别幼儿具体地进行评价。

（5）教师进行"采访"，检验幼儿的自我评价。教师持自制的麦克风，扮成记者："现在我来采访一下，看看小朋友们都获得了哪些进步，请把你的进步说得更详细一些。"

4.制作"我的进步"记录册

"在刚才的活动中，小朋友们都发现自己在身体、生活和学习等许多方面获得了进步，我们长大了，真了不起。让我们把自己的进步画下来，讲给更多的人听吧。"请幼儿在自制的记录册上画下自己最了不起的一个进步，与同伴交流分享。

活动延伸：

1.游戏：技能大比拼

练习多种生活技能与学习技能，并进行比赛。在技能的掌握中，帮助幼儿获得能力感与积极的自我评价。

2.生活活动：值日生、大带小

学习为弟弟妹妹服务，为班集体服务，建立"我长大了""我能干了"的自我认识。

3.主题墙：我的过去、现在与将来

收集幼儿小时候的照片、趣事记录等，布置成"我的过去"；收集幼儿目前在学习与生活中的照片、幼儿作品、家长及教师对幼儿成长的正面评语等，布置成"我的现在"；把幼儿绘画作品"将来的我"附加上文字放入"我的将来"。让幼儿在过去、现在与将来的比较与分享中，了解自己成长的过程，丰富对自我及他人的评价，增进成长的自豪感。

4.完善"我的进步"记录册的内容

将记录册展示于活动角，在自由活动时间与大家分享。本主题活动结束后，把记录册收入幼儿成长档案。

活动建议：

幼儿的自我评价能力发展水平低，其评价能力的发展较多受到成人评价的影响。但幼儿自我评价仍然表现出四个明显的特点：从轻信成人评价到自己独立评价，从对外部行为的评价到内心品质的评价，从比较笼统的评价到比较细致的评价，从带有极大主观情绪的自我评价到初步比较客观的评价。培养幼儿自我评价能力应注意以下几个方面：

首先，增加交往活动。幼儿的自我评价能力是在交往中不断提高的。师幼之间、幼儿之间围绕感兴趣的活动展开多种形式的交流，这为他们认识自己与他人提供了很好的机会。

其次，给幼儿恰当的评价。幼儿的评价多受成人的影响，如何恰如其分地评价幼儿至关重要。教师需要根据每个幼儿的性格特点与能力差异，有针对性地进行评价，遵循发展性评价思想，对于幼儿发展中的优点与成长不足进行多样化的评价，引导幼儿学习如何认识与评价自己，如"观察仔细""喜欢与小伙伴一起玩"。

再次，讲明行为规则。研究显示，4岁的幼儿已开始能初步运用一定的行为规则

第二章 幼儿园心理健康教育活动的设计与指导

来评价自己和他人行为的好坏。因此，在幼儿教育中，要多举范例，向幼儿讲明行为规则，使幼儿懂得什么是好，什么是坏，什么应该做，什么不应该做，以帮助幼儿形成评价标准。

最后，榜样示范。幼儿有强烈的模仿行为，善于观察学习。教师与同伴都可能成为他们的模仿对象。教师的示范作用尤其重要。在班级内，教师要树立行为的榜样，成为幼儿判断自己行为好坏的标准。

活动评析：

结合中班升大班的契机以及自身的成长变化设计本次活动，不仅能充分调动幼儿的已有经验和参与活动的兴趣，还能让幼儿充分感知自己由弟弟、妹妹变成哥哥、姐姐应有所变化，引导幼儿有更为清晰的自我认识。活动中以"猜猜这是谁""展览会：小时候的我""才艺大展示：我的进步"以及制作"我的进步"记录册为主要内容，充分体现了幼儿的主体地位，调动了幼儿的参与积极性。

案例 6

愿意拥抱我吗（大班）

设计思路：

"老师，她推我。""老师，她要抱我。"……幼儿之间的交往冲突很多与人际交往技巧缺失有关。交往技巧的培养离不开教师的引导与培养。

《纲要》明确指出，社会活动的目的是培养幼儿乐意与人交往的兴趣，学会正确交往的技巧，从而使幼儿增强自信心，体验和周围的人、事、物友好相处的乐趣。

大班幼儿的交往主动性与能力正得到进一步的发展，但是在交往中往往因缺乏相应技巧而遭到同伴拒绝。许多幼儿高兴起来就要拥抱他人，却不顾他人感受。为此，笔者在家长开放日设计了"愿意拥抱我吗"活动。

活动目标：

（1）乐意与人交往，体验相互拥抱的快乐；

（2）知道拥抱是交往的方式，理解人们在不同情况下拥抱的意义；

（3）能大胆说出拥抱的理由，尝试用问好、自我介绍、赞美别人、展现自我等方法赢得别人的拥抱。

活动准备：

多媒体设施、《大熊的拥抱节》故事书课件、《拥抱》PPT课件。

活动过程：

1. 活动引入——说出拥抱的感受

（1）提问："小朋友们，晶晶老师今天特别开心，很想和小朋友们抱一抱，有谁愿意和我拥抱呢？"

（2）提问："和我拥抱的感觉怎么样？"

（3）小结："我和你们拥抱的时候感觉特别快乐，特别温暖，特别舒服。森林里的大熊也想得到别人的拥抱，我们一起来看一看吧！"

2. 情景体验——帮助大熊赢得小动物的拥抱

观看《大熊的拥抱节》课件。

（1）提问："小动物们和大熊拥抱了吗？看来你想拥抱别人，别人还不一定愿意拥抱你呢！大家为什么不愿意和大熊拥抱呢？"

（2）幼儿猜想红狐狸、袋鼠、小白兔不和大熊拥抱的不同理由。

（3）提问："哦，原来拥抱和不拥抱都是有理由的。谁能帮大熊想想办法，让小动物们愿意和他拥抱呢？"

（4）小朋友扮演大熊想办法赢得小动物的拥抱。

（5）小结："刚才小朋友都帮大熊说出了很好的拥抱理由，大家也愿意和大熊拥抱，得到拥抱的大熊心里感觉怎么样？"

3. 经验拓展——知道拥抱的定义，体验不同的拥抱

观看《拥抱》PPT。

（1）教师："拥抱可以让人感到快乐和幸福，你得到过拥抱吗？谁和你拥抱的？得到拥抱的你们感到快乐吗？"

（2）教师："你们得到的都是家人和伙伴的拥抱。生活中、故事里、电视上，你们还看到过什么样的拥抱呢？"

（3）教师："其实拥抱还有很多的定义，让我们看看各种各样的拥抱。"

①第一组图片——礼节性的拥抱。

指示语："图上是谁？（胡锦涛爷爷。）胡爷爷和奶奶在干什么？这是胡锦涛爷爷到国外访问时，和别人礼节性地拥抱。"

第二张图片："看，奥巴马和夫人也礼节性地握手、拥抱。"

第三张图片："外国人常常互相亲吻拥抱，这种礼仪就跟握手一样自然平常。"

小结："当我们相互拜访、相互问候时，就会礼节性地拥抱。"

②第二组图片——安慰式的拥抱。

第一张图片（胡锦涛爷爷抱着一位姐姐），"猜一猜，你看到了什么？姐姐可能遇到了什么？你觉得姐姐心里会怎么样？当这位姐姐遇到灾难时，胡锦涛爷爷给了她安慰的拥抱。"

第二张图片，说一说：幼儿观察图片人物表情，说鼓励安慰的话。

第三张图片，学一学："我们也会经常遇到伤心难过的时候，朋友安慰的拥抱可以给我们信心和勇气。"

教师："我遇到了伤心的事情，谁愿意给我一个安慰的拥抱？"（请一名幼儿上来拥抱教师）"谢谢你，我觉得好多了！"

幼儿自己学做安慰的拥抱动作，重点学习用轻柔、抚摸表达安慰。

③第三组图片——庆祝式的拥抱。

解读图片："哇！中国队胜利了，大家激动地（做拥抱的动作）拥抱着，运动员的

眼中流下了激动的泪水。"

体验庆祝式的拥抱："我宣布大一班获得了早操比赛一等奖，来！我们相互也来一个激情、快乐的拥抱，耶！"

4. 快乐体验——同伴间拥抱，学说拥抱的理由

（1）教师："今天我们也来过一个快乐的拥抱节吧！你想拥抱谁，就说出他的名字和拥抱他的理由。"

（2）部分幼儿说出自己想拥抱的同伴名字和拥抱的理由，并尝试和同伴拥抱。教师指示语："你想拥抱谁？为什么想拥抱他呢？"

（3）个别幼儿上台展示自己的优点，学说邀请语："你们愿意和我拥抱吗"，赢得更多同伴的拥抱。指示语："谁愿意上来介绍一下自己的优点，展示一下自己能干的地方来赢得别人的拥抱？"（语言指导、肢体指导。）

5. 勇敢挑战——尝试与别的家长拥抱，讨论并分享获得与新朋友拥抱的方法

（1）鼓励挑战："刚才小朋友都得到了好多的拥抱，拥抱节是一个交朋友的节日，和谁拥抱就表示愿意和谁做朋友，看，现场这么多的叔叔阿姨，你们敢不敢和他们拥抱呢？"

（2）勇敢尝试："你打算用什么理由让别人愿意和你拥抱呢？你们都想好拥抱的理由了吗？赶快去试一试吧！"

（3）讨论分享：讨论和陌生家长拥抱的多种方法。（问候、自我介绍、赞美别人、展现自我。）

（4）归纳小结："哦，我知道了，要想交到朋友、得到拥抱，一要热情地问候，二要自我介绍，三要展示自己或赞美别人。当然，你们还会有更多的绝招让别人喜欢你、和你拥抱，对了，千万别忘了要问问别人：你愿意和我拥抱吗？"

（5）示范带动：请自信大方的幼儿上台来向陌生家长发出拥抱的邀请，并得到回应，激发其他幼儿的信心和勇气。

（6）再次尝试：比一比，谁得到的拥抱、交到的朋友最多！

6. 经历成功——快乐道别

结束语："哇大家都得到了那么多家长的拥抱，一定特别幸福吧！让我们带着这份幸福和快乐和新朋友说再见吧！"

活动延伸：

（1）区域活动：创设"小导游""爱心小天使"交往区角；

（2）评比活动：交往小能人；

（3）班级互动活动：大手牵小手；

（4）年级互动活动：欢乐交友；

（5）全园开放活动：快乐拥抱节。

活动建议：

交往能力的培养是幼儿能力培养中非常重要的一个方面。培养幼儿的交往能力，对于以后幼儿的学习、生活都有着非常重要的意义。培养幼儿交往能力应注意以下几

第二部分　幼儿园健康教育活动指导

个方面：

首先，开展分享活动，幼儿学习交往的方法。通过主题教学活动，利用集体教育形式，教给幼儿一定的交往技能，提高幼儿的语言表达能力。

其次，利用日常生活中的随机教育，培养和锻炼幼儿交往能力。请幼儿轮流做小老师，让他们在为大家服务的同时，产生光荣感，得到交往的乐趣；请内向孤僻的幼儿做信息使者，迫使他们逐步与老师、同伴交往；利用户外活动和散步活动这两个全园集中性的开放活动时间，开展跨年龄段的相互交往活动；鼓励幼儿同园内其他人员接触等，以此来拓宽幼儿的交往范围，引导幼儿使用合适的交往行为方式，进一步提高幼儿的交往能力。

最后，适时指导，放手让幼儿进行交往活动。幼儿在活动区进行活动时，一方面，老师以角色的身份参加到幼儿的活动中去，这样有助于教师及时掌握幼儿在活动中的各种交往动向，有利于教师利用活动区规则和内容引导活动进程，适时指导幼儿交往；另一方面，当幼儿之间发生冲突或在交往中遇到困难向老师求助时，老师应适当采取冷处理方式，不要急于介入、过多包揽，而是要启发幼儿自己动脑筋、想办法，让他们用公平、合理的办法去解决问题，尽可能地减少对成人的依赖。只要幼儿之间的矛盾、争执不存在危险，便可让幼儿自己处理。

活动评析：

交往是个人与社会建立关系、提高社会适应能力、培养健全人格的重要途径，对幼儿健康心理和人格的形成起着举足轻重的作用。拥抱是交往的方式，怎么表达拥抱需要、怎么赢得拥抱许可、怎么拥抱，反映幼儿一定的交往能力。活动从教师开心表达拥抱需要入手，既实现了良好的师幼互动，又特别真实自然。紧接着将幼儿置身于《大熊的拥抱节》的故事情节中，想办法为大熊赢得小动物的拥抱，抓住了大班幼儿愿意解决问题的年龄特点，扮演大熊，体验拥抱，有益于幼儿深刻理解拥抱的意义。观看《拥抱》PPT，感受各种拥抱，提升了幼儿的已有经验。同伴拥抱、与别的家长拥抱，让幼儿体验了熟悉的人和陌生人之间拥抱的区别，经历了挑战自我获得成功的快乐。

二、常见幼儿心理行为问题矫正案例

案例 1

"婴儿孤独症"

1. 基本情况

阳阳，4岁，上幼儿园中班，因独自一人、不与其他幼儿交往、不参与班集体活动、语言表达障碍等，被父母带到心理咨询门诊寻求帮助。

通过仔细询问，了解到阳阳是第一胎，分娩过程并无异常。阳阳在两岁之前，身体发育很好，长得胖乎乎的，也能背诵许多唐诗，深得父母喜欢。但是，自从父母将阳阳送到爷爷奶奶家后，阳阳便表现出情绪波动大、常独自一人玩耍、不爱说话等现象。起初并未引起父母的重视，以为是幼儿不适应，但随着时间的推移，阳阳的情况越来越让人担忧。他表现出对人越来越冷淡，越来越孤独，即使是父母来看他，也无动于衷。原来会背的唐诗似乎也忘了，话也不讲，甚至不叫爸爸妈妈。上了幼儿园后，孤独的情况更加突出：他不主动与其他幼儿往来，别的小朋友接近他也不理睬；对老师的教学漠不关心，不会主动地跟着老师的思路走，只能被动地接受一点点知识；也不参与老师组织的各种文体和游戏活动，总是游离于集体之外；不理会任何人的任何建议和要求，也不接纳老师的个别辅导。同时，不主动说话，更不能用连贯的语言来准确表达自己的意见。如果别人叫他问老师好，他就说"问老师好"。即使到了4岁，仍不能正确地应用人称代词，常把"我要……"说成"他要……"。平时只喜欢玩一些机械的东西，不喜欢布娃娃或小动物等玩具。常有一些刻板性的动作，如一个人不断地摆弄同样的东西或反复画同样内容的图画等。

在家里，阳阳的表现似乎好一些。他有时能回应父母的问话，用简短的、不连贯的词语表达自己的意思。但仍然不主动与家人亲热，喜欢独自一个人玩耍，对家里来往客人的询问没有反应。令父母感到难以理解的是，阳阳的语言和思维能力表现很差，但记忆能力却似乎很好。在父母的耐心教育下，他又能记住不少诗歌，而且阳阳对音乐有天然的兴趣和理解力，他特别喜欢交响乐，能长时间地专心倾听并用身体语言和着乐曲摇动。

2. 问题分析

阳阳患的是婴儿孤独症，又称自闭症。婴儿孤独症的起病很早，通常在两岁半前就发病。其临床特征主要有社会交往障碍、言语及认知障碍、行为或动作的异常等。

（1）社会交往障碍。

此类幼儿不仅对亲人表现不出亲近感、不需要相互的安慰、不会分享共同的乐趣，还缺乏社会交往方面的兴趣和反应。他不会与伙伴一起玩耍，也不理会任何人的问话，就是面对面地跟他打招呼，他连眼睛注视对方、面部出现相应的表情等起码的形体语言也没有，所以陌生人常以为这类幼儿是聋哑幼儿。实际上此类幼儿没有视、听觉障碍，他们只是没有与人交往的兴趣，视人为一件家具。

（2）言语及认知障碍。

这类幼儿语言发育迟缓并伴有特殊形式的语言障碍。一般表现在两岁半以后还不讲话，即使偶尔能冒出若干单词或一句话，也不是用于交流的词句。不会用或不会正确地使用代词，同时还有延迟的模仿的现象。比如母亲几天前曾问他："你想出去散步吗？"几天后幼儿想出去时，则说："你想出去散步吗？"把"你"代替"我"。对他们来说，语言似乎只是一种形式，而不是交流的工具，他们对别人的呼叫没有反应，也不跟人打招呼。

（3）行为或动作的异常。

没有正常的依恋父母的举动，对父母及周围的环境不感兴趣，但会依恋某个物体。他们对一些物体的个别部分有着稀奇古怪的嗜好，并常把它们收集起来，以奇特的、刻板的方式摆弄它们，如连续不断地轻打或旋转某个东西，或反复拨弄电灯开关等。或者不论在什么场合、什么时间看到某个东西会非常固执地要拿到手。有的幼儿还具有明显的刻板动作，如自我不断旋转、坚持用足尖走路、反复摇晃身体等。此外，有的患儿还对物体的排列、室内家具位置等环境固守同一性，反对变化。另外，孤独症幼儿还具有情绪障碍。表现为情绪变化大，经常大怒，或自伤或打人，有时则大哭大笑。他们也不怕危险，常大摇大摆地横穿马路。

婴儿孤独症的病因尚不清楚，早期资料揭示与其家庭环境及社会心理因素有关。但近十年来，随着医学、生物科学及其他学科的迅速发展，对孤独症病因的研究取得了重大进展，有研究认为孤独症是由多种生物学及医学原因所致，甚至有人认为此病是由神经病理学损害而引起的一种行为综合征。综合病因学研究的结果，孤独症的原因大致概括为如下几类：

①社会心理因素。环境剥夺：这是早期研究中占主导地位的观点。持这一观点的人认为由于幼儿处于一个冷漠、缺乏与父母交流的生活环境中，幼儿缺少刺激，导致自我封闭。之所以有这种观点，是因为有学者发现婴儿孤独症幼儿的父母往往具有很高的智商，但却生硬并具有强迫性，因此认为幼儿孤独症的发生可能与无感情的"冰箱似的"父母长期接触有关。但后来的许多研究指出这一说法并无确凿证据，甚至认为父母的情感障碍可能是婴儿孤独症的结果而不是原因。不过，早期环境生活中缺乏丰富和适度的刺激、没有及时学习到社会交往经验，可能是婴儿孤独症的原因之一。精神压力和打击：精神压力和巨大打击是孤独症常见的诱因，特别是幼儿的生活环境突然发生巨大变化对幼儿的影响更大。如幼儿突然被送到别处、亲人突然去世等，都会使其产生强烈的情绪反应，或整天啼哭，或大声喊叫，当情绪反应过后，便会逐渐沉默不语，丧失语言交际功能，表现出孤独症的症状。本案例的阳阳就是这种情况。目前的研究认为精神压力和打击不是孤独症的病因，而是诱发因素。

②生物学因素。由于心理和社会家庭因素的研究结果不一致，加上婴儿孤独症的发病很早，因此对其生物学因素的研究成为重要内容。许多学者认为，言语障碍是形成孤独症的核心，而这种言语障碍在某种程度上具有一定的神经学基础。例如，一个叫布莱克·斯多克的学者曾提出证据证明，婴儿孤独症的患儿表现出大脑右半球优势的迹象，他们明显地偏爱非语言刺激，如音乐，而不喜欢语言刺激。此外，医学和生物学科的发展，也使人们越来越相信生物学原因是导致孤独症的重要原因。一般认为，其生物学因素包括以下三点：

围产期并发症：孤独症幼儿比正常幼儿有更多的围产期并发症。如母亲孕期感染、宫内窒息、缺氧等，尤其母亲孕期感染麻疹病毒和巨细胞病毒危害更大。另外，出生时和出生后对中枢神经系统的有害因素，如婴儿早期患有严重感染疾病、代谢性疾病也可以并发孤独症。

遗传因素：在孤独症患儿的兄弟姐妹中，患孤独症及认知、语言障碍的比例比一般人群要高。而孪生子的研究也发现，同卵双生的幼儿其孤独症的同病率比异卵双生高。进一步的遗传学研究表明，孤独症与脆性X染色体综合征有关，有人还发现孤独症幼儿有长Y染色体，而患儿的父母也有长Y染色体。

器质性因素：孤独症幼儿的围产期损害比正常幼儿多，如早产、难产、窒息等。随着年龄增长，相当一部分患儿可能出现癫痫发作，说明孤独症有器质性病因基础。大脑X光照影和CT扫描发现部分患儿脑结构部分异常，如脑室扩大等。也有人研究发现，孤独症幼儿的小脑和大脑的某些部位细胞结构有变化。

以上是研究者从不同的角度对孤独症病因进行的分析研究，但是仍无法确认究竟是哪一种因素导致了孤独症。现在，更多的学者倾向于孤独症是社会心理因素和生物因素共同作用的结果。

不管是何种因素所致，对婴儿孤独症患者来说，早期发现、早期治疗都很重要。其实，绝大多数婴儿孤独症幼儿很早就有一些异常表现的迹象，只是许多父母因为缺乏相应的知识而没有给予注意和重视。比如，一般婴儿在6个月时就能和成人之间进行应答性的社会交往，如母亲微笑，幼儿也微笑；听到母亲的呼唤，幼儿会寻其目光、对视；母亲抱幼儿时，婴儿有迎抱的姿势等，但婴儿孤独症患儿则没有这种社会性情感反应。父母和幼儿园老师需要了解孤独症的表现，以便及时发现问题。

3. 问题处理

婴儿孤独症是一种严重的全面精神发育障碍，在治疗上一般采用多种模式的治疗方案，包括各种药物治疗、特殊教育和心理治疗等。

（1）药物治疗。

药物治疗主要用于自闭症幼儿的冲动、暴怒、失眠和自伤行为等，但对社交及语言障碍没有效果。多种精神药物可供选择，常用的有氟哌啶醇、舒必利、利他林、匹莫林、纳曲酮等，这些药物需要在医生的指导下服用。另外，对于伴发有癫痫的孤独症幼儿，还需要选用有效的抗癫痫药物及早加以控制。

（2）特殊教育。

孤独症幼儿身心发展独特，需要给予特殊的教育。首先，对孤独症幼儿应注意早期诊断、早期教育和训练；其次，在教育中应有针对性地采用相应的方法和手段来帮助自闭症幼儿发展与提高。比如，针对自闭症幼儿的感觉统合失调，进行捏黏土、搭积木、滑行板和拼图等活动训练，以提高其感觉和动作的协调；针对自闭症幼儿的人际孤独情况，设计"碰撞""握手""优点轰炸"等班级活动来促进其人际的沟通与交往；针对其语言障碍，可通过一些字句比赛、语言模仿等活动来锻炼其语言表达等。

（3）心理治疗。

包括行为矫正训练和环境治疗，前者是指应用行为矫正技术来提高患儿的社会交往技能和矫正不当行为，后者是指为患儿提供一个精心控制的、规范化的环境，该环境的设计尽量提供给幼儿各种安全、有效的刺激，使患儿能够在这种环境下克服交往的困难，获得社会化的过程。比如，应用游戏治疗的方法来训练自闭症幼儿与别的幼

第二部分 幼儿园健康教育活动指导

儿一起玩耍的技能,并获得与他人分享喜悦的社会经验;应用及时奖励等增强原理来鼓励患儿与其他幼儿的接触、交往和语言的表达;应用隔离、消极增强的原理来矫正患儿的自伤、刻板等不受欢迎的行为;应用模仿、动作训练等方法来发展患儿的语言和促进其行为的协调与恰当表达。

具体到本个案的患儿来说,对其进行帮助的途径和方法主要有:第一,幼儿园老师和家长正确认识婴儿孤独症的表现和原因,在思想上意识到对患儿进行特殊教育和行为训练的重要性和艰巨性。第二,根据幼儿的具体情况,制定相应的教育和辅导策略。如针对患儿不主动参与各种集体活动的情况,幼儿园老师有意识地将其安排到某些情景中,让其扮演一个角色,尽量使其能融入活动的场景和氛围之中;针对患儿不与其他小朋友来往的情况,老师安排班上一些善于关心他人、与人交往的小朋友与患儿同坐,并经常与他进行交流,建立人际的好感;针对患儿上课不专心,缺乏有意注意的情况,专门安排一个老师在上课时蹲在患儿身旁,及时给予指点和辅导;针对患儿不主动讲话但记忆较好的情况,老师尽量利用各种机会,有意识地对患儿进行词汇教育并与患儿进行一对一的语言对话、反复交流等。第三,对患儿的某些刻板行为进行行为训练。如针对患儿只喜欢用同一种色彩笔画同样图案的情况,给予行为矫正:在患儿桌上放置各种色彩的画笔和老师的示范画,并要求患儿按老师的示范画进行绘图。如果患儿不按要求,自己刻板画画,则马上停止供给其画笔,并将画纸拿开。如果患儿表现出对示范画的关注(即使是短暂的),则马上给予表扬,并给予色彩画笔。这样反复强化、有助于帮助患儿减少刻板行为。另外,也可以利用患儿的某些特长,进行适当行为的强化,如根据患儿喜欢音乐的特点,对患儿进行情感的培养,让幼儿在乐曲的变化中了解情感,并学习情感的表达和交流。

总之,对孤独症患儿的教育和治疗是一项长期系统的工程,不仅需要幼儿园老师和家长的密切配合,更需要社会的关注和支持。

案例 2
幼儿攻击性行为

1. 基本情况

小刚,6岁,上幼儿园大班。个子长得很结实,出手有力,攻击性强。在幼儿园里,他好强霸道,经常欺负其他小朋友:不是用手推、抓旁边的同学,就是用东西投掷打别人,要么就用彩色笔涂脏他人的书本画册。老师批评他后,暂时收敛一点,但很快又旧态复萌,继续有意无意地碰、撞、踩、踢他人,小朋友很讨厌他,老师也感到头痛。

询问其家长,了解到小刚自幼由爷爷、奶奶照顾,到4岁半才被接回来与父母同住。由于是长孙,小刚被爷爷、奶奶宠爱有加,逐渐养成了小霸王作风。在家里,同样也是横行霸道,稍不如意就乱抓乱叫,乱扔东西,有时还用头冲撞父母。

2. 问题分析

小刚的这些行为表现,被称为幼儿攻击性行为。攻击性行为又称侵犯行为,是一种既会对他人造成伤害,又会导致人际关系恶劣的不良行为。通常,具有攻击性行为的幼儿,都会因为难以与他人发展良好的关系、缺乏正常交往的活动与经验,从而影响到其性格、能力等心理品质的正常发展。如不及早干预,攻击性行为还可转化为品德不良,甚至走上犯罪的道路。

心理学家韦斯特就进行过一项长达14年的追踪研究,结果发现,70%的暴力少年犯在13岁时就被确定为有攻击性行为,48%的少年犯在9岁时就被确定为有攻击性行为,而且幼儿攻击性越强,今后犯罪的可能性就越大。可见,对幼儿的攻击性行为,家长和老师都要给予足够的重视。

在日常生活中,幼儿的攻击性行为通常可分为三类:一是自卫性攻击,指幼儿针对同伴的攻击性行为而反映出来的自我防卫方式;二是非自卫性攻击,指幼儿为了达到支配、干扰其他同伴而表现出来的打架、咆哮等行为;三是强迫性攻击,指幼儿没法控制情绪的攻击性行为。我们这里所讨论的主要是指第二种攻击性行为。这类攻击性行为的产生,主要是后天的环境和不良教育所致。一般认为,幼儿的攻击性行为主要与下面几个因素有关:

(1)教育方式不恰当。

过分放纵和过分专制的教育方式都可能导致幼儿的攻击性行为。因为过分放纵,会养成幼儿自以为是、自我专横的个性特征。他们习惯于大人满足其各种要求,习惯于一切事物都围绕着他转。只要一不如意,就会大发脾气,甚至殴打大人。而大人的忍让、放纵,更使幼儿学会不断地任性和具有攻击性。这种习性又会带进幼儿园,在与其他小朋友的交往中也表现出攻击性行为。像本案中的小刚,就属于这种情况。

过分的专制,则会导致幼儿严重的挫折感,并引发攻击性行为。一些心理学家就认为,攻击性行为就是针对心理挫折的一种反应方式。如果一个人在满足其需要和实现其目标的过程中遇到了干扰或障碍,他就会做出攻击性反应。例如,幼儿的行为受到大人的阻止,使他们的需要得不到满足、目标不能实现、尊重的需要得不到满足等,就可能引发其攻击性行为。

(2)不良的学习。

学习理论认为,攻击性行为是一种社会行为,幼儿的攻击性行为主要是在社会生活中通过学习而获得的。这种学习分为直接学习和间接学习两种。

直接学习——强化。当幼儿的攻击性行为得到奖励或"默认"时,他便从攻击性行为中得到了"好处",从而在今后去重复它。例如,幼儿在与别人争抢玩具时,采取攻击性行为(打、推倒对方等)获得了玩具,成人不加理睬——默认,幼儿以后就会更多地采取类似的攻击性行为。在外打架的幼儿,如果父母不管甚至夸奖"真是好样的,在外就是要厉害点,免得受人欺负"。幼儿受到这类夸奖,就会更爱攻击。相反,如果老师、父母对幼儿的攻击性行为进行干预,如没收抢到的玩具,进行批评、惩罚,使有攻击性行为的幼儿不是从中获得"好处",而是获得批评、惩罚,那他以后就会很少有攻击性行为,以避免被批评和惩罚。

间接学习——模仿。幼儿喜欢模仿,他们无时不在模仿成人的语言、动作、活动、为人处事的方式等。我们常常可以看到一些幼儿不仅长得像父母，就连说话的神气、腔调、手势、动作甚至某些性格都与其父母有惊人的相似之处。有的幼儿由于模仿电影和电视中的武侠、神仙、妖怪，或从屋顶、墙头飞身而下，或喝药、上吊，想入地府、上天堂走一遭以致丢了小命。同样，幼儿通过模仿也可以学习到攻击性行为，在相似的情况下，他们就会像过去所见过的一样，采取攻击性行为。

（3）身体状况因素。

一般认为，幼儿的身体疾病、睡眠不足和营养不良等健康状况，会引起幼儿的烦躁不安，令他们容易出现攻击性行为。而个子的矮小或身体的虚弱，可能使幼儿经常遭受别的同伴的欺负，当他忍无可忍时，可能会奋起反抗，并付诸武力来威胁其他幼儿，显示自己不再是懦弱无能，不再甘心受欺负。这也是幼儿产生攻击性问题行为的原因。

在判别幼儿的行为是否属于攻击性行为时，要注意与正当防卫行为相区别。通常，那种当自己的利益、生存、安全受到威胁，荣誉、尊严或正当权益受到损害时，产生的攻击性行为是一种正常的防御性反应，我们称其为良性攻击性行为或正当防卫。这种良性攻击性行为对于幼儿的自我保护，对社会复杂环境的适应，都具有积极意义。我们应当从小培养幼儿正当防卫的意识和行动。但是如果攻击性行为偏离了防卫的目的，超出了自卫的范围，发展成经常性的、有意的并导致物品的损毁、造成他人肉体的伤害和心灵的痛苦，就成为攻击性问题行为。

3.问题处理

对幼儿攻击性行为的矫治方法有很多，老师和家长首先要做的是搞清楚幼儿产生攻击性行为问题的主要原因，然后对症下药，选择有效的方法。常用的矫治方法如下：

（1）了解和满足幼儿的合理需要。

对于长期压抑，正当需要得不到满足，造成心理挫折而发生攻击性行为的幼儿，家长首先要学会在日常生活中了解并尽可能创造条件满足幼儿合理的需要。老师和父母要了解幼儿的需要，特别是要注意不能用自己的想象，而是要通过与幼儿的沟通和交流，来真正了解幼儿的感受、愿望及需要。在沟通时，要尽量听幼儿说，并注意不要随意打断幼儿的讲话，待幼儿讲完后，老师和父母再针对其所讲的内容与幼儿进行交流。如果幼儿的要求是合理的，就应该创造条件尽可能满足他们的需要。对他们一些不合理的需要，也要心平气和地与其讲清道理。

（2）正确的榜样作用。

为幼儿提供学习的榜样，最好是让他多与那些用理智处理问题的幼儿接触，交朋友。不少心理学家的研究表明，若将有攻击性行为的幼儿置身于无攻击性行为的楷模之中，可以减少其攻击性行为。老师或父母在遇到幼儿之间发生矛盾、冲突的时候，应该用理智的非攻击性的方法帮助幼儿解决矛盾与冲突，而忌讳去打骂幼儿。有暴力内容的影视节目，要制止幼儿去看，或跟幼儿一起看，帮助幼儿分析暴力行为的复杂动机与后果，讨论使用非暴力解决问题的方法。

（3）奖励与惩罚的正确应用。

在矫治幼儿攻击性行为的过程中及时地奖励与惩罚也很重要。对幼儿正确的行为，如帮助别的幼儿等，应马上给予奖励，如口头赞扬，允许他看电视或玩一会儿游戏机，带他去一次公园，或做他特别喜欢吃的东西等。不过在运用奖励的方法时应注意，奖励的大小应与幼儿正确行为的难度相适应。同时，对其不良行为，则应给予及时的隔离或惩罚。当然，其惩罚的手段也必须是与幼儿的心理惧怕相一致的。另外，应用代币制来矫正幼儿的攻击性行为，其效果也很好。其方法如下（以小刚为例）：

首先，确定打人次数：仔细观察并记录小刚每天推、打人的次数，连续进行3~5天后，求其平均数，即可确定其打人的次数，如每天5次。然后，实施计划：①告诉小刚随便打人是不对的，所以希望他能改变。②跟小刚约定，如果他在一天中，打人次数不超过3次，在放学前给他一张荣誉卡，若次数超过3次则处分（每天放学时，老师都告诉他，当天是否达到要求，但不告诉次数的纪录）。③实施一段时间，若连续一周都能达到要求，获得荣誉卡，则自下周起，开始把标准提高，即打人次数每天降到未超过1次为标准，其他有关奖惩照旧。④实施一段时间后，打人次数未超过1次，若连续达一周，则可进入零次的最后阶段，其余类推，终可改善小刚打人的情况。

（4）培养自控能力。

矫治幼儿攻击性行为最根本的一点还在于培养幼儿的自我控制攻击性行为的能力，具体可从两方面着手。

第一，教给幼儿正确的社会、道德观念，使幼儿树立正确的认识、观念，从内心深处认识到攻击、伤害他人是不行的，逐步学会用社会规范约束自己。这样就能有效地控制攻击性行为。

第二，培养幼儿的同情心，也即让有攻击性行为的幼儿体验受害者的痛苦。心理学家称此为"共感性"，即从他人的角度感知某种现象或体验他人的感情、感受的能力。研究表明，这种共感能力越高，对他人的攻击性就越小，也就是说共感性能有效地抑制攻击性行为对幼儿感性的培养，关键要使幼儿知道其他人也会疼痛、痛苦、不快，帮助他们把自己对疼痛和不快的感觉与别人处在这种状态时的感受加以对比。简而言之，就是教会幼儿把自己对疼痛、不快的感觉扩大到别人身上。一位教育家说过："如果我们极力使幼儿注意到成人和小朋友的疼痛感受是怎么样的，那么我们自然会卓有成效地培养起幼儿的同情心。"

（5）强身健体。

对于患了疾病、身体虚弱的患儿则应加紧医治，加强锻炼和营养，适当地休息，改善身体状况，使他们健康、快乐，从而减少攻击性行为。科学研究证明，虽然不是所有的幼儿过多地摄入糖都会产生攻击性行为，但具有攻击性行为的幼儿过多地摄入糖则有增加攻击性行为的倾向。所以，对具有攻击性行为的幼儿应合理地限制糖的摄入量。有人对美国的儿科医生和私人开业的医生进行了调查，大多数医生将减少糖的摄入量作为治疗这类幼儿的方法之一。

第二部分 幼儿园健康教育活动指导

案例 3

幼儿退缩性行为

1. 基本情况

丽丽，5岁，上幼儿园中班。两年前，初到幼儿园的丽丽长得很瘦小、单薄，一副弱不禁风的样子。与别的小朋友相比，她显得更加胆小，更加依赖母亲，每次母亲把她送到幼儿园时，她总是紧紧地抓着母亲的衣服不放，坚决不让其走，哭的时间是全班小朋友中最长的。而且在将近两个月的时间里，丽丽都抱着书包，独自一人站在课室的角落里，不与别的小朋友往来，也不听老师的安排。实在是累了饿了，就坐在原地打个盹儿，或在原地吃一点东西，一直到后半学期，丽丽才勉强与小朋友坐在一起，但仍然很少讲话，显得格格不入。

以后的每学期初，丽丽都比别的小朋友表现出更多的适应困难。即使是正常上学了，丽丽也表现得胆怯和退缩，缺乏主动性。无论是上课、游戏或玩耍，她都是被动地参与，害怕老师向她提问，害怕老师让她表演，也害怕小朋友主动拉她去活动。班上的老师想尽一切办法，试图让丽丽活泼些、积极主动些，但效果似乎不大。询问其父母，了解到幼儿在家里也是比较胆怯，常跟着母亲好像害怕母亲会消失一样。

2. 问题分析

丽丽的表现属于幼儿退缩性行为。所谓退缩性行为是指幼儿胆小、害怕、孤独、退缩，不愿到陌生的环境中去，也不愿和其他人交朋友，常独来独往等。

（1）胆小、害怕、羞怯。

有退缩行为问题的幼儿一般都胆小、怕事，他们怕见生人，即使家里来了客人也常躲开。躲不开时，较小的幼儿就往父母的身后藏，大些的幼儿则紧张不安，浑身不自在，或低眉顺眼，或面红耳赤。他们还不愿在公开场合抛头露面，害怕在众人面前讲话，表现得很不大方。他们害怕到陌生的环境中去，较小的幼儿常拒绝去幼儿园，大些的幼儿则拒绝去学校。按理幼儿生性好玩，爱活动，特别喜欢逛公园、动物园和游乐场，而有退缩行为的幼儿常常因为害怕、胆小而不愿去公园和游乐场玩耍，更不敢离开父母独自去玩，逢年过节时不愿随父母走亲访友。

（2）孤僻不合群，难以适应新环境

正常的幼儿都有与同龄幼儿交往的需要，幼儿喜欢与同龄幼儿一起玩耍、游戏，小学生则喜与同伴一块玩耍和学习，他们往往两个一伙、三个一群地在一起做作业、做游戏或外出活动，中学生则更有交友的需要，一般都有自己的小群体，特别是高中阶段，他们青春年少，更是富有集体精神，由于生理成熟，心理的发展，他们都渴望友谊，需要志趣相投和倾心交谈的朋友，在他们心目中，朋友甚至比父母老师还重要。而有退缩问题行为的幼儿从不主动与人交往，小点的幼儿总是独自一人与玩具为伴，喜欢独自游戏而不喜欢与小朋友一起玩，较大一些的幼儿在班集体中往往既不被他人所选择，也不被他人所排斥，而是被人忽视，同时自己也不选择和排斥他人，他们往往是游离于各种群体之外的孤独者。即使有的幼儿主动与他们交往，或邀请他们参加活动，他们的态度也往往是消极的、冷漠的。正因为他们不愿与人交往，不参加集体活动，很难了解和喜欢别人，也很难被人了解和喜欢，所以他们很长时间都难以适应新环境。

（3）对客观现实常采取被动或逃避的行为方式。

有退缩问题行为的幼儿在各种活动中往往只是旁观者，而不是参与者，对他人采取冷淡态度。其目的都是要逃避他人对自己的了解或认识。在课堂中，他们很少主动积极地回答老师的提问，如果遇到什么困难，他们往往没有克服困难的信心，所以不是去积极想办法战胜困难，而总是想方设法避免或依赖老师同学、父母的帮助。

在识别退缩问题行为时要注意一点，即不能把正常幼儿在特殊情况下暂时表现出的害怕、恐惧、孤僻、冷漠等退缩行为与幼儿退缩问题行为混为一谈。因为，正常幼儿在成长的过程中也会由于环境的变迁和强烈的精神刺激而产生一些退避行为，如搬迁、转学、临时寄宿在陌生人家，或父母离婚、亲人突然死亡，以及惊恐的遭遇，诸如，遇到歹徒的骚扰、目睹火灾、车祸惨景等，可能使一个活泼、健谈的幼儿出现少动、发呆沉默、恐惧、孤僻等退缩行为。而刚入园或刚上学的小孩中，绝大部分在开始时都不同程度地表现出退缩行为，如害怕、拘谨、羞怯、不与他人交往，特别是没进过幼儿园的独生子女更是如此，但没有退缩问题行为的正常儿童一般几个月内就能很好地适应，变得大胆、活泼，主动找别人说话和游戏。所以，这些症状是暂时性的，属于正常幼儿的生理性防护反应或称适应反应。但有退缩问题行为的幼儿则会长时间表现出退缩行为，他们即使在无特殊原因的情况下，也经常表现出特别害怕、羞怯、孤独、胆小。

幼儿退缩性行为产生的原因是多方面的，有父母教养方式不当、家庭关系不正常、缺乏与同伴联系，也有幼儿自身先天素质问题、后天的性格和身体状况不佳等因素，下面我们分几点来具体分析。

（1）教养方式不当，过分严厉或过分溺爱。

管教过严是造成幼儿退缩问题行为的主要原因。大多数情况下，有退缩问题行为的幼儿所表现出的害怕、羞怯、不愿参加集体活动、不愿与人交往等一系列退缩行为所掩盖的是他们的独立性差、自我意识缺乏和自卑心理。他们对自己信心不足，害怕在集体场合中、在与人的交往中暴露自己的弱点和内心世界，害怕被人嘲笑、看不起，所以采取退缩逃避的方式来保护自己。而过分的保护和溺爱，因为限制了幼儿的必要活动和他们与同龄人的交往，也会造成幼儿的退缩性行为。一些幼儿在家受到过分的保护、溺爱，他们的一切需要（合理的和不合理的）总会得到及时的满足，养成幼儿有求必应、以自我为中心的习惯。他们一旦进入幼儿园或学校生活环境，在家里可以得到满足的许多需要，如独占玩具，就不能得到满足。另外，在集体中还必须遵守纪律、游戏规则等，老师和其他的幼儿不会像家人一样处处让着他，以他为中心。于是他就会觉得莫大的委屈，内心会产生一种强烈的挫折感，从而情绪低落，变得冷漠，极力想逃回自己温暖的家，重享"皇帝"般的快乐生活，重新获得安全感。

（2）缺乏同伴联系。

国内许多学者的研究都认为，"早期与同伴隔绝的幼儿存在着后来调整问题的危机"，缺乏同伴联系也是导致幼儿退缩问题行为的重要原因。父母或者幼儿生长的环境，限制了幼儿与同伴的交往，不管是出于保护幼儿的安全考虑，怕他们受外人的欺负，还是怕他学坏等原因而限制幼儿的各种活动及其与同龄幼儿的交往，都会使幼儿失去处理生活中各种事情的机会，失去学习如何与他人相处的机会，也就不可能使幼儿的独立生活能力、社交能力、与他人相处的技能得到锻炼和发展。因而他一旦进入陌生环境和集体生活就会一筹莫展，无所适从。或者由于他不能或不会与其他人合作而遭受其他幼儿的责备与冷落，从而使他们情绪低落，渐渐地厌恶和害怕集体生活，不愿与人交往，严重的干脆拒绝去上幼儿园和学校。

（3）家庭关系和气氛不正常。

父母不和、对幼儿的态度不一致、感情用事等不正常的家庭气氛，也是幼儿产生退缩问题行为的原因。父母感情不和会使幼儿常处于紧张、惊恐、孤独、无助的心理状态，他们没有安全感，享受不到家庭的温暖，从而对成人产生不信任。父母对幼儿态度不一致，一个严厉、一个放任，一个宠爱、一个粗暴，或者高兴时对幼儿宠爱有加，忧虑时无故责骂，也会使幼儿无所适从，处于紧张、焦虑、惊恐的状态，迫使幼儿采取退缩、逃避的方式来保护自己以适应环境。

（4）个体素质原因。

心理学家的研究认为，有退缩行为问题的幼儿大多性格内向而孤僻，还有一些是天生适应能力就差。他们天生就难以适应新环境，在新的环境中感到特别拘谨，不愿接触人；即使引导、帮助他们去适应，也很难奏效。这类幼儿一般不喜欢活动，对新鲜事物和陌生人缺乏兴趣和热情。还有的幼儿因为身体虚弱，与同伴游戏、活动、学习时特别容易疲劳，烦躁不安。他们看到别的幼儿可以尽情地干自己想干的事，而自己却不能，或遭到反复的失败或拒绝，便产生自己不如别人的自卑心理，进而不愿或害怕参加集体活动，特别是体力强、竞争性强的活动。

3. 问题处理

幼儿退缩问题行为虽然是多方面的因素长期作用的结果，但由于他们的心理正处于发展阶段，有很大的可塑性，因此通过有效的教育矫治，是可以得到纠正的，而且教育矫治越早效果越明显。退缩问题行为矫治的总原则是，深入细致地分析幼儿退缩行为问题的根本原因，再对症下药。通常包括下面两方面的措施：

（1）改变错误的教养方式。

对于以严厉著称的父母和老师来说，重要的不是把对幼儿的爱用严厉的方式表达，而是心肠柔软地理解幼儿。多表扬，少批评，要懂得自己就是幼儿整个世界的支柱，父母和老师要放弃求全责备、追求完美的习惯。要懂得对幼儿来说，尽力坚持去做要比做好更为重要，不以某件事情的成效来衡量幼儿的价值，以免他在第一次尝试失败后就认输，就产生恐惧感。另外，父母和老师要学会并坚持从幼儿行为中去寻找好的一面加以肯定，例如，当幼儿帮父母或老师收拾碗筷而摔破了几个碗时，父母和老师不要去批评他损坏了多少餐具，骂他笨，而应该从幼儿主动帮父母老师干活、有热爱劳动的美德和具有责任感上去肯定和赞扬，然后再教给他具体操作方法和注意事项，使幼儿感受到的是理解与爱，是幸福的保护、信任、宽容、支持，他们有了这种牢固的支柱和安全感，也就没有必要通过逃避和退缩来保护自己了。

对因为过度保护、溺爱造成退缩行为的幼儿，父母和老师要使自己的心肠变硬，逐步让幼儿学会自己的事情自己做，从日常生活的每一件小事做起，如摔倒了让他自己爬起来，千万不要帮助他，哪怕他伤心大哭，或用可怜求助的目光望着你。当幼儿自己爬起来了，就马上表扬、安抚他，以勉励他的自立行为。有一点必须记住，不能动摇决心、半途而废，以致前功尽弃。对家长来说，这样做起来会很难，但必须坚持。如果是家里老人溺爱幼儿，则要想办法从空间上把老人与幼儿隔离一段时间。

对于过多地限制幼儿的活动和与同龄人交往的父母，有效的办法就是早些送幼儿到幼儿园或幼儿群中去并与老师取得联系，多关心、重视和鼓励幼儿。

（2）培养幼儿的自信心。

因为退缩行为掩盖着自卑心理，从这个意义上说，幼儿退缩行为的矫治，就是自卑心理的克服，所以自信心的培养建立是退缩行为矫治的关键。主要可以从以下方面着手来帮助幼儿，使其能爬出自卑的泥塘。①创造条件使幼儿体验到成功的欢乐与自豪。父母和老师可以从幼儿特别感兴趣的事情和活动着手，创造条件让幼儿获得成功，再慢慢引导，鼓励他们参加各种活动并教给他们方法，创造条件帮助他们获得成功。当达到目标的欢乐逐步代替了以往挫折失败的痛苦和恐惧之时，就是他们爬出自卑泥塘之日。只要有心，父母、老师给幼儿创造成功的机会是很多的，如委托幼儿做一些力所能及的事情，带上他们出门购买小物品，找邻居借东西，给亲戚送节日礼物，引导他们养花种草、自制玩具、修理家具等，他们会从活动的成果中获得成功的体验，产生一定的成熟感，从而看到自己的能力，逐步获得自信和大胆行动的勇气，使退缩行为随之消失。②自我肯定训练。因为行为退缩的幼儿大多缺乏自信、不敢自我表达，所以老师可以通过一些活动来训练幼儿的自我表达能力，增进其自信心。自我肯定训练的内容包括训练幼儿自然、大方地说出自己心里想说的话和对别人的要求；学习如何向别人说"不"，避免为了情面或为怕得罪人而委屈自己，去顺从别人的意思，做自己不愿意做的事；训练幼儿学习如何接受别人对自己的负向看法和意见；让幼儿帮助年龄更小或能力不好的小孩做事情、玩游戏，以促进自我肯定等。老师可以通过优点轰炸、故事接龙、渐进式歌唱、本周明星幼儿等活动来训练幼儿的自我肯定。③社交能力训练。幼儿在和人相处时，若能有适当的社交技巧，则容易与人往来，同时也有助于树立幼儿的自信，减轻退缩行为。社交技能训练可分为下列几个步骤：第一，教导。教导包括任何与其他人发生接触的方式，例如自我介绍，向对方打招呼，以及如何以微笑、点头及眼光的接触作为称赞人的媒介。主动倾听也很重要，这样才能让对方觉得受到重视，愿意继续交谈下去。第二，回馈。教导之后让幼儿练习，并给幼儿适当的回馈，以便能够帮助幼儿更进一步了解及改进所学到的技巧。第三，模仿。让幼儿模仿父母、老师和同学，学习他们恰当的交往方式。第四，演练。利用角色扮演

第二部分 幼儿园健康教育活动指导

或有关实际活动，有助于幼儿将学到的知识和技能进行练习。如老师可通过经验分享、合作画画、交朋友游戏等活动来训练幼儿的交往技能。

除了这些训练之外，老师还可以通过脑力激荡、情境演练、善问者善答等活动来提升幼儿解决问题的能力，以增进其自信心。

案例 4

幼儿说谎

1. 基本情况

梅梅，6岁，上幼儿园大班。因为总爱说谎话而令家长和老师担忧。询问其过去，了解到梅梅从小就聪明伶俐，2岁时就能背诵许多唐诗，也能唱许多歌曲，深得父母和爷爷奶奶的宠爱。家里人经常让其在众人面前表演，赢得了许多掌声。在这样的称赞声中，梅梅渐渐长大。进了幼儿园后，梅梅虽然也讨老师喜欢，但班上还有其他小朋友也很聪明。看到别的幼儿受表扬，梅梅也不甘落后，她积极发言，尽量表现自己。同时，也喜欢向小朋友炫耀自己的家庭。慢慢地，梅梅开始说假话、大话了，她向别的幼儿吹嘘自己有很多玩具，向老师谎称自己家里很有钱，向家长编造自己在幼儿园得了多少表扬等。每次说谎都得到了小朋友的惊叹和爷爷奶奶的奖励。后来，与老师沟通后，梅梅妈妈发现自己的孩子在说谎，于是她生气地训斥了梅梅。然而梅梅似乎并没有由此而停止说谎，为此父母很着急。

2. 问题分析

说谎就是指瞎编假话骗人，这在幼儿中并不少见。由于说谎是一种不为社会所接纳的行为，因此受到老师和家长的严重关注。但是由于说谎的原因比较复杂，因此，家长和老师应根据幼儿说谎的情境和不同年龄的心理特点进行具体分析。一般说来，说谎有以下几种情况：

（1）无意性说谎。

幼儿由于记忆、想象、联想、判断上出现错误而造成的"谎言"，说出与事实不相符合的话，这属于无意性说谎。这种"谎话"不是幼儿有意编造的，而是由于他们的心理发展水平所限而产生的。对于这种说谎，不必太紧张，家长和老师只要及时纠正其错误则可。当然，也要注意培养幼儿细致观察、精确表达事物的能力，培养幼儿在记忆和表达客观事物时，不随意插入自己的想象和幻想，从而避免幼儿的表达与客观事物不相符合。

（2）模仿说谎。

有的幼儿是受到成人或同伴的影响而产生说谎现象。例如，幼儿常看到成人长辈说："你听话，就给你买糖果"，结果说了许多次却没有一次兑现，于是幼儿也学会说谎。另外，从同伴处看到说谎及玩弄别人的行为，觉得很好玩，也会引起幼儿向他们学习的动机。

（3）有意说谎，即为了某种目的说谎。

常见的原因有：①说谎可以逃避惩罚这种情况多见于父母管教严厉的家庭。例如，幼儿只要做了点错事或无意中打碎了东西，都会受到大人的惩罚，于是，幼儿慢慢地就会通过说谎来避免受到惩罚。②说谎可以避免做自己不想做的事。有的幼儿不想做作业，便谎称自己头痛，并因此得到父母的照顾，自然作业也就可以赖掉。③说谎可以提高自己的威信。这多见于那些虚荣心强或有自卑感的幼儿。他们为了引起别人的注意，便讲大话让别人羡慕，例如，谎称自己家里如何有地位、如何有钱，谎称父母如何爱自己，谎称自己学习怎样好、常受老师表扬等。本案中的梅梅就属于这种情况。④说谎可以达到报复的目的，有的幼儿为了报复父母没有满足他的要求，就把父母珍贵的东西藏起来，谎称不见了，待父母急得不得了时才拿出来。这种情况多见于娇宠任性的幼儿或受到父母冷落、歧视的幼儿。

对于幼儿的说谎，父母和老师需要给予重视，因为说谎容易演变成习惯。但是，也要注意区别其缘由。有的幼儿的说谎甚至可能是善意的。家长和老师一方面要以身作则，避免幼儿的模仿学习，另一方面要注意与幼儿沟通，了解幼儿的需要，分析幼儿说谎的真实原因，采取不同的措施区别对待。

3.问题处理

针对幼儿说谎的不同原因，父母、老师要因势利导，对症下药，才可能使幼儿不再说谎。常用的方法有：

（1）动机控制法。

针对幼儿说谎的动机，采取不同的应对策略。例如，若为了得到赞赏、注意而说谎，可采取多称赞和鼓励幼儿本身所做的好事；若为了避免处罚、挨打而说谎，则宜在处罚时程度减轻些，并对其诚实行为给予奖励和称赞；若是因为害怕失败受到处分而说谎，可以降低对幼儿的期望；若是为了得到某些东西而说谎，应协助幼儿用合理方法来取得他想要的东西；若是因报仇心理而说谎，应该设法了解幼儿的思想，疏导其不良情绪，增进与幼儿之间的沟通和交往；若是由于能力低下、缺乏自信而说谎，则应加强对幼儿本身能力的培养，并发展其特长，以增进其自信。

（2）想象认知法。

运用想象认知训练来消除幼儿的说谎。包括想象抑制法和想象示范法。想象抑制的步骤是：首先安排诚实情境，讲述一些类似"狼来了"的故事，让幼儿自我意识到诚实不说谎的好处，最后让幼儿想象说谎后所面临的人人厌恶的情景，使其自我发觉说谎的确是不受欢迎的。想象示范则是采用正面认知策略，如讲一些诚实、不说谎而受到称赞的故事，让幼儿想象自己如果诚实，也会受到表扬的情景，影响幼儿的适当行为。

（3）行为矫正法。

包括对幼儿诚实行为的及时奖励和对幼儿说谎行为的及时处罚。通常，用隔离的方法比较有效。另外，也可以用代币制来矫正幼儿的说谎。其步骤如下：首先是测量基线，了解幼儿平均每天说谎的次数。此阶段一般为5天或一周。然后，实施改变计划：①告诉幼儿，说谎是不对的，所以希望他能改善。②跟幼儿约定，如果他在一天中，说谎的次数由原来的5次降到3次以下，在放学时奖给他一张贴纸，若4次以上则给予处分。贴纸积累到一定数目可以换取幼儿喜欢的奖励物。③实施一段时间后，若连续一周都能达到要求，可进行第二阶段，即把标准提高，每天允许说谎的次数改为2次，若达到则给予贴纸，否则给予处分。依此类推，终可改善幼儿的说谎现象。

在运用处罚手段矫正幼儿严重说谎的时候，要注意惩罚的及时、有效，即处罚一定是幼儿很害怕的、很不情愿接受的惩罚，如关进一个房子。而且一定要告诉幼儿为什么要惩罚他，说明父母是不喜欢他的说谎行为，并非不爱他。另外，要直截了当地指出幼儿的错误，尽量避免让幼儿有再次说谎的机会、切忌明知故问幼儿有没有犯错，结果导致幼儿再三说谎来遮盖谎言。

案例5

幼儿学习障碍

1. 基本情况

晨晨，6岁，上幼儿园大班。晨晨的眼睛大大的，圆圆的，看起来很机灵。然而，老师却被他的表现弄糊涂了。他总是容易看错字，写错字，经常把6看成9，把p看成q；也分不清上下左右的关系，常将"土"写成"士"，将34写成43。说话动作也令人好笑，除了动作不够协调外，还经常左右反穿鞋，并把"进来"说成"出去"，把"开"说成"关"。另外，晨晨的语言表达也不够连贯，对人讲话总是不能清楚、完整地表达自己的意思，讲故事更是不断地丢词。但在数数、计算方面，似乎没有太大问题。班上的老师很纳闷，他们觉得这样的问题好像不是智力问题，但又不知道是什么。

2. 问题分析

从晨晨的表现情况来看，他属于比较典型的学习障碍幼儿。学习障碍幼儿是指非感官缺陷、智能不足或其他生理残障而产生的某一学习方面的严重困难的幼儿。专家们估计1%~3%的幼儿有学习障碍。学习障碍主要有以下几个方面的行为表现：

（1）活动量特殊。

学习障碍幼儿常见的特征之一就是活动量特殊，要么活动量过多，要么活动量过少。由于活动量特殊，致使学习障碍幼儿无法长时间专注于某一活动，同时也使个人对其环境刺激无法做出正常反应，造成对学习的不利。

（2）动作不协调。

在学习障碍幼儿中，动作不协调的情况比较普遍，他们的跑、跳、投球、接球等能力发展迟缓，动作协调欠佳。书写与其他精细动作的技能差，表现得笨手笨脚，甚至经常摔跤。

（3）注意力反常。

学习障碍幼儿难以将注意力适当地转移到有意义的学习活动上，同时也无法在某一活动上专注一定的时间。因此，在上课时，他们经常东张西望，偶尔才注意到老师的教学活动。

（4）知觉异常。

知觉异常包括视知觉、听知觉、触摸与运动感知等方面的问题。如有视觉问题的幼儿可能无法正确抄写文字，或看不出6与9的区别；有听觉问题的幼儿，可能分不清各种声母的发音。

（5）记忆缺陷。

许多学习障碍的幼儿有记忆缺陷，有的幼儿可能在某一房间住过相当长的时间后，仍然记不清窗户在哪里或床铺在哪一边；有的幼儿在听过老师连续说过三个字后，要他立即说出来，却无能为力。

（6）能力发展的不平衡。

学习障碍幼儿的各种能力发展存在不平衡的状况，例如，有的幼儿动作协调能力差，但理解力却比较强；有的幼儿空间认知能力强，但语言能力却比较差。

（7）学业成绩落后。

学习障碍幼儿由于智力正常，感官没有缺陷，生理上也无障碍，他们应该学习好，但事实上他们由于脑功能的原因使得学习未能达到预期的效果，以致学习成绩相对落后，形成潜在的学习能力与实际学习效果差距很大。

（8）固执现象。

所谓固执就是指一个人不由自主地重复某种动作，或做某种事情，难以进行注意力的转换。例如，有的学习障碍幼儿常常会不由自主地重复抄写某个字，好像有人催着他这样做。

（9）行为偏差。

除了以上的表现特征外，有的学习障碍幼儿还会出现各种行为上的偏差，如人际焦虑与沟通的困难、对环境变化难以适应、过度敏感等。以上各类行为表现并不是每个学习障碍幼儿都具有的，当教师或家长发现某个幼儿具有以上几种情况时，就应该加以注意，进一步请有关专家诊断。

学习障碍的原因可能是多方面的，专家们目前也没有一个定论。一般认为学习障碍的原因可能包括器质性和生物性因素、遗传因素与环境因素等。

在器质性和生物性因素上，可能的原因有大脑中枢神经系统轻微损伤或功能失常；大脑两半球左右偏用的障碍；学习通道障碍以及轻度身体异常方面的问题。有不少学者将学习障碍归因于大脑中枢神经系统轻微损伤或功能失常，导致幼儿在认知过程的某一方面或多个方面出现障碍，包括知觉、记忆、表达等方面的问题。有的学者认为个体对大脑两半球使用有偏用的现象也可能对认知过程产生不良影响，导致学习障碍。有的学者还认为学习障碍幼儿是由于他们在听觉、视觉与运动觉这三种感觉通道上的问题造成的。

3. 问题处理

要矫正或帮助学习障碍幼儿，首先要及早确诊他们。一般说来，对于学习障碍幼儿的教育诊断要经过筛选和诊断两个阶段。筛选工作一般由教师根据学习障碍幼儿常见的行为特征对班上幼儿进行观察，对于表现出多项特征的幼儿，定为怀疑对象，并将其转介给有关人员，接受进一步的检查。在诊断阶段，心理学家、语言病理学家、医生以及学习障碍的专家等各方面的专家组成工作小组，共同对转介来的幼儿进行测量、评估与诊断。最后确定该幼儿是否有学习障碍。如果有学习障碍，进一步找出其学习障碍的具体方面，如阅读障碍、书写障碍、算数障碍等，并制订出有针对性的补救教学训练计划，指导学习障碍幼儿对学习习惯与教育环境加以调整。

因为学习障碍幼儿难以将注意力适当地转移到有意义的学习目标上，容易被教室内外的事物所吸引，所以，要求教室布置力求简单，并利用窗帘遮蔽窗户，学生的座位安排也要尽量避免相互干扰等。学习障碍幼儿由于学习困难容易体验到失败经验，教师应多鼓励他们，为他们提供成功的经验，帮助他们增强自信心。除此之外，教师可以通过适当的教育训练，改善或消除他们的学习障碍。主要的教育训练方法有以下几种：

（1）感知与动作训练法。

学习障碍幼儿往往有感知或动作方面的缺陷，可采用适当的感知－动作训练给予矫正：例如，使用平衡台、弹簧床帮助幼儿发展平衡、姿态及方位能力；利用涂色与手眼协调活动，训练幼儿知觉动作的统合能力；提供给幼儿配对物件、图画、几何图形、拼图等训练幼儿的形状知觉等。

（2）多重感官训练法。

这种方法在学习中让幼儿使用一种以上的感官，给予多重的学习刺激来帮助学习障碍幼儿。例如，在学习单词时，先让幼儿看（视觉）这些单词，再听老师读（听觉），最后让幼儿练习写这些单词（运动觉与触摸觉）。

（3）提倡自我指导与自我监督。

对于学习障碍幼儿，发挥自我的作用是十分重要的。教师要鼓励他们学会用语言来控制自己的行为，并长时间坚持下去，直至完成一件事。

（4）行为矫正法。

强化法、行为塑造法、模仿法与代币制等各种行为矫正方法都可以用来帮助学习障碍幼儿。

（5）感觉统合训练。

学习障碍幼儿神经系统发展不平衡，无法组合脑的有关适应性反应，因此，向幼儿提供内耳前庭、肌肉关节与皮肤等部位的感觉刺激，并给予适当的控制，使幼儿能自动形成脑的顺应性反应，促成脑对各种感觉的组合与统一，这就是感觉统合训练的基本构想。在运用这种方法时，治疗师利用各种游戏活动，向幼儿提供所需的特定感觉刺激，并帮助幼儿控制与协调这些感觉刺激，以促进幼儿脑的整合与发展。

案例6

幼儿性别认同障碍

1. 基本情况

南南，6岁，上幼儿园大班。南南是个模样端正、性格活泼的男孩，他喜欢结交朋友，经常和班上其他的小朋友一起玩耍。但是，南南有一个问题，就是不太喜欢竞争性强的体育活动，也不喜欢玩打仗等游戏，而是喜欢一些较静的活动，比如和女幼儿玩过家家、玩布娃娃等。

了解南南在家里的情况，发现他平常也喜欢和妈妈待在一起，而且特别喜欢妈妈房间的各种化妆品。有时他还会坐在妈妈的化妆台前，用各色化妆粉、干膏认真地往脸上抹。另外，他也喜欢模仿女幼儿的打扮，常躲在家里把妈妈的衣服、裙子披在身上。

对南南的这些表现，其父母起初并不在意，反而觉得幼儿挺好玩的，有时还夸奖幼儿打扮起来很漂亮。后来见幼儿女性化倾向越来越明显，才感到是个问题，着急起来。

2. 问题分析

南南的这些表现，在变态心理学上称之为幼儿性别认同障碍。有这类障碍的幼儿在对自己的性别认同方面出现了偏差，他们不太认同、喜欢自己的性别角色，反而更喜欢打扮成异性的样子。他们也不太喜欢与同性的同伴玩，而是喜欢与异性同伴玩耍，喜欢参与到异性同伴的活动中，玩异性同伴玩的游戏和玩具等。通常，男孩出现性别认同障碍的现象比女孩多一些。

从幼儿心理发展的历程来看，3~4岁的幼儿大都已经知道自己的性别，但对男女之间的差别还是很模糊。这时候，男幼儿可能会模仿母亲的样子在口唇上涂口红或喜欢穿着女幼儿衣服玩等，这些现象如果只是偶尔发生，父母也无须惊慌，只要正确引导则可。但如果幼儿经常模仿妈妈、喜欢穿女孩的衣服，甚至在行为上也表现出女性化的倾向，则需要考虑是否出现性别认同障碍了。

幼儿性别认同障碍的原因除了可能与其染色体异常或性激素异常有关之外，绝大多数是由于父母将幼儿当异性来教养，或有意无意地强化了幼儿的异性化表现所致。

3. 问题处理

对有性别认同障碍的幼儿，首先应带他到大医院检查看有无先天性生理缺陷；若无，则主要给予心理治疗，主要是对认知行为加以矫正。其方法主要有以下几点：

第一，消除对幼儿异性行为的强化，鼓励幼儿的同性别行为。幼儿性别认同障碍的产生很大程度上来源于父母对其异性行为表现的赞赏、默许，所以要帮助幼儿改变，就必须要消除这种不良的强化，即在幼儿产生不符合自己性别的行为表现时，父母应给予冷处理等鲜明的态度，使幼儿明确感到父母不欣赏他的行为表现。同时，一旦幼儿表现出符合自己性别的行为，则立刻给予关注和表扬。

第二，加强幼儿对自己性别及其相应行为的好感和认同。幼儿不喜欢自己的性别、拒绝参与典型的同性行为活动，这与父母早期经常称赞他的异性模样和异性表现有

第二部分　幼儿园健康教育活动指导

关。所以父母在对幼儿的教育过程中，就应有意识地欣赏、称赞、夸奖各种同性身体特征和同性行为表现。比如，在房间的墙上贴一些英俊的男子像，母亲常对此给予欣赏；父母同幼儿一起看男子的体育活动时，有意称赞男性的勇敢、果断、刚强的性格特征；父亲的形象也应该更加突出，尤其是在母亲权威、父亲温和的家庭里，更宜有意识地加强父亲的权威形象，使幼儿有模仿自己同性行为的榜样和动机。

第三，帮助幼儿建立适当的社交圈，使他能在健全的交友活动中，得知和认同自己的性别角色。由于患儿平日经常与异性伙伴玩耍，因而会受到同性伙伴的白眼和讥笑，这又使得患儿更不愿接近同性伙伴。因此，老师同学宜伸出友谊之手，组成一个友谊活动小组，使患儿能在友善、接纳、欢迎的气氛中，与同性同伴一起游戏、玩耍和活动。并且，通过一些"我是谁""我的性别""欣赏自我""怎样的行为符合自己的性别"等活动，来增进幼儿对自己性别的接纳，帮助幼儿建立统一的自我。

对于性别认同异常的幼儿，父母与教师应及早发现与矫正，因为早期干预的效果比较好。若是在异常的性别认同模式定型之后，再进行矫正则困难得多。矫正通常在家庭里面进行，采用替代性模仿学习的形式与行为训练的方法都有一定的效果。

动手实践

调研幼儿心理健康教育在幼儿园中是否受到应有的重视，如果没有，原因是什么？假如你是幼儿园的园长，你会采取哪些措施确保幼儿心理健康教育有效地开展？

拓展知识

幼儿行为矫正常用方法

以下介绍的五种儿童问题的治疗方法，将有助于家长、教师更好地了解学龄前儿童的行为，及早发现行为问题，及时矫治或干预，把问题行为消除在萌芽状态，避免向恶性程度发展，真正做到防患于未然，从而提高儿童的素质，促进儿童的身心健康发展。

1. 正强化法

方法解析：正强化法是行为矫正中最基本的方法，又称阳性强化法或积极强化法。简单地说，当孩子某一行为不出现（也既正常行为出现）时，立即给予"奖赏"，以建立正常行为。

在矫正中，家长要用好奖赏品（也称"强化物"）。强化物一般分五类：①消费性强化物：如糖果、饮料等一次性消费物品；②活动性强化物：如看电视、过生日、郊游等活动；③操作性强化物：如涂颜色、跳绳、游戏等；④拥有性强化物：指在一段时间内孩子拥有享受的东西（如穿自己喜欢的衣服、有属于自己的小红旗、玩具等"私有财产"）；⑤社会性强化物：指孩子喜欢接受的语言刺激或身体刺激（如赞扬、点头、微笑）。

操作要领：在进行正强化矫正时，家长要选择孩子喜欢、需求的强化物。"奖赏"时要立即兑现，要说明是出现了哪一种"行为"后得到的奖励。强化物的数量不宜多。当达到期望的行为时，应逐步取消物质奖励，以赞扬、微笑代替。

适用范围：矫正儿童神经性厌食、偏食、遗尿、多动、沉默、孤独、学习困难等问题行为。

2. 惩罚法

方法解析：又称厌恶疗法。指孩子出现某一问题行为后，立即使之受到厌恶刺激（又称惩罚物）或失去正在享用的"私有财产"，将问题行为与不愉快的或惩罚性的刺激结合起来，经多次重复后，问题行为的发生率逐步降低，甚至消除。一般来说，惩罚法需要与其他行为矫正法和教育配合，才能全面纠正儿童的问题行为。

惩罚法有三种类型：

体罚：当孩子出现问题行为时，即刻给予一个"厌恶刺激"（包括能激起痛感或其他感官不舒适的刺激，如令人厌恶的声音、难闻的化学品气味等）或惩罚物以达到阻止或消除这种问题行为的发生。

谴责：当孩子出现问题行为时，及时给予严厉的否定性或警告性语句（包括瞪眼睛、用力把他抓住等动作），以阻止该问题行为的出现。

暂停：当孩子出现问题行为时，及时暂停他玩耍或没收玩具等"私有财产"，以阻止问题行为的再现。

操作要领：惩罚必须及时，即在问题行为出现后，立即惩罚。两者间隔时间越短，效果越好。家长必须以冷静的态度来使用惩罚物，避免因情绪激动而加重惩罚的强度，造成不必要的危害。必须强调，惩罚法有一定的副作用，强烈的惩罚会引起孩子不良的情绪反应，有损心理的正常发育。孩子会模仿成人的惩罚行为来对待别的儿童。惩罚只能纠正旧的问题行为，并不能建立新行为，在应用中家长必须有意识地帮助孩子建立新的正常行为。因此，惩罚法应在其他方法无效、不得已时才采用。

适用范围：矫正咬指甲、吮手指、遗尿、拔毛癖、攻击性行为、强迫症等问题行为。

3. 负强化法

方法解析：指孩子出现某一正常行为时，就可避免不良的厌恶刺激（或称负强化物），久而久之，该正常行为的出现率就会提高，而与之对应的问题行为就会减少或消失。例如，对爱咬指甲的孩子，可在其手指甲上涂上胡椒粉或黄连粉，使之一咬指甲便会产生不舒适感，为了避免这种厌恶刺激，孩子就不再咬指甲，由此改掉了问题行为。

操作要领：选择厌恶刺激，必须使孩子产生一定的不适感（如苦味、热、冷等），并能在正常行为出现时立即终止（例如不咬指甲就不会尝到胡椒粉）。选择的厌恶刺激，必须是学校教育和社会道德所能容许的，并且不会影响儿童的身心健康和安全。

适用范围：矫正自伤、咬指甲、吮吸手指、爱哭等问题行为。

4. 消退法

方法解析：将过去曾不断得到强化的问题行为，通过消退程序（即停止强化），使问题行为的发生率降低，最终消除已建立的问题行为。比如，一个2岁的孩子，每晚必须由父母陪伴才能入睡，否则就大声哭闹、不能入睡，"陪伴入睡"成了不良入睡行为的强化物。针对这种情况，可采取"消退法"。治疗时，父母将孩子安置在床上后，告诉他必须自己睡觉，然后离开。实施第一天，孩子大声哭闹可能长达50分钟，甚至一个小时；第二天哭闹可能减少至15~30分钟，一般坚持到第十天晚上，哭闹可能完全消失。

操作要领：对有多种问题行为的孩子，先选定一种行为进行矫正，然后再逐个解决。要创造消退治疗的环境，在实施前，将计划告诉孩子。在幼儿园实施消退法时，要让父母参与，做到家园一致，千万不要幼儿园在消退，家里却在强化。在消退法实施的初期，问题行为可能会加重，甚至产生情感抵触和攻击行为。此时，应坚持纠正，否则会加重问题行为。若纠正后问题行为重现，可再进行几次消退训练，直至全部消失。

适用范围：矫正发脾气、多动症、神经性呕吐、偏食等问题行为。通常，消退法应与正强化法结合使用，如对偏食、爱发脾气的孩子，不仅可以消除其问题行为，也有助于建立强化良好行为。

5. 模仿法

方法解析：即通过观察、学习、模仿来获得和增强良好行为，减少、消除问题行为。模仿法通常可采用影视或录像模仿、现场模仿、想象模仿。

操作要领：确定的"楷模"应与孩子的年龄、性别相似，越相似就越容易引起模仿的效果。如以孩子熟悉或崇拜的人（如教师等）为楷模，更容易产生模仿效果。要加强示范行为的表现时间，让孩子多看一看。模仿行为产生后，要给予强化。

适用范围：矫正恐惧、退缩、孤独、胆怯、焦虑等多种问题行为。

第二章 幼儿园心理健康教育活动的设计与指导

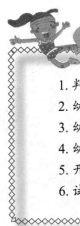

思考与实训

1. 判断幼儿心理健康的标志有哪些？
2. 幼儿园心理健康教育的目标是什么？
3. 幼儿园心理健康教育的内容包括哪些？
4. 幼儿园心理健康教育的基本原则有哪些？
5. 开展幼儿园心理健康教育的主要途径有哪些？
6. 试着设计一个幼儿园心理健康教育活动方案。

知识链接

［1］郑晓边. 幼儿心理健康促进［M］. 武汉：武汉大学出版社，2015.

［2］华伟. 学前儿童心理健康教育［M］. 北京：中国人民大学出版社，2015.

［3］张明红. 给幼儿园教师的101条建议——幼儿心理健康教育［M］. 南京：南京师范大学出版社，2014.

［4］郑雪，刘学兰，王玲. 幼儿心理健康教育［M］. 广州：暨南大学出版社，2015.

第三章 幼儿园体育活动的设计与指导

引 例

小冬,男,4岁,偏胖,欣欣幼儿园中班,不喜欢体育活动,参加体育活动时,常常一人走到旁边,要么从口袋里拿出本小书来看,要么站在旁边看着其他小朋友进行体育活动,老师要求他参加体育活动也只是象征性地应付一下。这段时间,小冬的视力下降了,体重又增加了……

学习情境

熟悉《纲要》《指南》关于幼儿园体育的相关内容;熟悉幼儿园体育的目标、内容、途径与方法;能设计组织实施幼儿园体育活动,并进行有效指导。

幼儿园体育是幼儿园教育的重要组成部分,也是幼儿园健康教育的重要内容。

第一节 幼儿园体育概述

一、幼儿园体育的概念

幼儿园体育是遵循3~6岁儿童身心发展规律,以增强其体质、发展身心素质及初步运动能力,提高健康水平为目的的有计划、有组织的教育活动。

二、幼儿园体育目标

（一）幼儿园体育总目标

通过走、跑、跳、钻、爬、攀等各种体育活动，充分利用日光、空气、水等自然因素以及本地自然环境，发展幼儿动作协调性、灵活性等身体素质，培养幼儿参加体育活动的兴趣和习惯，以增强幼儿体质，促进幼儿身心和谐发展。

（二）幼儿园体育各年龄阶段目标

幼儿体育各年龄阶段目标的确立，应参照《指南》中相关内容对幼儿学习与发展的合理期望。

《指南》中幼儿动作发展的相关内容

阶段目标	3~4岁	4~5岁	5~6岁
具有一定的平衡能力，动作协调、灵敏	①能沿地面直线或在较窄的低矮物体上走一段距离。②能双脚灵活交替上下楼梯。③能身体平稳地双脚连续向前跳。④分散跑时能躲避他人的碰撞。⑤能双手向上抛球	①能在较窄的低矮物体上平稳地走一段距离。②能以匍匐、膝盖悬空等多种方式钻爬。③能助跑跨跳过一定距离，或助跑跨跳过一定高度的物体。④能与他人玩追逐、躲闪跑的游戏。⑤能连续自抛自接球	①能在斜坡、荡桥和有一定间隔的物体上较平稳地行走。②能以手脚并用的方式安全地爬攀登架、网等。③能连续跳绳。④能躲避他人滚过来的球或扔过来的沙包。⑤能连续拍球
具有一定的力量和耐力	①能双手抓杠悬空吊起10秒左右。②能单手将沙包向前投掷2米左右。③能单脚连续向前跳2米左右。④能快跑15米左右。⑤能行走1千米左右（途中可适当停歇）	①能双手抓杠悬空吊起15秒左右。②能单手将沙包向前投掷4米左右。③能单脚连续向前跳5米右。④能快跑20米左右。⑤能连续行走1.5千米左右（途中可适当停歇）	①能双手抓杠悬空吊起20秒左右。②能单手将沙包向前投掷5米左右。③能单脚连续向前跳8米左右。④能快跑25米左右。⑤能连续行走1.5千米以上（途中可适当停歇）

依据幼儿园体育总目标，以及参照《纲要》《指南》，幼儿园体育各年龄阶段目标为：

1. 3~4岁（小班）

①能上体正直、平稳、熟练地向指定方向或在较窄的低矮物体（宽25厘米，高20厘米）上走，能走1000米左右；能四散跑、追逐跑，连续跑半分钟；能平稳自然地双脚连续向前跳。②能在较矮（66~70厘米高）的障碍物下钻来钻去；能手膝着地自然协调向前爬、后退爬；能在有一定高度的攀登架上爬来爬去；能在单杠上做短暂的悬垂。③能滚球、

第二部分 幼儿园健康教育活动指导

传球、拍球、双手向上抛球。④能初步学会各种口令和信号并做出相应动作；能边念儿歌或边听音乐做模仿操或简单的徒手操。⑤会玩滑梯、转椅等体育器械，会利用球、绳、棒等体育器材进行身体锻炼。⑥喜欢并愿意参加体育活动，初步掌握体育活动的有关知识和规则。

2. 4~5岁（中班）

①能听信号按节奏上下肢协调地走，能变速走、前脚掌着地走、倒退走、跨过低矮障碍物走、闭目向前走至少10米，能走1500米左右；能四散追逐跑、变速跑、绕障碍跑，连续跑1分钟；能自然摆臂连续纵跳触物、双脚熟练地向前跳、双脚轮换跳、单脚连续跳、助跑跨跳（跳距不少于40厘米）、立定跳（跳距不少于30厘米）；②能熟练、协调地在较矮（60厘米高）的障碍物下灵活地侧钻；能手脚着地协调向前爬；能手脚熟练协调地在有一定高度的攀登架、攀登网上爬来爬去；能在单杠上做短暂的悬垂；能团身滚；能原地自转至少3圈不跌倒；能肩上挥臂投掷轻物；③能自抛自接球、两人近距离互抛互接球、滚球击物、左右手拍球；④能熟练地听各种口令和信号并做出相应动作，能听信号集合、分散、切断分队走、一路众队走；能随音乐节奏较准确地做徒手操、轻器械操；⑤会玩跷跷板、秋千等体育器械，会骑小三轮车，会利用球、绳、棒等体育器材进行身体锻炼；⑥喜欢并能积极地参加体育活动，初步养成体育锻炼的习惯，自觉遵守体育活动规则，及时收拾整理小型体育器械。

3. 5~6岁（大班）

①能轻松自如绕障碍进行曲线走，能走2000米左右；能绕障碍跑、接力跑、连续跑1分钟；能原地蹬地起跳、连续纵跳触物、双脚熟练改变方向跳、助跑跨跳（跳距不少于50厘米）、助跑屈膝跳（跳过约40厘米高的垂直障碍）、立定跳（跳距不少于40厘米）、连续向前跳跃多个障碍；②能熟练地侧身、缩身钻过障碍物（50厘米高）；能手脚交替熟练协调地在有一定高度的攀登架、攀登网上爬来爬去；能在单杠上做短暂的悬垂；能熟练地前滚翻、侧滚翻；能两臂侧平举闭目自转至少5圈不跌倒；能半侧面单手投掷小沙包，会肩上挥臂投掷轻物并投准目标；③能抛接高球、两人近距离互抛互接大球、运球、用脚踢球；④能熟练地听各种口令和信号并做出相应动作，能听信号集合、分散、整齐列队、变化队形、左右分队走；能随音乐节奏有精神地做徒手操、轻器械操，动作有力、到位；⑤会低单杠、脚蹬车等体育器械，会骑小三轮车，会利用球、绳、棒等体育器材进行身体锻炼；⑥热爱体育活动，有积极参加体育锻炼的习惯，自觉遵守体育活动规则，独立或合作收拾整理小型体育器械。

三、幼儿园体育的内容

幼儿园体育的内容主要有：基本动作、基本体操、体育游戏和运动器械活动四个方面。

（一）基本动作

幼儿基本动作是幼儿最基本的运动技能，是幼儿获得在生活和生产劳动中必备的实用技能，也是锻炼身体的重要手段。一般有走、跑、跳、投掷、攀登、钻、爬等。

1. 走

走是双手、双脚协调配合,有一只脚始终支持地面的周期性动作,它是我们日常生活中最基本的身体活动能力。有自然走、齐步走、前脚掌走、后脚跟走、模仿动物走等形式。

走是幼儿锻炼身体的手段之一。据测定,儿童在正常走步时全身肌肉大约有60%参加劳动性的练习活动,心率可达120次/分钟,能有效地锻炼下肢肌肉、骨骼、关节和韧带,增强腿部肌肉力量。提高身体的平衡能力和协调能力,发展肌肉力量、耐力,提高心肺功能,促进幼儿身体发育。

行走可扩大幼儿活动范围,为幼儿适应社会、探索世界奠定基础,行走还可培养幼儿美的体态和美的感受能力。

(1) 走的动作特征。

①动作自然、放松,上体保持正直。两腿自然迈开,两臂自然摆动,头正,两眼平视,稍挺胸,是走的基本动作要领。走时,肌肉活动是通过收缩和放松交替进行的,肌肉收缩要消耗能量,放松则可休息,恢复体能。这样一张一弛地交替进行,肌肉活动才得以持久。如果在走的过程中肌肉过度紧张,没有放松或放松不充分,就会加大能量的消耗,肌肉就易产生疲劳。上体保持正直,两眼平视前方,稍抬头,可以减少胸、腰、背等部位肌肉的负担,这样有利于幼儿脊柱和胸廓的正常发育,从而支持内脏器官正常活动。应纠正幼儿低头、弯腰等不良走姿。

②走时要有稳定的节奏。走的速度是由步长和步频两因素决定的,走速稳定,步长、步频就要相对稳定,步频忽快忽慢或步长忽大忽小,都容易使身体疲劳,保持适度的步频、步长,有节奏地走,能省力,不易疲劳。

③走时身体要平稳。走时身体重心平稳,符合生物力学原理,可以节省体力,提高持久力。避免身体左右摇摆和上下起伏过大。脚落地时,两脚的内侧基本保持在一条直线上,脚尖稍指向正前方,以防止出现"八字步"(脚尖太朝内出现"内八字步",脚尖太朝外出现"外八字步")。

④两臂要自然前后摆动。两臂自然前后摆动,一是可以保持身体平衡,二是有助于加大幅度、调节步频。两臂前后摆动时,应注意摆动的幅度,不应摆臂过度,否则,会过度消耗体能,也影响美观。如果走时两臂左右摆动,加大身体左右摆动幅度,不能有效地保持身体平衡,也会过多地消耗体能。

⑤两脚落地要轻。走时,人体给地面一个作用力,地面就给人体一个大小相等、方向相反的反作用力。如果用力蹬地、踏地,反作用力就大,使身体受到较大的震动,经常这样,容易影响下肢部位关节、韧带和骨骼的正常发育与健康,也容易使身体疲劳。所以,幼儿走时要注意落地动作要轻,不要用力蹬地或踏地。

(2) 走的动作基本要求。

两眼平视前方,上体正直;肩部肌肉放松,向前自然摆臂;两脚向前走直,落地要轻;身体重心平稳,步长步频要适宜;有节奏,有精神。

2. 跑

跑是手臂和腿协调配合,单脚支撑与腾空相交替的周期性动作,一个周期有两个单腿支撑时期和两个腾空时期。跑步是人体移动位置最快、最自然的一种运动方式。

跑是最好的锻炼方式之一，是幼儿身体锻炼的重要手段。3岁左右的幼儿，跑的动作已经有明显的双脚腾空特点。4岁左右的幼儿能上下肢协调配合跑动。5岁左右的幼儿能正确地掌握跑步姿势。

（1）跑的特点。

跑同走的不同之处：跑时，两脚有一个同时离开地面的阶段，称腾空阶段；而走始终有一只脚支撑地面，没有两脚同时离开地面的腾空阶段。

在跑时，就一腿而言，又可分为着地缓冲、后蹬、后摆和前摆四个阶段，在后蹬角度适宜的情况下，跑的速度取决于腿部蹬地的力量和速度。

（2）跑的动作基本要求。

跑步时向后蹬地用力，向前摆腿方向正，幅度大，膝放松；用前脚掌着地，脚尖朝前，落地稳而轻；两手半握拳，屈肘前后自然摆动，上体略向前倾，腿向前方，用鼻或鼻口同时呼吸，自然有节奏。跑弧线时，身体自然向圆心方向稍倾斜。

3. 跳

幼儿跳跃运动的形式丰富多样，有双脚跳、单脚跳、纵跳、行进向前跳、侧跳、立定跳远、跳高等。

（1）跳的特点。

跳是属非周期性运动，各种跳跃，自然运动形式和要求不同，但有其共同点，即人体的运动都是从静止状态开始向前跑进，而后转变为腾空，最后是落地。因此，各项跳跃运动都可分成四个紧密相连的动作阶段，即助跑、起跳、腾空、落地。

跳跃是颇受幼儿喜欢的动作，是锻炼价值较高的基本动作。可以增强腿部的肌肉力量，发展弹跳能力、爆发力以及身体的灵敏性、协调能力，提高耐力素质，而且对幼儿的感觉器官发展有积极作用。

（2）跳的动作基本要求。

助跑协调自然，屈膝摆臂，四肢协调配合，用力蹬地跳起，落地动作要轻，全身保持平衡。

4. 投掷

投掷是全身肌肉协调配合，通过上肢用力作用于投掷器械，使之产生加速度的非周期性运动。幼儿通过多种形式可以增强上肢、腰、背等部位的肌肉力量，锻炼上肢部位的各个关节，提高其柔韧性，促进动作的准确性、协调性以及视觉运动能力的发展。

（1）投掷种类及特点。

投掷属于非周期型动作，通常分为掷远和掷准两类。

①掷远。掷远也称投远，以投掷远度（距离）来衡量的。强调挥臂、甩腕的动作，要充分利用上肢和腰背等部位肌肉力量，使挥臂、甩腕动作快，使器械获得最大的初速度，从而掷得更远。同时，投掷的远度还同出手时机和出手角度密切相关，因此，要调整和控制好出手时机，使能达到较理想的出手角度。这样，才能投得更远。幼儿投掷的动作方法各种各样，例如：根据投掷方向可分正面投、背后过肩投、半侧面投、半侧面转体肩上投等。根据幼儿年龄和能力特点，由易到难逐渐地进行学习和练习，重点放在蹬腿、挥臂和

转体动作上。

②掷准。掷准也称投准，是以投掷击中指定目标的准确程度来衡量的。掷准动作在保证一定力度的前提下，更重要的是强调动作的准确性。因此，从某种意义上讲，掷准的动作比掷远的动作相对要难些。

幼儿掷准的动作也多种多样，根据方位分肩上投、胸前上抛、胸前下抛、地上抛滚球等。投掷的目标也称为"靶"。"靶"可以是静止物体，也可以是运动物体。

（2）投掷动作的基本要求。

投掷活动内容多种多样，结构复杂，各种动作要求不同。总的来说，投掷准备动作要合理，用力要协调、迅速，出手时机、角度要适宜。

5. 攀登

攀登是实用性较强的一种身体运动，也是锻炼幼儿身体、提高身体素质的重要手段。通过攀登活动，能增强幼儿四肢的肌肉力量，尤其是手的握力和手臂的肌肉力量，发展幼儿的平衡性、灵敏性、协调性等，培养幼儿勇敢、顽强、坚定的心理品质及自信心，发展幼儿的空间知觉能力和感觉能力。

（1）攀登动作的特点。

攀登动作的种类很多，可供攀登的器械也很多，常用的器械是攀登架、攀登肋木等。

常用的攀登方法有两种：一种是两手先握上一格横木，然后两脚先后登上同一格横木；另一种是两手两脚交替向上攀登。

（2）攀登的基本要求。

攀登时，两手都应用扣握方法（拇食指相对）握住器械，用脚蹬踏横木。

6. 钻

钻是日常生活中很实用的身体活动技能，也是锻炼幼儿身体的良好手段。钻可以增强幼儿腿部、腰部、背部的肌肉力量，发展幼儿身体动作的灵敏性、柔韧性和平衡性。

（1）钻的特点。

钻动作练习的主要特点是幼儿的身体要通过有规定的面积和形状的障碍物。

（2）钻的基本要求。

钻动作练习的基本要求是根据障碍物的面积和形状，改变身体的姿势，顺利地通过规定的障碍物。

7. 爬

爬是锻炼幼儿身体的良好手段。爬的活动可以增加幼儿四肢和腿、腰背部的肌肉力量，并对幼儿空间知觉能力的发展具有重要影响。

（1）爬的特点。

爬的动作种类很多，有手膝着地爬、手脚着地爬、膝盖悬空爬，肘膝着地爬，还有身体俯卧在地面上匍匐爬等。

在爬的过程中，遇到障碍物，又有爬越和钻爬的动作。爬越可分身体不碰障碍物和身体可碰障碍两类。

（2）爬的基本要求。

手、脚、身体动作协调、灵活，空间知觉感强。

（二）基本体操

基本体操由基本队列队形及其变换和基本体操动作及其练习两部分组成。

1. 基本队列队形

队列队形指幼儿按照统一的口令，站成一定的队形，从事协调一致的动作。分为队列练习和队形练习，队列练习是幼儿按照指令做协调一致的动作；队形练习是在队列基础上做各种队形和图形的变化。

（1）队列队形练习内容。

队列中的动作练习有原地动作，如立正、看齐、报数、向右（前）看齐、向右（前）看、向左（右）转、向后转、原地踏步走等；还有行进间动作如齐步走、跑步走、左（右）转弯走（跑）及立定、集合、解散等。

队列练习的形式有排成一路纵队或二路纵队、排成一列横队或二列横队、站成半圆或圆形、站成方队等。

队形练习的具体内容，应根据不同年龄幼儿的身心特点以及实际动作能力水平来确定。一般有：走成圆圈（方）队形；横（纵）队的分（并）队走（例如由一路纵队走成两路纵队是分队走；由两路纵队走成一路纵队是合队走）。

（2）队列、队形练习的注意事项。

①动作讲解要精简。②教师口令要准确、清楚、洪亮。口令有预令的，预令拉长动令短促有力，如"齐步——走！"口令前可提示幼儿集中注意力。③练习方式要多样，可结合其他体育活动进行练习。④队形变换练习可借助标志物（线）。⑤可利用音乐、动画等背景来增强运动节奏感，提高幼儿练习兴趣。

2. 基本体操

幼儿的基本体操是锻炼幼儿身体，促进幼儿机体协调发展的一种形式简单、易于普及的动作练习，分为徒手体操和轻器械操。

（1）徒手体操。

徒手体操是根据人体解剖特点，按照人的生理原理，由伸、屈、举、振、绕、转、蹲、跳等徒手动作组合进行的动作练习。一般包括徒手操、模仿操、拍手操、武术操、韵律操等。

幼儿进行徒手操练习主要由头、颈、躯干、四肢各部位协调配合，有节奏地做出各种简单的动作练习。徒手操的基本动作有头颈部的屈、转，上肢的举、振、屈、伸、绕，躯干的屈、转、绕，下肢的蹲、踢、马步、弓步、跳跃等。

进行徒手操教学和练习时，注意负荷量应该由小到大，并逐渐增加，上肢动作和伸展动作应从静态过渡到动态。根据幼儿身心发展规律，每套操的运动负荷量要出现两次高潮，第一次高潮的负荷量比第二次高潮的负荷量小。

徒手操操节的顺序一般为头颈运动→上肢运动→扩胸运动→下肢运动→腰部运动→腹部运动→腹背运动→跳跃运动→整理运动。

模仿操比较适合小班幼儿练习。它将日常生活中常见的各种活动、自然现象、动物运动形态等经过加工编排成形象、优美的体操动作，让幼儿进行练习，能收到较好的身心锻炼效果。比如：小鸟飞、小鸡啄米、大象走路、小鸭跑、小兔跳、飞机飞、打锤、锄草、游泳等。幼儿通过想象的情景，努力地表演出各种形象化的动作，不但锻炼了全身各器官，而且发展了幼儿的想象力、思维力、创造力，同时也有助于活泼开朗的性格培养。

拍手操要求练习时在身体的不同部位做拍手动作，用力柔和，节奏鲜明，动作到位，充分表现出幼儿活泼愉快的神情。

武术操的动作内容很多，有推、冲、托、劈、踢、蹬、抱、捞等，大多数都是加速用力、爆发力强、节奏快，充分表现出激进、威武的神态。幼儿武术操是指将武术基本功练习与节拍体操相结合，按照幼儿身心发展规律所编制的体操形式。幼儿武术操的运动量较大，对幼儿的肌肉、骨骼、关节、韧带等部分的活动要求高，因此一般适合大班幼儿练习。通过武术操练习可以强身健体，培养幼儿的意志品质，促进其身心协调发展，同时有利于调动幼儿锻炼兴趣，激发幼儿对中国传统文化的喜爱，对幼儿进行传统文化教育。

韵律操是将简单的舞蹈动作或律动动作与徒手操的动作有机结合，并伴以一定主题儿童音乐的一种体操形式。它的特点是有音乐伴奏，动作潇洒大方，节奏明快，韵律感强，充分表现出活泼愉快的情绪。韵律操对幼儿协调、力量、速度要求较高，一般较为适合中班和大班幼儿练习。

（2）轻器械操。

轻器械操是幼儿在学会徒手操的基础上，手持某种轻器械所进行的身体练习。根据所持器械类型不同，可分为红旗操、圈操、哑铃操、棍棒操、铃鼓操、球操、纱巾操、三浴（毛巾）操等。轻器械操能提高幼儿练习动作的积极性和趣味性，由于器械的作用，它不仅能发展力量、速度、灵敏、素质，而且能培养幼儿的审美感。

选编轻器械操时，注意轻器械的选用要轻便、适用、坚固、美观，既能引起幼儿兴趣，又能保证安全；编排动作顺序、节拍、运动量等，均和徒手操编排相同。

（三）体育游戏

幼儿园以游戏为基本活动，体育游戏是其重要方面。体育游戏是以各种基本动作组成的，有一定的游戏方法或规则，并要求达到一定结果，以增强体质、发展身心为目的有计划、有组织的活动，具有趣味性、虚拟性、灵活性等特点。

1. 体育游戏的结构

幼儿体育游戏的结构是由游戏的目标、内容、活动方式、活动条件、情节、规则、结果等构成。

（1）游戏目标。它在游戏中起导向作用。它包括以强身健体为主，同时促进德、智、美等方面的发展。

（2）游戏内容。它是游戏的主要部分，游戏的目标主要是通过内容实现的。它包括身体基本动作、智力活动、思想品德教育、美育等，其中身体基本动作是主要内容，其他是由身体动作派生出的或为身体动作服务的。

（3）活动方式。活动方式是实现游戏目标的途径，是指活动的组织和练习的方法。活动组织包括队列、队形、活动轨迹、活动信号、活动角色安排等。幼儿通过活动方式把游戏内容按要求完成。

（4）活动条件。它是游戏活动的物质基础，是完成游戏内容的物质保障，它包括场地、器材、天气等因素。

（5）游戏情节。它是通过活动方式，使游戏内容按部就班地发展变化而水到渠成的情景。游戏情节是由角色的活动表现出来的。

（6）游戏规则。它是游戏中的重要部分，对游戏活动参与者起着制约作用，使游戏活动顺利完成，以保证游戏目标的实现。

（7）游戏结果。是游戏目标完成的程度，反映上述环节的配合程度，不同游戏内容、情节和方法不同，其结果千差万别，同样游戏内容、情节和方法，其结果也可能不同。

通常在进行幼儿体育游戏活动的设计时，可采用以下格式来包含上面内容：

（1）游戏名称。精简、高度概括，有直入主题的、有生动形象的、有创意新颖的等。

（2）游戏目标。要具体，有操作性，同体育活动目标一致。

（3）游戏准备。包括教师、幼儿的知识技能，身心准备，场地、器材等物质准备。

（4）游戏玩法。包括游戏内容、游戏教学和练习方法，是游戏创编的主要内容。

（5）游戏规则。是对游戏活动的要求，以保障游戏顺利完成。

（6）注意事项及活动建议。对游戏活动的重点、难点的诠释，引起师生重视。

2. 体育游戏的类型

体育游戏类型各种各样，按不同分类方法可分不同类型。

按游戏内容中的主要基本动作分：走路游戏、跳跃游戏、投掷游戏、钻爬游戏、攀登游戏等。

按身体素质分：速度游戏、力量游戏、耐力游戏、灵敏游戏、平衡游戏等。

按使用器械分：球类游戏、沙包游戏、平衡木游戏等。

不管哪种分类，都可按参与人数的多少分为集体游戏和个别游戏。

（1）集体游戏的特点。①有一定的组织规则。一般可分为不分组集体活动游戏、分组活动游戏、过渡形式游戏。不分组集体活动游戏是指幼儿按照游戏方法，遵守游戏规则集中在一起，自由游戏。例如："老狼老狼几点了""吹泡泡""找朋友"等游戏。分组活动游戏是指把幼儿分成人数和实力大致相等的两组或两组以上的小组，以竞赛的形式进行游戏。按照游戏方法，遵守游戏规则进行游戏。例如："夺阵地""采蘑菇""划龙舟"等。过渡形式的游戏是把幼儿分成几个小组，但幼儿人数和实力不均等。每个小组成员都为达到同样的游戏结果而积极活动的游戏。例如："播种子""鱼和虾"等。②有严格的规则。例如："丢手绢""老鹰抓小鸡"等游戏。游戏规则保证游戏顺利进行，既约束参与者又保护参与者，以顺利完成游戏内容，实现游戏目标。③教师在游戏活动中起指导作用。教师要讲解游戏方法、规则，要组织幼儿进行游戏活动，对幼儿活动、运动量等要给予指导和监督，保证游戏目标实现。

（2）个别游戏特点。①个人游戏具有独立性和随意性。幼儿可根据自己个人的爱好选择游戏内容、方法、方式等。②具有鲜明的个性特点，往往可以和创造性游戏相结合。例如："开火车""小小司机"等。③个人游戏形式多种多样，教师起辅导作用。个人游戏以幼儿自主选择、自主活动为主，教师不随意干涉，只起着辅助、监护作用。

（四）运动器械活动

幼儿运动器械活动是幼儿借助运动器械进行的各种身体练习的总称，是幼儿园体育活动的重要内容。

1. 运动器械的分类

幼儿运动器械可分为固定运动器械和移动性运动器械。

固定运动器械主要包括滑行类、摆动类、旋转类、颠簸类、攀登类、钻爬类、弹跳类等大中型运动器械。

（1）滑行类：指顺着斜面由高处往低处做下滑运动的运动器械，如滑梯、滑板等。

（2）摆动类：指悬挂在空中，能做左右或前后摆动动作的运动器械，如秋千、海盗船等。

（3）旋转类：指围绕着一个中心轴做旋转动作的器械，如转椅、宇宙飞船等。

（4）颠簸类：指用于做上下颠簸起伏动作的器械，如摇马、跷跷板等。

（5）攀登类：指用于手脚攀爬上升或登高动作的运动器械，如攀登架、肋木等。

（6）爬钻类：指用于做爬或钻越的动作练习的运动器械，如拱形管、塑料球池等。

（7）弹跳类：指专门用于做弹跳动作练习的运动器械，如蹦床、充气小城堡等。

移动性运动器械多种多样，有平衡板、弓形门、脚踏车、垫子、球类、圈类、绳类、飞碟、小沙包、铁环等。

2. 运动器械活动的特征

（1）运动器械丰富，体现了运动的阶梯性，适合不同层次需要。

一是要为幼儿准备丰富多样的可选运动器械种类，二是要保持运动器械的数量，为保证幼儿运动器械的多样性，可动手制作某些简易器械，比如：用易拉罐制作高跷、用废纸箱做弓形门、用废旧窗帘做降落伞、用矿泉水瓶做炸弹等。

（2）运动器械活动具有挑战性。

幼儿具有极强的好奇心和求知欲，而运动器械活动又有不同层次的难度，可根据幼儿身心发展特点增加难度，让幼儿在富有挑战性的活动中去体会成功的喜悦。比如"跷跷板"练习，可调节支撑点的大小、高低来改变难度。

（3）运动器械活动具有探索性。

3~6岁幼儿随着其神经系统的完善，出现了有意识地调节自己的心理活动现象，具有一定的认知能力。在进行运动器械活动时，能自主或在提示下进行探索，通过不同的"玩法"，寻求不同的主题体验的乐趣。

（4）运动器械活动有潜在的安全风险。

《纲要》指出："教师应该把保护幼儿的生命和促进幼儿的健康放在工作首要位置。"有速度、有高度、有难度等特性的运动器械活动，教师一定要在活动前进行检查，在活动中进行辅导帮助，在活动后进行整理，排除安全隐患，确保幼儿身心健康发展。

第二节 幼儿园体育活动的实施

一、幼儿园体育活动实施途径

幼儿园体育活动实施的主要途径有体育集体教学活动、早操活动、户外体育活动、运动会及其他形式的体育活动等。

（一）体育集体教学活动

体育集体教学活动是幼儿教师根据《纲要》规定的幼儿园体育任务，有目的、有计划、有组织地开展以幼儿身体动作练习为主要内容，让幼儿进行身体锻炼，并传授基本知识和简单的基本技能，以增强幼儿体质、增进幼儿身体健康的教育活动。幼儿园体育集体教学活动是实现幼儿园体育活动总目标的基本组织形式之一。通常包括活动方案设计、活动组织实施、活动反思评价三个环节。

1. 活动方案设计

活动方案是幼儿教师组织教学活动的蓝图。活动方案设计一般包括以下几项工作：

（1）了解分析情况。

①了解分析幼儿的基本情况，如幼儿的人数、年龄结构、体质状况、知识技能基础等；②了解分析教学条件，如场地、器材、气候等。

（2）钻研教学内容。

根据《纲要》和《指南》要求，认真钻研教学内容，把握好内容的性质、任务、重点、难点等，并根据幼儿年龄特征和身心发展规律选择教学方法。

（3）撰写活动方案（教案）。

撰写活动方案要结合教学环节，考虑各个教学因素，确定教学活动内容、目标，考虑教学准备，如场地、器材等准备内容。科学设计教学过程，安排好各个环节的组织及教法等。

撰写活动方案可采用笔记式，也可采用表格式。一般包括：①活动内容；②活动目标；③活动准备；④活动过程（可分准备部分、基本部分、结束部分）。

2. 活动组织实施

（1）活动准备。

教学活动准备是便于教学活动能按活动方案顺利进行。按照教学活动方案要求，充分做好教学活动准备。教学活动前准备包括场地、器材、小助手培训及应急条件准备等工作，同时包括幼儿的经验准备。

（2）活动实施。

从结构来说，一般分为准备部分、基本部分、结束部分三部分。

①准备部分。教学活动的准备部分（也称开始部分）是教学活动的预热阶段，快速地组织好幼儿站成一定的队形，集中幼儿的注意力，通过开展一些简单的、负荷量较小的身

体练习，使幼儿在生理上、心理上达到活动的要求。

准备部分的活动设计要体现出新颖、有趣、简短，能迅速有效地吸引幼儿的注意力，调动起幼儿的积极性，活动设计要根据幼儿的年龄特点、教学内容的目标以及场地、气候等因素来确定，准备部分时间一般为一堂活动的10%~15%。

②基本部分。教学活动的基本部分是实现体育活动教学目标的主要环节。是教师通过合理的组织，采取科学的教学方法，指导幼儿进行学习和练习，学习简单的基本知识和技能，促进幼儿基本动作、身体素质的发展，同时培养优良品德和良好个性的教育过程。

基本部分内容的选择和安排要符合科学规律，如果这节活动有新的教学内容，根据幼儿认识活动的规律，把新内容安排在基本部分的前面时间段，以便使儿童能有较集中的注意力、饱满的情绪和充沛的体力来学习和练习。对于能引起幼儿高度兴奋或活动量较大的游戏活动，则应该把它放在基本部分的后面段时间，以使之与幼儿身心机能活动水平相适应。基本部分时间一般占活动总时间的70%左右。

③结束部分。教学活动的结束部分是一次活动的整理、放松阶段。教师带领幼儿通过一些放松练习，缓解幼儿身心高度兴奋或紧张的状态，使幼儿身心较快地恢复平静。

体育集体教学活动结束部分的活动内容一般包括两个方面：一方面是使幼儿身心放松的活动练习，通过这些活动练习，帮助幼儿放松肌肉，消除疲劳，使幼儿的身体和情绪由高度的兴奋、紧张状态逐渐地过渡到相对平静的状态，通过幼儿心率恢复到常态的标志来衡量幼儿达到身心恢复的状态。另一方面是对本次活动进行简单的小结，肯定幼儿的表现，抓住幼儿活动中的"闪光点"进行表扬，也艺术性地指出以后努力的方向，始终坚持以幼儿兴趣为导向，保持幼儿的好奇心，引导幼儿主动整理教具，养成良好的行为习惯。结束部分活动的时间一般占活动总时间的10%左右。

上述的三个部分是相互联系的，虽然各个部分都有其相对独立的内容、任务，但他们之间是一个紧密相连的系统，上一个部分是下一个部分的准备和基础，而下一个部分又是上一个部分的自然延续和发展，它们的最终目的是共同完成本次活动的目标和任务。

当然，体育教学活动并不是这三个部分固定不变的内容、时间的安排，应根据体育活动的目的、任务、场地、气候及幼儿的实际情况等因素灵活地组织和安排。

除了常用的这种分三个组成部分来组织幼儿体育教学活动，其他各种教学法，比如主题设计教学法、情景教学法、探究教学法、游戏法等，在实践中也运用较多。运用这些教学方法时，不需要局限于区分活动的三个组成部分，但也要符合人体机能活动变化趋势"上升阶段—平稳阶段—下降阶段"的规律。

3.活动反思评价

活动后分析评价是改进、提高教学质量的重要措施，除了确保定期检查和教师自己总结以外，还需要请专家检查评价，通常以观摩活动和研讨活动的形式举行，分析评价体育活动通常有两种方式，一种是综合分析评价活动，另一种是专题分析评价活动。

（1）反思分析活动目标达成程度。

在分析评价活动的目标时，不能单方面看教师教学任务的完成，更重要的是要观察幼儿提高基本活动能力的水平，提高身体素质的水平以及思想品德、情感教育目标落实的情况等，是否真正达到目标的要求。

（2）反思分析活动中师生互动、幼儿主体作用发挥情况。

教师活动直接影响幼儿身体练习的稳定性、主动性，因此要从两个方面来观察分析评价，一方面观察分析评价教师的组织、示范、讲解、负荷的安排，运动密度的大小及场地器材的利用等情况；另一方面要观察分析评价幼儿在身体练习时表现出来的兴趣、主动性、积极性、创造性等。

（3）反思分析幼儿身体练习的实际效果。

幼儿身体练习的效果可通过定性分析和定量分析相结合来评价。定性分析主要观察幼儿的外在表现，例如：出汗的多少、脸色、精神状况；定量分析通常采取测量心率、运动负荷、运动量、运动密度等客观值来评价。

此外，还要反思分析场地、设备、器材、天气等环境因素。

（二）早操活动

早操活动是指幼儿在早晨入园开展的晨间身体锻炼活动和在早晨或上午做早操的总和。

1. 早操活动时间、地点、条件

早操活动一般在早晨入园后或者上午，根据幼儿园一日活动安排、季节气候具体确定。比如幼儿园不提供早餐的一般是安排在上午，冬天因天气过于寒冷一般安排在上午，提供早餐且天气过于炎热的夏天一般安排在早晨。

早操活动一般在室外进行，因下雨、下雪等天气原因可以放在室内进行，但要注意做操前要通风换气，保持空气清新。

早操活动一般有专门的操场，场地平坦、整洁、舒适，小器械要完备、坚固、安全、环保，幼儿着装要宽松。

2. 早操活动的内容

早操活动内容丰富，形式多样。可包括以下几个方面：

（1）队列队形练习。队形可横竖成行、整齐排列，也可以站成圆形、方队等各种队列；变换方式可用走步、跑步，也可用跳步、舞步等。

（2）基本体操。徒手操、模仿操、球操、棒操、圈操等都可以采用，一般动作节奏鲜明，整体感强。

（3）自由漫步、走跑交替，特别在冬天，常常作为幼儿身体锻炼的重要方式。

（4）运动负荷小、简单易行的游戏活动。

3. 早操活动的活动量安排

幼儿早操活动的时间一般为15分钟左右，如果包括了晨间活动，则可适当地延长。

根据人体生理机能活动变化的规律以及幼儿早操活动的内容的特点，幼儿早操活动的运动量安排应是由小到中，再到小。

4. 早操活动的组织

（1）早操活动准备工作。

教师要熟悉活动内容，设计好活动方法和组织形式。同时，还要安排好场地、器械等。

（2）早操活动过程中的组织。

①走跑步和排队时，要求幼儿动作整齐，注意力集中，按幼儿教师的要求，统一行

动。小班排队可一个跟着一个走成圆圈后，幼儿教师站在适当的位置领做活动；中、大班应按高矮站成一路纵队，听口令（或音乐、鼓声等），进行走步或跑步，要求动作整齐，并熟练地进行分队或变化队形练习。②领操人站的位置是儿童都能看见的地方（见下图）。③指挥口令的快慢和音乐节拍都要符合幼儿动作的节奏，音量适中，不宜过大而影响听力。在练习过程中，可用语言或指示动作提示幼儿，保持动作连续性，提高动作质量。④不同年龄组（大、中、小班），按不同时段进行，早操活动内容和形式有不同的要求。小班幼儿多做模仿动作，一个主题可选编几个动作。⑤合理安排运动负荷。早操活动运动负荷总的要求运动量不宜过大，要遵循幼儿身体机能活动规律，由小逐渐增大。安排幼儿走跑步活动。注意季节性，一般走跑步安排在做操前，但夏季跑步可以安排在做操之后，而且跑步由慢走跑开始过渡到中速跑，不宜快跑。

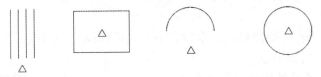

（3）早操活动结束。

早操活动结束动作可采用原地踏步或走步进行整理运动，还原队形，占用时间不要太多。结束后，组织幼儿以班为单位安静地走回班级活动室。

（三）户外体育活动

幼儿户外体育活动是幼儿体育活动的一种重要组织形式。根据《纲要》和《指南》要求，每天必须组织幼儿在户外开展一小时以上的体育活动，充分利用空气、阳光等自然资源对幼儿进行身心锻炼，户外体育活动具有内容丰富、形式灵活、时间充足、儿童自主性强等特点。

1. 户外体育活动的时间和条件

（1）时间。最好上、下午各组织一次活动，每次活动时间根据幼儿的年龄、体力、天气、活动内容等条件不同而不同，一般一次时间为30分钟左右。

（2）条件。摆放好活动场地的设备、器材和玩具，例如滑梯、风车、秋千、攀登架、滚筒、皮球等。选择园外场地一定要注意安全，采取科学的安全防范措施，保证户外体育活动的顺利开展。

2. 户外体育活动的内容

户外体育活动的内容多种多样，应和早操活动的内容相互配合、相互补充。一般有以下内容：

（1）幼儿运动器械活动，这也是幼儿户外体育活动的主要内容，如荡秋千、攀爬攀登架等。

（2）体育游戏。如"跳房子""切西瓜""踢毽子"等。

（3）"三浴"（"日光浴""水浴""空气浴"）锻炼。

（4）基本动作和基本体操等。

3. 户外体育活动的组织

（1）要有计划、有组织地开展活动。幼儿园户外体育活动要统筹，合理安排，充分利用人力、物力。把教师和活动场地科学安排,高效运作。同时,要特别注意安全。

(2)教师在户外体育活动中,除了精心组织外,还要扮演好参与角色,充分尊重幼儿的选择,留下足够时间,让幼儿自由活动。

(3)幼儿自由活动时间,教师特别要仔细观察,从幼儿的运动量、幼儿间的合作、幼儿安全、幼儿活动技巧等各方面给予指导和帮助。

(四)运动会

为了丰富幼儿园内生活,激发幼儿体育活动的兴趣,培养幼儿的协作精神和集体意识,幼儿园每年在春季或秋季召开一次或两次运动会。

1. 幼儿运动会内容

幼儿运动会内容包括表演和比赛两个部分。

(1)表演内容。

①幼儿基本体操:一般以班级为单位,表演定位体操和团体操。②幼儿游戏:组织班级部分幼儿或本班全体幼儿进行表演。例如:小班可进行"小兔采蘑菇""拾麦穗""小小驾驶员"等;中大班可进行"两人三足走"、球类游戏、跳绳游戏等活动。③亲子活动,教师们邀请家长参加,与幼儿合作,开展一些游戏比赛或联合表演体操、集体舞蹈等。

(2)比赛内容(包括个人或集体项目)。

①基本动作项目;②球类基本动作项目;③自行车、跳绳等。

2. 运动会的组织

(1)准备工作。

①制订计划和运动会程序。计划内容包括目的、时间、工作程序、项目程序表、人员分工、奖励办法及奖品准备等。运动会程序一般为入场式;园长和教师代表、幼儿代表讲话;运动员退场;表演和比赛;总结、颁奖。②组织幼儿体育表演和比赛项目,培训裁判等工作人员。③宣传动员,邀请来宾及家长表演体育项目。④准备场地、器材、奖品等及应急措施等。

(2)运动会进行过程中的注意事项。

①按照运动会计划中的工作程序,按部就班、轻松活泼地开展。②组织好观众席位的幼儿参与啦啦队活动。③注意安全,全程、全方位监控比赛活动,发现问题及时处理。④时间不宜过长,以1~2小时为宜。

3. 运动会总结

运动会总结内容包括:推选一些好的表演和比赛项目作为历届运动会的传统内容;总结运动会对幼儿教育的效果;针对运动安排对于教学的作用及教师的工作经验方面,寻求不足之处;写好并保存好书面材料、保存好音像制品;对表现突出的教师及工作人员给予表扬。

(五)其他形式的体育活动

1. 活动过渡环节体育活动

幼儿园中班、大班可在活动过渡环节进行一些运动负荷较小的放松性体育活动,起到消除疲劳、调节情绪、放松身心的作用。例如:玩球、小游戏、跳绳、舞蹈、滑滑梯等,主要是让儿童自主选择体育活动，自由练习。

2. 游览或远足活动

组织幼儿到幼儿园以外的地方步行或乘车游览，可以到公园、动植物园、儿童乐园，也可以组织步行参观街道、参观农庄、参观名胜古迹活动等。这是幼儿特别喜爱的活动之一。

走向大自然，到阳光下去，增加阅历，把身体锻炼同社会生活实际紧密结合，使幼儿身心和谐发展。

这种活动可以与节日相结合。每次活动要有周密的计划、充分的准备、注意要进行安全教育，防止幼儿过度疲劳。

二、幼儿园体育活动实施原则

幼儿园体育活动的实施原则是幼儿园体育活动实施必须遵循的基本要求和指导准则，是长期幼儿园体育活动实施经验的概括和总结，是幼儿园体育活动实施过程中客观规律的反映。

（一）健康性原则

健康性原则是贯彻幼儿园体育目的任务最基本的原则，一切活动内容和活动方法措施、手段，都必须坚持有利于养护幼儿身体，促进幼儿正常生长发育，增进健康，养成良好身体姿态和卫生习惯。有秩序的健康生活必须是以幼儿的成长为根本，同样也是幼儿发展的前提。在幼儿园体育活动中，正确运用健康性原则要做到以下几点：

（1）在活动中通过各种手段和方法，促进幼儿身体各部位、各器官、各系统的技能和基本活动能力的全面发展。人体是在大脑皮层统一调节下的有机体，身体任何部位运动都是相互联系的、相互制约的。某一运动器官的活动对其他部位生理机能都有促进作用。但是如果经常进行某项单调的运动练习，偏于某个部位或某一器官活动，也会造成身体畸形发展。特别是对幼儿，必然影响其正常生产发育和影响身体健康。因此，幼儿园体育活动必须注意运用多种活动、多种手段和方法，有计划、科学地安排活动内容，不断提高幼儿身体全面发展水平，抑其过，救其不足，使幼儿身体均衡、匀称、健美地发展。

（2）必须根据活动的任务要求，结合幼儿年龄、性别、活动基础的实际，灵活运用活动方法，做到区别对待，随时注意安全保护，严格防止伤害事故发生。并且要注意活动环境卫生，不断改善运动场地卫生条件，严格防止损害幼儿身心健康的行为。

（3）户外体育活动，在身体练习中充分运用自然界阳光、空气、水进行锻炼，提高幼儿对炎热、寒冷的适应能力，不断提高健康水平。

（4）因为正确的身体姿势对于所有内脏器官正常功能和骨骼与肌肉的发育有重要意义，所以体育活动必须经常注意是否有助于幼儿正确的身体姿势形成，若在体育活动中使幼儿机体某些肌肉群、脊柱、腿、臂等部位受到超量负荷、长时间没有足够休息的身体练习，可能导致不良后果。

（5）贯彻体育活动同卫生保健相结合的精神，注意幼儿的活动与保育相结合，在体育活动中结合身体练习实际，传授卫生保健知识，培养幼儿良好的锻炼和卫生习惯，促进幼儿身心和谐发展。

（二）身心全面发展原则

身心全面发展是指幼儿身体的发展要与思维、记忆、想象等智力因素以及动机、兴趣、情感等非智力因素和谐协调发展。

体育活动不仅要通过身体练习，增强体质、增进健康，而且要发展幼儿的感知、观察、想象、思维能力，开发智力；同时还要培养幼儿健康的情绪和情感、良好的意志和行为、高尚的道德情操，使幼儿身心全面协调发展。也就是说，体育活动要求体育活动与思想品德形成融为一体，情感、情绪培养与意志行为培训融为一体，身体练习与心理发展融为一体。在幼儿园体育活动中，正确运用身心全面发展原则要做到以下几点：

1. 重视体育活动兴趣培养

体育活动不可没有兴趣，同时还要及时地将幼儿的直接兴趣转化为间接的持久兴趣。但同时要注意通过某些活动内容，如钻、爬、攀登等，培养幼儿坚忍不拔的毅力。活动组织要严密，但要做到严而不死，活而不乱。防止幼儿园体育活动小学化。要在活动中自始至终贯彻因材施教，给幼儿创造实现自己、自我表现的机会，充分发展幼儿个性。

2. 重视体育活动过程

幼儿习得是要整个身心参与的。身体活动与感知、注意、情感、意志等心理活动紧密联系在一起。如果只强调遵循人体生理机能活动变化规律，而不注意心理活动变化规律，就会出现那种"身顺而心违，精神受无量之痛苦，精神苦而身亦苦矣"状况。因此，体育活动要注意幼儿身心全面协调发展。教师每次活动的内容、所采用的练习手段，都要以幼儿身心全面协调发展为目标。教师要在活动中，根据幼儿年龄、性别特征，运用恰当手段，激发幼儿从事体育活动的动机，使之在体育活动中获得心理上的满足。

3. 重视幼儿认知能力的提高

讲解动作要领与方法要注意原理的阐述，并能同认知能力相联系；运动锻炼中要加强弱侧机体的运动，开发大脑两半球潜力；活动中注重运用启发式、发现法等方法，注重培养幼儿自学、自练、自创和自我评价、自我监督能力。

4. 重视审美感受和审美能力培养

特别是在舞蹈、韵律操、徒手操等动作练习时，更要加强对幼儿审美能力的培养，调动幼儿的积极情绪。根据活动性质，适当将音乐引入活动，使体育活动在生动活泼的氛围中进行。

（三）合理运动负荷原则

合理运动负荷原则是指体育活动中应根据体育活动任务、活动内容和幼儿特点，合理地安排运动负荷，并使之与休息相互交替，以满足幼儿身体练习和心理发展的需要。在幼儿园体育活动中，正确运用合理运动负荷原则要做到以下几点：

1. 合理安排每次活动的运动负荷

幼儿的性别、年龄、健康状况不同，安排运动负荷时，要注意区别对待。不同性质的活动应考虑他们对身体机能的不同作用和影响，做出科学安排。此外，幼儿的体质状况、营养条件、气候因素及活动的环境条件等，在安排运动负荷时也应全面考虑。

第三章 幼儿园体育活动的设计与指导

2. 正确安排负荷量和负荷强度

在体育活动中,负荷量和负荷强度应相互配合,逐步增加。通常情况下,先增加负荷量,待适应以后,再增加负荷强度。在增加负荷量时,负荷强度宜适当下降。负荷强度在增加时,负荷量应适当减少,这样,量和强度交替地增加和下降,密切配合,才能使幼儿具有承担负荷的能力并逐步得到提高。

3. 科学地安排休息的方式和时间

根据运动负荷的特点,科学地安排休息的方式和时间,以取得理想的效果。

(四)安全性原则

安全性原则是依据以剧烈的身体活动和器械上身体活动为主要内容的体育活动既是安全的难点又是安全活动重点的特性提出的。

1. 教师必须周到地设想所有可预测的危险因素

经过对长期的体育活动实践的总结,一般来说,体育活动中的绝大多数危险因素是可以预测的。对于可以预测的危险因素,体育教师在活动前必须逐一地进行思考和检查,以消除一切可潜在的危险因素。

2. 时时刻刻对幼儿进行安全运动的教育

要在体育活动中贯彻安全性活动原则,必须要广大幼儿密切配合,因此教师要时时刻刻对幼儿进行安全教育,要让每个幼儿都绷紧安全这根弦,组织专门时间讲解保证安全的基本知识和要领,让幼儿树立安全意识,不冒失行动。

三、幼儿园体育活动实施方法

为了实施体育活动的目标,保证幼儿掌握各种动作技能,促进身心健康发展,必须采取正确的活动方法。方法运用是否恰当,不仅关系到幼儿的求知欲、兴趣和积极性,而且也会直接影响幼儿是否能很好地学会简单的体育常识和技能,达到锻炼身体的实际效果。幼儿园体育活动实施的方法多种多样,要因地制宜、有的放矢地选择运用。下面集中介绍几种主要方法:

(一)讲解法

讲解是语言法中主要的方式。运用讲解法时要做到以下几点:

1. 讲解的内容要适宜,要符合幼儿的现有知识水平和理解能力

2. 讲解内容要简明扼要、重点突出

比如,讲立定跳远的动作要领时,预备姿势和腾空动作方法,可以通过示范方法进行教学,重点讲起跳和落地动作的方法、要领。起跳主要用"用力蹬腿、摆臂"六个字,落地也主要讲"屈腿"两个字就行。

3. 讲解语言要形象、生动、有感染力和鼓舞性

这就要求教师热爱幼儿,讲解时,注意语调、节奏、表情、手势、动作的巧妙变化和结合,激发起幼儿参加体育活动的热情和兴趣。

4. 讲解要有启发性

启发的目的是让幼儿在活动过程中活跃起来，积极投入体育活动中来，积极思维。比如，大班复习立定跳远时，可先提示："小朋友，上次老师教立定跳远时讲应该怎样落地的？"让幼儿主动回忆动作要领，然后可让幼儿观察同伴动作，形成动作印象。这样既可巩固已学的知识，又可以发展幼儿的智力。用提问的方式时，问题要提得具体、难度要适合幼儿发展水平。

5. 要注意丰富幼儿的词汇，发展幼儿语言能力

在体育活动中，要让幼儿做多种多样的动作，要在一定的时间和空间中进行群体活动。这给语言的发展提供了有利条件，教师应在活动中，通过讲解与启发、组织幼儿议论等方式，丰富幼儿的词汇，发展幼儿的语言能力，促进幼儿的智力发展。在做游戏时，应引导幼儿讨论游戏活动，交流活动经验，以发展其口语表达能力，促进智力发展。

6. 讲解与示范练习结合

讲解与示范练习结合是体育活动中运用讲解法的一个重要特点。讲练结合要求练什么讲什么，具体做法是讲讲练练或是边讲边练，讲练时机和时间要掌握好。讲解和示范结合包括内容与进行顺序等方面的安排。是先讲解还是先示范，或边讲解边示范，或是两者兼用都要周密考虑并在活动过程中灵活变化。结合得是否恰到好处关键在于教师对活动内容的掌握水平、对幼儿情况深入了解程度以及活动技能技巧本身的难度等。

7. 要掌握讲解的时机，注意讲解的位置

一般要在幼儿注意力集中、情绪较稳定时再讲解，当幼儿情绪激动、东张西望、叽叽喳喳说话时，讲解的效果是不会好的。幼儿在活动中表现出良好行为时要抓住时机及时讲解。讲解时站的位置要使所有幼儿都能听得清、看得见，教师能全方位地观察幼儿。

（二）提示法

提示法是指幼儿做练习时，教师用简短明确的语言、口令或信号等提示和指导幼儿进行活动的方法。比如幼儿走步练习时教师提醒幼儿"挺胸、抬头""甩臂"，练习跳远时教师提示"蹬腿""腾空收腿"等。它的优点是明确、具体、及时和针对性强，它不仅用于指导做动作和组织活动，而且还用于评比和安全教育。用语言指示时，必须简单明确、要求具体，所用语言应是幼儿易懂得的和熟悉的，声音要有感情和鼓励性。声音不要太大和太突然，以免引起幼儿震惊而影响体育活动。在提示幼儿遵守纪律和纠正不正确行为时，忌用训斥、埋怨和恐吓的语言和口吻。运用口令和信号提示时，口令要洪亮、亲切、准确、语气要果断，声调要有情感。信号如拍手、音乐等，如用喊数指挥幼儿做操，以保持动作整齐一致，分清轻重，掌握节奏；用鼓声来发展幼儿动作节奏感，调节步频，激发幼儿参加活动的兴趣，活跃游戏气氛。如有条件可用音乐伴奏，它既能培养幼儿动作的节奏感、韵律感，又能激发积极性，增加动作情感色彩，培养美的情感。信号的运用要及时，声音高低要适当，像音乐、鼓点等连续讯号的速度和节奏都要根据动作和游戏情节的需要而变化。

（三）示范法

示范法是教师（或幼儿）通过正确动作或活动方式作为范例，使幼儿了解所要学的动作结构、先后顺序来进行学习的方法。由于幼儿习惯于形象思维、好模仿、对语言的理解

能力还不够强，所以示范法在幼儿体育活动中具有重要地位。

根据不同的分类标准，示范可按示范者所处方位分为正面示范、侧面、镜面和背面示范等。教师应根据活动需要，采用适当的示范方法。运用示范法时要做到：

1. 要有明确的目的

每次示范都应明确所要解决的问题，示范什么，如何示范，都要根据活动任务和幼儿情况来决定。如教新内容时，示范的目的是激发幼儿对动作的兴趣，对所学内容建立初步的完整印象。一般是先做一次正常速度的完整示范，然后根据活动要求和幼儿情况再做1~2次速度减慢的或局部的示范，有时可边示范边讲解。但示范次数不宜太多以免分散幼儿注意力，影响锻炼积极性。

2. 示范要正确，并力求熟练、轻快、优美

高质量的示范常会引起幼儿好奇、羡慕和激动的情绪，随后就会跃跃欲试，主动模仿起来。第一次的动作示范常会给幼儿留下鲜明、深刻的印象，对动作概念的正确建立和动作性能的形成都会起着重要作用，因此，教师一定要力求做好。教师一般不要模仿幼儿的错误动作，因为幼儿好奇、爱模仿，看了错误的示范常会跟着学而干扰正确动作技能的形成。注意不要让动作有错误的幼儿出来做动作让大家分析，这会伤害幼儿的自尊心。可让动作做得好的幼儿出来做示范，但不要总让几个幼儿出来示范，以免引起幼儿的骄傲情绪。

3. 要引导幼儿观察示范，发展其观察力

示范前，要集中幼儿注意力，激发他们的观察兴趣，也要引导他们选择观察顺序和观察部位。在幼儿轮流做动作时，教师可引导幼儿相互观察，并可结合讲评。

4. 教师力求自己做示范

教师尽量做到自己示范，把动作做规范正确。如果有的动作，限于教师本人的条件不便亲自做示范，也可请幼儿做示范，但应在事前帮助他们把动作做正确。有些动作由于器械的高度和宽度不适合教师做示范，可以培养幼儿做。

5. 示范的位置、方向和速度

（1）示范的位置应选择在幼儿都能看清楚的地方。幼儿应背着阳光、风向及容易分散幼儿注意力的事物站立。

（2）示范方向要根据动作特点和要让幼儿观察的部位来定。如要让幼儿看清楚跑步的摆腿动作，教师应作跑的侧面示范，跑动的方向与幼儿视线成直角。幼儿站成圆圈时，教师所做的示范一般都是不分左右的。领操时要做镜面示范，及教师与幼儿面对面站立，教师的动作方向与幼儿动作方向相反。一般不做背面示范，因为背向幼儿做示范不能了解幼儿练习情况以便及时指导。可以培养幼儿做背面示范，教师从旁指导。

（3）示范基本采用正常速度，根据需要也可放慢或加快动作速度。但给年龄大的幼儿做动作较简单的动作示范时，为了使幼儿能清楚动作的方向、路线，可以把示范的速度加快。

（4）小班活动要多用示范，适当运用讲解，中大班要逐步多运用讲解、加强语言的运用。

（四）练习法

练习法是指在教师启发指导下，根据体育活动目标和要求使幼儿反复进行身体练习以

完成活动任务的方法。它是掌握技能、发展基本活动能力和锻炼身体、增强体质的基本方法。培养优良品德、发展能力的体育活动目标也是通过练习而实现的。要充分认识和发挥练习法在活动中的作用。运用练习法应做到以下几点：

1. 目的要明确，要求要具体

例如游戏——"老狼老狼几点了"是发展快跑能力的练习方法。游戏活动的主要目的是发展幼儿直线快跑能力；其次是发展注意力、灵敏性和勇敢精神。那么练习主要要求是"老狼"必须走过一定距离后（可画线或以其他物体为标志）才能转身抓人；"小羊"要主动前进，不要躲在后面不往前走，要注视老狼的动作，倾听其答话，随时做出逃跑动作。

2. 练习过程中要处理好练习与间歇、运动负荷与休息的关系

练习负荷要适合幼儿的身体、心理承受力。幼儿做练习后身体会疲劳，练习中出现的问题要解决，这就需要暂停游戏，以消除疲劳，对存在的问题进行指导。因此，练习与间歇是练习法中的两个基本方面，它们是互相统一而又对立的关系。在练习过程中，主要是掌握好运动负荷和抓好动作质量，还要注意品德和智力表现。间歇时，一方面要抓好休息，另一方面要抓教育和指导。练习时，运动负荷要适合绝大多数幼儿的运动负荷能力，间歇时的休息方式和时间要与幼儿身体承受的运动负荷性质和疲劳程度相适应。比如，在做激烈的"夺红旗"奔跑游戏后，不能采用静止的消极休息方式，而应先做原地踏步或做有趣的活动量轻微的活动，然后再停下来做指导或休息，待心率恢复到前水平后再做下一次练习。练习中表现好的在间歇时可表扬，出现的问题要及时指出，使幼儿能够情绪饱满地、比较自觉地、积极地投入下一次练习。

3. 练习方法要多样化

根据幼儿好奇、爱新颖和兴趣不稳定等心理特点及神经中枢易兴奋也易疲劳的生理特征，练习方法应多样化，以提高其活动的积极性。比如练习直线快速跑就可采用窄道跑、追逐跑、持物跑、接力跑和各种各样的直线快跑游戏。

4. 练习要分清主次

每次练习都要分清主次，突出重点。比如，在进行快速跑练习时，活动任务主要是改进蹬腿、摆臂动作，则练习中就着重抓蹬腿和摆臂，可减少跑的距离，要求蹬腿快速有力，摆臂方向、幅度正确。在练习过程中反复强调这两个具体要求，及时表扬做得正确的和动作有进步的幼儿。

5. 要了解幼儿在练习中的表现

要及时、准确而全面地了解幼儿在练习活动中的表现，如了解幼儿的体力状况、动作质量、情绪状态、品德行为及智力表现等方面的情况，了解方式主要有以下两点：

（1）看，是了解幼儿表现的主要方式。要从幼儿的表情、行为、呼吸、汗量、面色等方面来观察。要根据活动任务、幼儿情况以及活动进程，善于选择观察重点和观察位置。比如做"牧羊童"的游戏，在游戏开始前应站在队前侧方，便于组织幼儿并了解幼儿跑动前的状态。幼儿跑动后应迅速跟随到幼儿后侧方，既便于了解幼儿的跨跳和躲闪动作，又便于观察幼儿遵守规则和行为表现的情况。这些都是教师要着重了解的情况。练习过程中，活动内容是多样而复杂的，观察的对象又处于复杂的动态之中，瞬息多变，有的刚刚出现，尚未观察清楚，就已消逝，这就要求教师深入而熟练地掌握教材和幼儿的情况，努力提高

第三章 幼儿园体育活动的设计与指导

现场观察能力。

（2）听，是了解幼儿表现的重要方式。幼儿在练习时做动作时，用器械、说话、欢笑、呼吸都要发出声音的。从这些声音的音色、音量、节奏、速度都可以反映幼儿身心情况和动作质量。教师要掌握各种声音的特点和变化规律，善于听音而知情以实施正确指导。

（3）测试，这是比较准确的了解情况的方法。活动中常用的方法主要有三种：①计时，度量器具等工具测量；②用步、脚、手粗略地测量；③目测询问，这是了解幼儿认识、心理状态和生理反应的方法，由于幼儿自我感觉、语言表达能力差，因此提问要具体，要适合幼儿水平。

6. 要积极引导幼儿在练习中多思考

在练习中，引导幼儿思考如何把动作做好，如何把任务完成，多动脑筋思考问题，带着问题去练习，把想与练结合起来，逐步养成在活动中爱思考的习惯。

7. 要及时给予指导，预防和纠正动作中的错误

在练习中，要及时给予指导，带有普遍性的问题采用集体指导的办法，个别的问题，一般是个别指导。但不要因个别指导而影响到对全班幼儿的照顾。应注意对接受能力差的和缺点较难改正的幼儿不可操之过急、要求太高，更不能责怪和讥讽。进行指导要掌握好时机、分寸。要面向全班，以照顾多数为主。

讲解清楚，示范正确，突出重点，是预防错误的重要环节。发现问题，要及时纠正，分清是动作错误还是幼儿动作发展中的过渡现象。比如，3岁幼儿跑步落地时两脚间距较大，这是过渡现象，不能认为是错误，如果大班幼儿有此现象，一般是错误。

分析原因。错误形成原因主要有以下几个方面：心理因素、体能因素、概念不清、原有动作干扰、动作太难，不符合幼儿接受能力，教法不当，感受力、自我评价和控制能力差等。

措施得当。纠正错误一般要采用多种教法，根据幼儿年龄特点较多采用的是条件练习法、具体帮助法、语言提示法、领做法等。但应随幼儿语言的发展和运动能力的提高，加强语言提示法的应用。幼儿做动作出现错误，既不要轻易放过，又不能操之过急，有些较难的动作是逐渐克服错误后才能做正确的。

8. 练习中既要有一般要求又要区别对待

不仅在安排运动负荷时要注意区别对待，而且在整个活动活动中都应贯彻此原则。比如在"好玩的滑板车"游戏中，有点幼儿胆子小，动作协调性差，在游戏时不敢动，有的幼儿胆子大，滑行速度快，容易失误，甚至摔跤。所以，教师就要区别对待，因材施教，合理安排。

（五）游戏法

游戏法是指教师在指导幼儿体育活动中，选用各种体育游戏方式方法完成体育活动目标的一种方法。游戏法是幼儿掌握各种基本动作、提高基本动作能力和身体素质以及锻炼身体的最佳方法。游戏法突出的优点是它能激发幼儿的兴趣，充分发挥他们的积极性、主动性和创造性，有效地发展智力，培养优良品德，增强体质。幼儿年龄越小，游戏法应用得越多。《纲要》指出：教育活动内容的组织应充分考虑幼儿的学习方式和特点，注重

综合性、趣味性，寓教育于生活、游戏之中。运用游戏法要做到：

（1）游戏法一般是将学会的动作，用游戏的方式加以巩固、提高，使其熟练。其中包括选用原有的或新编的游戏等。

（2）主题情景游戏情境是用语言描绘出一个游戏情境，幼儿发挥想象在情境中做动作。例如，做玩球动作可以给他们讲："老师当熊猫妈妈，小朋友当小熊猫，熊猫妈妈带小熊猫玩皮球，先拍球，再抱着球在草地上滚。"

（3）模仿性游戏是教师向幼儿提出学习某一形象动作，幼儿模仿去做。如"小兔跳""小鸟飞""开火车""划船"等。这些模仿动作都是幼儿能理解的，他们学做动作时不仅逼真，而且能达到要求，尤其在年龄小的幼儿中，运用这个方法的机会是很多的。

（4）选用玩具、头饰等，促使幼儿将动作做得更好。如为了使幼儿跑得快，教师给每人做一个小风车，让幼儿手里拿着小风车从场地一端跑向另一端，孩子们为使小风车转动必须快跑。

（5）具体活动时，提出某项任务。例如，练习双脚往上跳时，如果前面放置一条红带，或画一个圆圈，要求幼儿往这个标志物上跳，效果就更好。又如练习投掷，初期投时出手角度不好掌握，老师就悬挂起一条绳子，要求每个幼儿扔出去的沙包必须在绳子上边通过。这样做就能促使他们投掷的目标有一定的高度。

（6）为了引起幼儿兴趣，可以适当加入竞赛性。如玩"看谁跑得快""看谁先追上球""那一队站得快"等游戏。由于竞赛性游戏强调结果的胜负，而小班幼儿胜负意识不强，其兴趣点不在游戏结果而在游戏动作本身和游戏过程。中班幼儿开始注意游戏结果，并逐步对比赛产生兴趣。这种游戏在中大班使用的较多。

 四、幼儿园体育活动实施应注意的问题

（一）日常性

日常性是指幼儿园体育活动应该合理安排在幼儿每日生活的各个环节。《指南》建议：幼儿每天的户外活动时间一般不少于两小时，其中体育活动时间不少于1小时，季节交替时要坚持。在每周的体育教学活动中，只能重点指导幼儿正确地练习各种基本动作、新的基本体操和新的游戏等活动，而大量复习、练习、巩固和提高，特别是身体素质的练习，必须安排在早操活动、日常户外活动时间且重复进行。

（二）趣味性

幼儿年龄小，探究知识欲望强，对于感兴趣的活动，注意力比较集中，态度也比较积极、主动，能较快地掌握正确的动作，收到良好的锻炼效果，并可以延缓疲劳的出现。相反，如果幼儿对所从事的活动毫无兴趣，就会感到苦恼，情绪低落，做不好动作，影响身心健康。所以，教师在组织教学时，要尽量选择幼儿喜欢的活动或采取生动活泼的形式（如游戏），提高体育锻炼的效果。

在有趣的体育活动中，幼儿往往情绪高涨，高声欢呼，拍手雀跃，比赛获胜时，这种表现更为突出。对此，教师不应予以斥责和限制，不能管束太死、要求过严，应加以积极引导，在不影响活动进行的情况下，应当允许幼儿正常交往，互相交流，使幼儿感到愉快，培养幼儿活泼的性格。对于过分的喧哗、吵闹或不正常的讥笑、叫喊等现象，还是应当制止的。

（三）渐进性

安排体育活动教学时，要坚持由浅入深，知识、技能由易到难，由简到繁，循序渐进，运动量大小由小到大，遵循"适应—提高—再适应—再提高"的规律，使幼儿获得基本的、比较系统的体育知识，掌握有关的动作、技能。

《纲要》中规定的幼儿体育活动的内容，是以幼儿的体育活动的任务和幼儿的年龄特点为依据的，一般不应随意更改。由于各地区、各省市具体情况不同，教师可因地制宜，选用或自编一些乡土教材和校本教材。必须注意的是，乡土教材和校本教材也要循序渐进，注意各年龄班的衔接，按《纲要》的要求，在帮助幼儿复习巩固原有内容的基础上，逐渐增加新内容。例如，幼儿学习走的动作，各年龄班的要求是：小班听信号向指定方向走；中班听信号有节奏地走；大班听信号变换方向走。又如，幼儿初步掌握了跑和原地向前跳的动作要领后，可以接着安排他们学习助跑向前跳的动作，这样便于接受。

（四）适量性

活动量是指在一次体育活动中幼儿练习时所承受的生理负担量。活动量太小，对促进幼儿的正常发育、促进幼儿的健康作用不大，不适应幼儿身心发展的需要；活动量太大，超过了幼儿身体所能承受的限度，有碍幼儿机体的正常发育，不利于幼儿身心健康。因此，教师必须根据幼儿的年龄特点、体质情况以及场地、机械等条件，合理安排幼儿的活动量。

合理安排活动量，应考虑以下几点：

（1）符合人体生理机能上升—稳定—下降的一般规律，是活动量由小到大，逐步上升，活动结束前再逐步下降。这是由幼儿的生理机能上升快、最高阶段持续时间短、承担急剧变化的负荷量的能力较低的特点决定的。

（2）根据活动具体任务和内容的性质、难易程度等，合理安排活动量。如以复习动作为主的活动比教新动作的活动，活动量要大一些，追逐跑与投沙袋这两项活动的性质、练习强度不同，活动量也不一样。其中追逐跑比投沙袋的活动量要大得多。

（3）根据全班大多数幼儿的身体情况和动作的发展水平，合理安排活动量。如果大多数幼儿体质较好，动作发展水平较高，可以适当加大运动量。对于体弱幼儿，要注意区别对待，提出不同要求。

（4）根据幼儿一天活动的负荷量，以及季节、气候变化和场地、机械条件等具体情况，合理安排活动量，并不排除活动要有适当的强度，要让幼儿付出一定的努力后才能达到目的。只有给予有机体一定的生理负荷刺激，才能促进机体机能的发展；只有让幼儿在活动时克服一定的困难，才能使他们在活动中得到满足，增加信心，受到教育。活动中，由于情况变化，原来安排的活动量不尽合理，需要随时调节。

（五）全面性

幼儿正处在身心迅速发展的阶段，教师只有组织幼儿进行多种多样的体育活动，才能使幼儿的身体各个器官、各系统全面协调发展，提高身体素质、活动能力和健康水平。因为，有机体是一个统一的整体，任何部位发展落后，都会影响其他部位的生长，影响人体机能水平的提高；而任何局部器官功能的改善和提高，必然刺激其他器官功能的发展。因此幼儿园进行体育活动，应该坚持全面锻炼。否则，可能造成幼儿身体的畸形发展，损伤幼儿的健康。

幼儿园的体育活动必须面向全体幼儿。由于3~6岁的幼儿，智力和体力的发展水平不尽相同，存在着差异，因此，教师对幼儿既要有统一的要求，又要根据每一个幼儿的实际情况，掌握好活动量，因材施教。

活动前，教师要全面、深入地了解每个幼儿在智力、体力等方面的基本情况，合理确定每次体育活动的具体任务、内容、方法和活动量等。

活动中，教师对幼儿在一般要求、在普遍辅导的基础上，要做到区别对待。例如，体育活动的要求，应该是大多数幼儿经努力能达到的。对于能力较强、体质较好的幼儿，可适当提高要求使他们得到满足；对于个别体质弱、能力差的幼儿，则应加强保护措施，鼓励和帮助他们达到要求，或适当降低要求，使他们不感到过分疲劳。

（六）安全性

幼儿年龄小，基本活动能力差，动作不协调，不灵活，碰撞摔倒的现象时有发生，有的幼儿园由于场地、器材等设备条件不好，以及幼儿的身体条件等因素，开展体育活动时，可能存在某些不安全的因素。例如，场地窄小、不平整，器械不稳、不合规格；有些幼儿胆小、体质较差，或身体不适；教师要求过高，超出幼儿的实际水平，活动量过大，幼儿过度疲劳，等等，都容易出现伤害事故。有些教师为了避免发生伤害事故，尽量减少或不组织幼儿进行体育活动，结果适得其反。幼儿由于好动对自己的力量估计不足，活动能力又较差，反而更容易出现伤害事故。因此，活动时，教师要采取有效的措施，消除各种不安全因素，确保幼儿的安全。要做到这一点，应考虑以下几点：

（1）活动场地要平整、干净。例如，水泥场地上不要有砂子，要清除场地上的障碍物。活动器械要保持清洁、平稳、牢固，不能带有棱、角、尖。教师在活动前和活动过程中要随时检查器械有无异常现象，确保安全。

（2）幼儿服装不能过厚、过紧、过大或过小，口袋里不能有硬物。不能穿硬底或高帮皮鞋，要穿适合的胶底鞋或布鞋。衣扣、裤袋、鞋带都要系牢。

（3）活动前，教师要明确提出具体要求，提醒幼儿先上厕所，擦净鼻涕，然后做好准备活动。准备活动是根据人的生理变化规律，机体由相对平静状态逐步上升到活动状态，为承担比较大的负荷量做好准备。特别是寒冷季节，开展体育活动前，更要做好准备活动，使身体发暖，使僵硬的肌肉、韧带、关节活动开，以避免发生运动损伤。

（4）活动内容、活动量应符合幼儿的实际情况，既要让幼儿经过努力才能达到要求，又不使幼儿过度疲劳。

（5）帮助幼儿克服害怕心理，增强信心，并且周密细致地做好组织活动，使活动有计划、有秩序地进行。例如，在迎面接力跑时要求幼儿用同一手（右手递，右手接）交接物体，互相擦肩而过，以避免互相对撞。又如，做投掷练习时，场地狭小不宜对面投掷，应该轮流向同一方向投掷。

第三节　幼儿园体育活动设计与指导案例评析

一、集体教学活动案例

案例 1

蚂蚁搬家（小班）

活动目标：

（1）体验挑战自我获得成就感的快乐及初步感受合作的快乐；

（2）练习手膝着地爬行，初步学会钻过约 70 厘米的空洞；

（3）具有较强的钻爬能力，协调性、灵敏性及肌肉力量得到增强。

活动准备：

（1）物质准备：蚂蚁头饰若干、背包、体操垫、硬纸箱（下方挖个大洞）、橡皮筋、弓形门等；软质铺垫的场地；

（2）经验准备：幼儿会手膝着地爬行。

活动过程：

1. 准备部分

（1）导入：教师和幼儿扮演蚂蚁。

（2）热身活动：①教师带领幼儿跟着音乐做热身操，基本活动有：踏步、向前走踏、向后退踏。②模仿操：学小猫轻轻地走、小兔蹦蹦跳。

2. 基本部分

（1）各种方式的爬钻练习：以大蚂蚁（教师）带领小蚂蚁（幼儿）玩耍的形式进行教学，可放舒缓的轻音乐做背景。

①幼儿自由选择各种器材，根据器材特征做相应的钻爬练习；②教师示范讲解钻爬动作，组织幼儿钻爬橡皮筋，帮助他们学习"钻"时低头、团身、两腿屈伸结合、交替身体重心的转移；③教师组织幼儿钻爬弓形门和挖洞的大纸箱，注意观察幼儿动作，发现错误及时纠正；④集合，点评钻爬动作。

（2）蚂蚁搬家游戏活动：大蚂蚁（教师）带领小蚂蚁（幼儿）以搬家形式，创设快下雨的情境进行，配放轻音乐。

游戏玩法：①把幼儿集中在场地一端，背好背包，教师示范讲解游戏名称、游戏方法及要求；②请一名幼儿按照教师示范讲解示范一次，引导幼儿观察，掌握游戏方法和动作要领；③幼儿游戏2~3次；④小结，教师对认真、积极、钻爬动作规范的幼儿提出表扬，对存在问题也可指出并纠正。

游戏场地布置见下图。

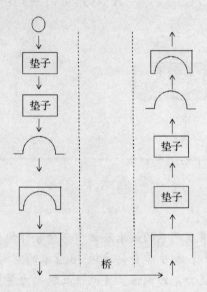

游戏规则：①双手双膝趴地通过垫子；②钻时低头、团身，钻过方形门、纸箱和橡皮筋；③按顺序一个接一个；④搬家途中遇到困难，相互帮助。

3. 结束部分

（1）在轻音乐背景下，蚂蚁妈妈（教师）带着小蚂蚁（幼儿）做放松活动（轻拍打小腿→轻拍打大腿→轻拍打手臂→甩甩小腿→甩甩手臂→抖动全身）。

（2）整理器材，幼儿背着背包跟着教师慢走回教室。

活动评析：

活动目标设计包含了情感态度、动作技能、身体素质以及知识经验部分，是从幼儿出发的发展性目标，规范、明晰、具体。

活动准备充分。实物、模型、录放机、音乐等辅助工具丰富，能有助于幼儿理解力、记忆力、想象力的提高，同时，能够激发幼儿的兴趣，并切合教学活动需要和幼儿经验。

活动组织过程中，准备部分可以从生理上、心理上动员幼儿逐步提高大脑皮层兴奋，带动各主要肌肉群、关节、韧带活动，使幼儿身心进入运动状态。各种方式的爬钻练习，如教师采取直观教学法，让幼儿体会钻爬动作，注重幼儿的运动感觉（来自肌肉、肌腱和关节的感受器的肌体紧张的感觉）和运动知觉（有肌肉运动感觉、机体觉和平衡觉的参与）。幼儿不同的钻爬在运动中可锻炼这些知觉、触觉等感觉器官；教师运用实践指导与理论相结合的方法，当其示范动作做完后，让幼儿自己去发现，去探索,利用并发挥了幼儿的创造性;在幼儿自我体会(感觉)的基础上,通过教师的指导帮助,初步形成动作概念,并经过反复练习(强化),改进和提高了动作技能。这样符合幼儿动作技能形成的规律(粗略掌握动作的阶段—改进和提高动作的阶段—动作巩固和运用自如的阶段),初步掌握钻爬动作技术。教师简单点评是对幼儿练习动作的反馈,在练习中进行形成性评估,有利于幼儿及时改正错误动作,形成正确的动作技能。同时,对下面活动信息和活动练习有一定的指导作用。通过蚂蚁搬家游戏活动来巩固提高幼儿钻爬动作技能。注重体育活动的趣味性、实用性。把钻爬动作练习融于蚂蚁搬家故事中,通过情景创设,充分调动了幼儿的积极性,有利于动作技能的形成。游戏组织通过图示法,简明清晰地展示了活动次序和情景,有利于场地布置和教学组织,保障整个教学活动有条不紊地进行。结束部分的放松活动,使人体机能逐渐恢复到相对平静状态。教师抓住了幼儿喜欢小动物的心理,让幼儿扮演聪明可爱的小蚂蚁,吸引了幼儿的兴趣,调动了幼儿的积极性。整个活动以"蚂蚁搬家"的活动场景贯穿始终,在这种自然轻松的游戏氛围中,既锻炼了幼儿的钻爬能力,又使幼儿感受到了集体温暖,使幼儿身心得到了全面发展。

设计者:湘中幼儿师范高等专科学校附属幼儿园、邵阳市蓓蕾幼儿园谢颖;点评人:廖礼蓉

案例2

玩响罐(中班)

活动目标:
(1)在活动中锻炼幼儿跳的能力;
(2)幼儿喜欢玩响罐,发挥其创造能力。

活动准备:
(1)幼儿人手一副响罐(用椰奶罐内装豆类并用胶布封住罐口,瓶外可用油漆、彩纸进行装饰);
(2)做游戏"敲小球"时的场地布置图:草地用绿色垫子代替,小沟用响罐组合摆成,小球得分低(黄色)、中(蓝色)、高(红色)三个高度;
(3)录音机、磁带(分别录有进场音乐、响罐操音乐、玩响罐背景音乐、"敲小球"、退场"开火车"音乐)。

活动过程:

1. 做响罐操

在教师的带领下,幼儿随音乐手持响罐进入操场,并做一套响罐操:①伸展运动;②下蹲运动;③扩胸运动;④转体运动;⑤腹背运动;⑥跳跃运动。

2. 玩响罐

(1)师生共同玩响罐,鼓励幼儿一物多玩。注意观察玩得好的幼儿,帮助能力差的幼儿。参考的玩法有:抛接响罐、滚响罐、脚踢响罐、脚跨响罐、用响罐竖放在地

第二部分　幼儿园健康教育活动指导

上跳跃等。

（2）教师敲击响罐，集中幼儿，请幼儿说说刚才自己怎样玩的，并演示给大家看。

（3）重点练习：跳过响罐动作。提出看谁跳得多，可以一个人玩，也可以几个人玩。

跳响罐参考动作：①阶梯型跳；②米字形连续跳；③重叠跳。重点观察幼儿跳的动作，并随机指导，分别请幼儿演示各种跳跃动作，同时教师给予鼓励和评价。

（4）纵跳罐击小球，教师引导幼儿观察绳子上悬着许多小球。要求幼儿向上跳起，并用手中的响罐去敲击小球。提示可敲击不同高度、颜色的小球。

3. 游戏：敲小球

（1）教师组织幼儿站至起跑线后。

（2）讲解游戏方法并示范：小朋友爬过草地、跳过小沟，再跑到小球下用罐敲小球，跑回起跑线后再出发，同第一遍的动作。最后看哪个幼儿在老师说"停"后，来回跑的次数和击小球的次数最多。

（3）教师组织游戏1~3遍。

4. 放松活动

幼儿手持响罐，随音乐做"开火车"动作离开活动场地回到教室。（边走边用两手在体前环绕。）

活动评析：

该活动新颖、独特，变废旧物品为活动器材，既发展了幼儿的跳跃能力、奔跑能力和爬越能力，又鼓励幼儿一物多玩，培养了幼儿的观察力、创造力，再加上器械有响声，更容易引起幼儿兴趣，使幼儿玩得开心、尽兴。活动的实用性较强，便于开展。

摘自刘鑫. 幼儿体育活动设计与指导［M］. 北京：北京师范大学出版社，2004. 设计者：上海市浦东新区东港幼儿园　陆燕娟；点评人：陈冬华

案例3

小小勇士（大班）

活动目标：

（1）通过滑板活动训练幼儿大脑前庭区功能；

（2）能积极参与活动，培养幼儿的竞争意识；

（3）训练幼儿手眼协调能力，让幼儿练习在运动中瞄准投掷。

活动准备：

滑板每人一块；立式怪兽模型四个；沙包每人若干个；障碍物若干。

活动过程：

（1）导入活动。

①利用滑板活动身体各个部分，感受不同动作对身体的刺激感觉，以小小勇士作为身体活动的主题，着重练习头、肩、臂、胯等关节部位。

②将幼儿引入情景，提出要求：要求俯卧在滑板上，两臂用力后拉前进，向目标投掷时身体不要离开滑板，手尽量向后上方挥。

教师指导语："今天，我接到了森林警官的报案，森林里出现了几个怪兽，需要我们小勇士们去协助他们消灭怪兽。一会儿，我们就一起上车去巡逻，大家拿好弹药，发现了怪兽不要慌，手尽量向上挥才会打得比较有力量，然后迅速离开，以防受伤。"

（2）活动开始：教师和幼儿一起参加活动，跟随能力稍弱的孩子以便提供帮助和指导。

（3）幼儿每人练习3~4次以后，和老师一起练习空手投掷，纠正幼儿俯卧的投掷动作。

（4）继续活动，为防止怪兽发现，请小朋友不断变换自己使用滑板的方法，到达目的地再进行投掷。

（5）增加难度，在行进路程中设置障碍，请幼儿曲线前行，加大投掷目标距离，看看谁是真正的小勇士。一起将怪兽模型击倒，共同欢庆胜利。

活动建议：

（1）将起点和投掷目标物间的距离拉长，可以避免孩子拥挤，增大幼儿的运动量。

（2）在全部掌握了正面投和侧面投的正确方法后进行这个活动，有助于活动目标的完成。

游戏活动图见下。

起跑线　　　　　障碍物　　　　　怪兽

活动评析：

该活动是在幼儿自如地使用滑板与掌握投掷动作技能的基础上进行的。该活动符合大班幼儿的年龄特点，有一定的角色和情节，趣味性强，并有一定难度，能够满足幼儿好活动、好游戏的欲望。

摘自刘鑫. 幼儿体育活动设计与指导［M］. 北京：北京师范大学出版社，2004. 设计者：天津市泰达幼儿园 赵静、赵奎琴；点评人：景玲

第二部分　幼儿园健康教育活动指导

二、区域活动案例

案例

奔跑吧，朋友（中大班混龄户外运动区域活动）

活动目标：

（1）愿意参加体育锻炼活动，体验与陌生朋友或好朋友共同游戏的快乐；

（2）能进行钻、爬、跑、跳、投等各种动作练习，提高灵活性、协调性，增强力量和耐力以及心理承受能力；

（3）遵守游戏规则，懂交往合作，会保护自己和朋友。

活动准备：

1. 经验准备

幼儿具有一定的混龄户外体育区域活动的经验，以及相关体育活动项目的经验。

2. 物质准备

（1）器材投放：竹梯4个；折叠楼梯4个；轮胎40个；自行车12辆；小山羊2个；小海绵垫8床；跳绳20根；竹竿10根；人字楼梯6个；报纸球100个；高跷20个；羊角球20个；长椅子10把；轮胎40个；网子2个；大海绵垫8床；乒乓球台1个；电线盘4个；桌子8个；床板16张；水桶6个；长凳2张；陀螺20个；长绳1根。

（2）背景音乐：《快乐骑兵》《游戏系列歌曲》《轻音乐》

3. 场地准备

（1）操场

爬爬特工队	穿越电网
飞跃黄河	小小杂技
高空独木	跳绳高手
快乐骑兵（操场环线）	

（2）亭子

灌篮高手	旋转陀螺	旱地龙舟

（3）风雨操场

| 竹竿跳舞 | 多人多足同步走 | 羊角球 |

（4）拓展区

| 空中滑道 | 高空杂技 | 猴子爬树 | 蜘蛛侠 |

4. 各区域器材与负责人安排

（1）操场

游戏名称	负责人	器材
爬爬特工队	米老师、肖老师	轮胎、泡沫垫、网子
高空独木桥	黄老师、饶老师、刘老师	长椅、轮胎、竹楼梯、弹跳训练凳、海绵垫
飞跃黄河	杨老师、王老师、朱老师	网子、海绵垫
小小杂技师	周老师、伍老师、梁老师	高跷、长椅子、梅花桩、板子
快乐骑兵	谢老师、赵老师、丁老师	长椅子、板子、自行车
跳绳高手	张老师、姚老师	长绳
穿越电网	周老师、旷老师	人字楼梯、绳子、竹竿
滚铁环	李老师	铁环

（2）亭子

游戏名称	负责人	准备器材
旋转陀螺	尹老师	陀螺
灌篮高手	曹老师、魏老师	篮球、篮球架
旱地龙舟	彭老师、曾老师	长凳、板子、水桶

（3）风雨操场

游戏名称	负责人	准备器材
竹竿舞蹈	贺老师、赵老师	竹竿
多人多足同步走	赵老师、王老师	竹竿
羊角球	肖老师	羊角球、标志桶

（4）拓展区

游戏名称	负责人	准备器材
空中滑道	肖老师、陈老师	滑道
高空杂技	梁老师	绳子
猴子爬树	刘老师	吊绳、吊环、吊梯子
蜘蛛侠	陈老师	攀爬网

活动过程：

1. 教师带幼儿一起听音乐做热身操

中大各班幼儿在教师带领下伴随音乐来到操场，跟随主持人的口令一起做热身操。

主持人："小朋友们好，又到了我们的户外活动时间，随着音乐活动一下我们的身体。准备好了没有？我们一起来做运动操。"幼儿和教师一起跟随音乐做运动操。

做完第一遍后，主持人："我们加快速度一点。"

做完第二遍后，主持人："我们要加快速度了。"

做完第三遍后，主持人："小朋友们注意了，我们的速度要更快了。"

2. 主持人讲解区域布置、游戏名称及材料

主持人："今天，我们在户外准备了很多游戏，操场上有高空独木桥、穿越电网，亭子那边有旋转陀螺、旱地龙舟，风雨操场有竹竿舞蹈、羊角球，拓展区有高空杂技、猴子爬树等。有兴趣的小朋友等会儿可以过去玩一玩。"

3. 幼儿自主选择区域并开展游戏

教师在主持人的提醒下到各自所负责的区域，幼儿在主持人的组织下自主选择区域开始游戏。

主持人："下面，请各个区域的负责老师到位。小朋友们听口令，立正，小龙老师提醒大家，等会玩的时候要注意安全。现在请中班组的小朋友进行选择。"

几秒钟后，主持人："大班组小朋友，请开始选择。"

稍后，主持人："请大家先排好队，等一会儿。好，游戏开始。"

4. 主持人组织幼儿进行休息和换区游戏。然后幼儿继续进行自选体育游戏

主持人："小朋友们，听口令，请找长凳坐下来。两个好朋友一组，听清楚，我们玩石头剪刀布的游戏，三局两胜，等会儿谁赢了就让谁先选区域。"

主持人："准备好了，听口令，123，开始。"

主持人："好了，现在请赢了的小朋友进行选择。"

几秒钟后，主持人："剩下的小朋友，请开始选择。"

5. 活动结束，教师带幼儿一起收拾整理器材

幼儿在主持人的提醒下结束游戏，和教师一起做放松运动后，一起收拾整理器械。

主持人："小朋友们，户外游戏结束的时间到了，请大家一起将器械整理好，送到

第三章 幼儿园体育活动的设计与指导

指定地点。"

活动评析：

充分利用户外活动场地，为幼儿提供了自制的、购买的各种多样的运动器具，区域规划合理，游戏形式丰富，为幼儿走、跑、跳、攀、爬、投掷等各种动作发展，身体动作的灵活性、协调性以及力量、耐力的培养提供了充足的机会和空间。各区域间用长条木凳间隔，在保证各区域的相对独立性的基础上，又能充分发挥长条木凳的价值，既可以当平衡木用于发展幼儿的平衡能力，又可以当凳子用于幼儿休息调整观摩学习。中大班混龄，既有利于拓展幼儿人际交往范围的扩大，又巧妙地利用了区域选择的规则，很自然。活动过程中组织幼儿选择好朋友进行划拳游戏，不仅达到了让幼儿中途小憩的目的，又使得转换环节的教育价值得到了充分的挖掘。

设计者：湖南省政府直属机关第三幼儿园 朱小龙

动手实践

调研幼儿园体育内容及其实施过程，运用《纲要》和《指南》相关精神进行分析。

拓展知识

幼儿体育的认知：概念探讨与需求导向

2016年3月22日，习近平主持召开了中央全面深化改革领导小组第二十二次会议并发表重要讲话，其中提到："儿童健康事关家庭幸福和民族未来。"2016年8月19日至20日，全国卫生与健康大会在北京举行。习近平强调："要重视少年儿童健康，全面加强幼儿园、中小学的卫生与健康工作，加强健康知识宣传力度，提高学生主动防病意识。"2016年10月25日，中共中央、国务院发布的《"健康中国2030"规划纲要》指出，"加强对学校、幼儿园、养老机构等营养健康工作的指导"。一时间幼儿健康、幼儿教育受到了党和政府前所未有的关注。为了更好地了解幼儿健康、幼儿体育的有关状况，把握幼儿体育前沿的思想和研究进展，笔者与北京大学妇女儿童体育研究中心主任董进霞、台湾体育大学体育推广学系推广教育中心主任黄永宽副教授、美国得克萨斯州立大学圣安东尼奥分校社区卫生研究中心研究员殷泽农教授，通过公开的学术沙龙对话和个体间的交互式访谈，就幼儿体育发展的相关问题进行了交流。

孙科： 幼儿体育是目前教育领域关注的热点，也是体育学研究中的薄弱点。幼儿体育专业开设学校较少，幼儿体育学科起步也较晚，是一个正在初步发展的新兴领域。学者围绕幼儿体育的相关概念，以及幼儿体育发展过程中出现的相关问题，进行了一定程度的研究，三位专家能不能从各自的专业视角，谈一下对幼儿体育的认识，也为大家解读一下，为什么幼儿体育变得越来越重要，是什么原因让幼儿体育原来越受到学校、家长们的重视和关注，这背后显示的动因和学理性逻辑是什么。

黄永宽：幼儿体育用"体育"两个字，会让人误解为大人体育的缩小版，它其实是另外一个概念，不能用成人的眼光来看待，应该用运动游戏的概念来代替，是一个简单的游戏活动。如果我们教的游戏运动幼儿理解不了，这不属于幼儿体育的范畴。幼儿体育三个重要的领域就是游戏、运动与教育，如果我们不用游戏来吸引孩子就会延伸成为训练。如果教师只注重孩子的游戏，忽略了教育的价值，这样的教学会让孩子和教师无所适从。孩子的游戏不是为所欲为，其中最重要的环节就是社会道德规范的培养。举个例子。为什么孩子在玩游戏的时候就可以打人？其实，孩子不是为了打人而打人，而是在游戏中融入了某个情节或角色，孩子才会有打人的动作。我们在游戏过程中，不能给孩子一个棒子让孩子互相打，这不是幼儿体育，一定是让孩子扮演了角色，然后才可以有追打的动作。游戏的最终作用一定是教育，既然是教育，是孩子通过学习过程来学习，让孩子对自身动作有所了解，就要先让孩子了解自己的身体，才可以操纵器材。游戏很重要的是对身体动作的学习和器械操纵的掌握。然后，在游戏过程中通过合作来发展孩子的社会性。这其中，游戏就成为一个媒介，吸引孩子的参与，用运动的方式来达到教育的目的。

殷泽农：幼儿体育所指的是儿童前期的运动，在美国一般为学龄前3~5岁。儿童期阶段一般指6~11岁，12岁以后孩子开始进入青春期。幼儿教育的理念在不同学校有不同的体现。蒙台梭利学校中，学校要求满足学生的要求，倡导的是儿童动手能力的发现式学习，为有组织的自护和环境学习的项目提供具有多感性的设备，鼓励儿童的团队交流与协作，强调具有认知性的社会、情感和道德发展。一般来说，课程具有持续性，教师角色定义为促进者、帮助者，并不划分年龄阶段，从儿童所使用的教学设备反馈中学习，缺少关于自护的有组织项目。一般的幼儿园，儿童通常安静地坐在自己的书桌旁，同年龄的儿童分在一起，课程有时间限制，并且会分阶段进行，教师的任务是讲授，儿童的错误由教师指出，不是发现式的学习，并且仅仅强调儿童的社会性发展。以上不同的教育理念，就决定了学校教室和户外空间布局不同，幼儿体育的活动理念也就不一样了。

幼儿教育中的体育理念，大抵表现在自由玩耍和有组织的运动。自由玩耍是自我探索以及愉悦身心的活动，这种形式是没有反馈、指导与组织的玩耍，是随着年龄、成熟度、运动经历和自我发现带来的运动技能和身体常识的自然发展，这也是一种深思熟虑的玩耍方式；有组织的运动是由教师主导的适合不同年龄阶段儿童的连续性课程，通过具有发展适宜性的一系列任务来提供支持、指导与鼓励。

在儿童根本运动技能与竞争力的发展中，有组织的指导和反馈是必需的，这需要深思熟虑的准备。从自由运动与有组织运动的对比研究来看，11个RCT干预研究（年龄在4~10岁之间）的分析显示：持续6~15周的运动技能干预，每周80~96分钟，通过粗大运动技能发展测评的测试手段，适度干预基本运动技能、特殊运动技能以及操作性技巧的影响程度，发现运动技能的干预显著提高了基本运动技能。由此可见，有组织的幼儿运动是很关键的，这也是为什么幼儿体育受到重视的学理性原因。

黄永宽：为什么幼儿体育在早期是没有的，因为早期幼儿的身体运动量是足够的。早期的时候，幼儿体育的活动就是追、逐、跑、跳、投，简单说，这就是动作能力。幼儿体育为什么会发展成为一门课程，成为必需的一项活动，是因为社会需求发生了变化。现在的父母基本都是掏钱让孩子玩游戏。幼儿体育的起源是体操，现在幼儿体育的活动太少了，我们必须为孩子提供一系列的活动，这其中就延伸出来很多教材、教学方法，进而延伸出来幼儿的游戏等多种运动方式。实际上，无论怎么说，幼儿运动游戏能逐步发展起来，可以让孩子享受到更多的快乐，而且经过老师的引导以后，孩子的动作能力会更强，但幼儿体育起步时期，教师也是带着孩子玩游戏而已，这是早期的做法。现在不仅是让孩子玩游戏，而且是激发孩子的思维，就是想象力的培养。2010年我来大陆，幼儿体育还没有如此盛行，现在已经开始重视了。所以，产生幼儿体育是因为这种形式的活动对孩子的教育意义较大，社会需求也较多。现在的家长看到孩子不好动了，才会产生这样的需求，我可以预估，下一步社会对幼儿体育的需求还会更大。幼儿体育的发展困难，是因为我们没有办法短时间让家长看到游戏对孩子的巨大作用。幼儿体育不是立竿见影的，是反复游戏后让孩子逐步有了转变，是潜移默化地改变着孩子。

董进霞：大陆对幼儿体育概念的认识存在差异，幼儿体育是最近才经常被提到的，包括了身体活动，也包括了游戏还有其他的各种运动项目，这些都通过身体活动来达到教育的目的，但我们不能忽视其社会、文化上面的意义。幼儿体育在亲子关系、家庭和谐方面也产生了很好的作用。中国的幼儿体育不仅仅是运动游戏，还有赛事活动。从幼儿体育赛事来看，我们家长参与的热情比孩子还高。我就在观察这个现象，发现幼儿体育绝对不仅仅是身体方面的，还有更高层次的社会需要。幼儿体育为什么会火，是因为生活方式的改变，青少年儿童的体质下降较为厉害。中国社会经济发展迅速，逐步融入了全球化发展，对中国人的观念改变较大，以前家长认为孩子只要不生病就可以，现在家长希望孩子有个性化发展，希望自己的孩子有团队合作精神，还有领导力。社会的改变、观念的变化，直接影响幼儿体育的发展。我们教育部在相关政策的制定中，设计了大学、中小学体育教育，那幼儿体育教育怎么办？这就催生了民间的力量、社会的力量。幼儿足球就是民间自发产生的，受到了家长、幼儿教师、企业的关注和支持。幼儿足球、

第二部分　幼儿园健康教育活动指导

篮球、武术比赛的火热，让我们看到幼儿体育的发展还有更大的空间，关键还有家长的参与。任何一个幼儿体育比赛都会带动一个家庭参与体育的热情，这样就会对社会产生巨大影响。我为什么投身幼儿体育，是因为幼儿体育本身很有意思，也能改变人们对体育态度的认识。

摘自孙科. 幼儿体育：认知·成长·生命［J］. 体育与科学，2017（1）：27-36.

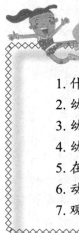

思考与实训

1. 什么是幼儿园体育？
2. 幼儿园体育活动目标是什么？
3. 幼儿园体育活动内容包括哪些方面？
4. 幼儿园体育活动实施的原则有哪些？
5. 在幼儿园体育活动实施的注意事项有哪些？
6. 动手设计一个幼儿园体育集体教学活动方案。
7. 观摩一次幼儿园体育集体教学活动，并写一份评析报告。

知识链接

［1］刘鑫. 幼儿体育活动设计与指导［M］. 北京：北京师范大学出版社，2004.

［2］陈捷，周强猛. 学前儿童体育［M］. 上海：上海交通大学出版社，2014.

［3］冯志坚. 学前儿童体育［M］. 长春：东北师范大学出版社，2003.

［4］杨旭. 幼儿园健康教育活动设计与指导［M］. 长沙：湖南大学出版社，2014.

第四章 幼儿园饮食营养教育活动的设计与指导

引例

皓皓，男，3岁4个月，幼儿园小班新生。又到幼儿园午饭时间了，皓皓一个人端坐在餐桌旁，看着周围的幼儿进餐。他的表现不同于别的幼儿：有的幼儿安静地吃饭，有的幼儿哭哭啼啼地不肯吃，还有的吃得满地都是米饭……皓皓不吃也不动。老师走到他身旁说："皓皓，今天还在等老师喂吗？"……

学习情境

熟悉《纲要》《指南》有关幼儿饮食营养相关内容；理解并掌握幼儿园饮食营养教育的目标、内容，熟悉幼儿园饮食营养教育活动实施的原则、途径和方法，能够进行幼儿园饮食营养教育的活动设计和有效指导。

身心健康是人的素质必备条件，而充足合理的营养又是保证人身心健康的重要基础。对于处于生长发育迅猛阶段的幼儿来说，帮助他们树立正确的营养观念，形成良好的饮食卫生习惯，是幼儿健康教育的基本内容之一，也是幼儿全面发展的重要保证。

第一节 幼儿园饮食营养教育概述

一、营养、营养素的概念

营养是指机体摄取、消化、吸收和利用食物的过程，有时也用于表示食物中营养素含量的多少和质量好坏。

营养素是含在食物中的有机和无机化合物的总称。即蛋白质、脂肪、碳水化合物（糖类）、维生素、无机盐和水。

二、营养与健康的关系

健康可看作是在正常情况下机体能与内外环境保持平衡和协调的状态。人的健康状况受多种因素的影响，营养是其中不可或缺的物质前提。合理的营养可以增进健康。营养失调则会引起疾病等。

（一）营养对大脑和智力发育的影响

在影响脑组织和功能发育的因素中，起决定作用的是营养。脑组织中含有蛋白质、脂类、碳水化合物、钙、维生素和水，蛋白质和脂蛋白占脑总干重的90%，而脂类最重要。脑除水分以外，50%~60%为脂类。有人将脂类称为"人脑的粮食"，特别是幼儿，如果长期低脂膳食会影响生长发育。

蛋白质是构成脑的重要营养素，脑中蛋白约占一半，是维护脑的各种活动，促进细胞代谢和神经传导的主要物质。蛋白质亦被称为"智慧药"。

碳水化合物供给能源，由于脑的新陈代谢快，脑消耗葡萄糖量高达全身热量的20%~30%，是脑活动的主要营养物质。

其他如钙可以抑制神经异常兴奋；维生素C能促进脑细胞结构坚固，维生素A、B、E等对促进脑的活动和身体发育均有重要影响。

（二）热量不足对生长发育的影响

长期热量不足及蛋白质缺乏，易患营养不良症。开始表现为易倦怠、精神差、注意力不集中、性格改变、食欲减退、体重不增或下降。如果继续加重，则皮下脂肪变薄，肌力差，抵抗力减退，易患呼吸道或消化道疾病，严重者可出现恶性营养不良综合征，体重可减轻至原有的40%以上，呈老人外貌，表皮脱屑，肌肉弹性差，肌肉萎缩，形成皮包骨。神经呈抑制或兴奋状态，并可出现多种功能障碍。这种情况多见于幼儿，严重影响幼儿的发育和健康。

（三）长期营养不良影响免疫机能、骨骼和全身发育

长期营养不良可使胸腺、淋巴器官发生萎缩现象，淋巴细胞减少，或使免疫系统受损，或使身体抵抗力降低，容易感染疾病。

长期营养不良使骨生长和骨的愈合受影响。人到18岁时骨骼不再生长，约在25岁骨的密度才达到最大值。在骨骼发育过程中，如缺钙、磷、锌、蛋白质等营养素则可影响骨的生长，导致身材矮小，全身发育受阻。如缺铁会患缺铁性贫血，缺维生素D、钙、磷会引起佝偻病或骨骼畸形等。

（四）食物过量对健康的影响

合理营养能促进幼儿的正常发育。相反，如果大量食用动物性蛋白和脂肪，长期超热

量地饮食，可将大量脂肪在皮下堆积，发生肥胖病。据西方一些国家调查，如德国肥胖男孩占 1/3，女孩占 1/5，这些顽固的肥胖可持续到成年，是导致成年时冠心病、高血压、糖尿病的原因。由于经济发展、生活水平的提高，我国的肥胖儿也在逐渐增加，要以合理的营养防止大量肥胖儿的产生。又如各种维生素都对调节人体的生理活动、促进生长发育、保护健康有重要作用，若食量过大也会损害健康。如维生素 A 服用过多可脱发、掉头屑、夜间盗汗，出现黄疸、呕吐等；维生素 B_1 服用过量也会引起盗汗、瘙痒或哮喘；维生素 C 如每日用量高达 2 克，可出现头疼、疲倦或失眠。

营养与长寿的关系也很密切。平时重视饮食保健可以防止早衰，而长期营养不良会影响人的身体健康，也会缩短人的寿命。

三、幼儿园饮食营养教育的概念及意义

饮食营养教育就是通过有计划、有组织、有系统的教育活动，帮助人们形成关于营养的正确观念，并能根据季节、市场供应、个人口味及经济状况选择适合的食品，制订平衡的膳食计划，懂得建立合理的营养环境，自觉形成良好的饮食习惯。世界卫生组织总干事哈夫丹·马勒博士曾经指出："饮食营养教育作为健康的投资，是幼儿健康教育的重要组成部分，对其知识、态度和行为的改变有着重要意义。"

幼儿园饮食营养教育就是指在幼儿园有计划、有组织、有系统进行的，以帮助幼儿初步形成关于营养的正确观念、掌握饮食方法和技能、养成良好饮食习惯的教育活动。其主要意义有：

（一）促进幼儿身体发育

幼儿处在生长发育期，所需营养成分和标准较成人高。若缺乏合理的营养，没有良好的饮食行为习惯，其健康水平就会下降，甚至造成贫血、缺钙、肥胖等营养性疾病。因此，幼儿饮食营养教育在于使幼儿了解各种食物具有不同的味道和营养成分，能够按时进餐、合理进餐、均衡营养，保证幼儿身体生长发育所需营养的获得和吸收，从而增进幼儿的身体发育。

（二）促进幼儿身心健康

幼儿饮食营养的教育作用不仅只在于营养本身的价值，对于幼儿全面发展都具有积极意义。

1. 饮食营养教育能促进幼儿感官的发展

幼儿与环境、食物、同伴、成人的接触中，通过视觉、触觉、味觉和嗅觉等手段了解食物的属性，借助闻闻、尝尝、触摸感知食物的质地，凭借着观察了解食物的外表、形态及变化。这些不同的认知方法、手段强化了幼儿的感官，提高了他们的感知能力。

2. 饮食营养教育能促进幼儿语言的发展

在幼儿园饮食营养教育活动中，幼儿在认识食物的同时，学着说各种食物的正确名称（如青菜、肉、虾）、餐具的名称（如碗、盘子、勺子），并学会一些基本的量词（如一碗、

一条、一块），了解食物的制作术语（如蒸、炒、煎）等。在活动中，幼儿用语言与同伴沟通、互动、交换意见，倾听或诉说关于食物的故事。饮食营养教育为幼儿创设了说话的情景，为他们积极地运用语言提供了机会，创造了条件。

3. 饮食营养教育能促进幼儿认知的发展

饮食营养教育活动能帮助幼儿认识事物，接触数学知识，把深奥的科学概念变得生动有趣。如"认识豆腐干"的系列活动中，除让幼儿学习食物本身的特征外，还可以进行大小、排序、分类的活动。在与食物接触的过程中，幼儿不仅对食物的营养价值有所了解，而且能认识食物的各种形状、颜色，可以给食物进行分类，感知食物的不同特征（轻重、软硬、粗糙和光滑等）、不同形态（固体、液体）及不同食物的烹调方法，这个过程，还可以给餐具配对，掌握简单的生活知识。这些内容都为促进幼儿思维的发展提供了丰富的刺激，同时也能激发幼儿探索、发现生活奥秘，满足他们发展的需要，提高解决问题的能力，真正使幼儿认知得以发展。

此外，在幼儿园饮食营养教育活动中，还能促进幼儿社会性发展、情绪情感发展等。总之，在饮食营养教育活动中，能体验、感知食物的特性，加深对食物的了解和认识，丰富其生活经验，促进其全面发展。

四、幼儿园饮食营养教育的目标

幼儿园饮食营养教育目标的制定，要遵循幼儿园健康教育目标价值追求。幼儿园饮食营养教育总目标对不同的健康教育活动起到规范作用，也是确定相应年龄阶段目标及具体活动目标的依据。

（一）幼儿园饮食营养教育的总目标

幼儿园健康饮食营养教育总目标是，帮助幼儿获得饮食与营养的基本知识，掌握饮食的方法和技能，初步形成有关饮食与营养的正确观念，培养良好的饮食习惯，促进幼儿健康。

（二）幼儿园饮食营养教育各年龄阶段目标

幼儿饮食营养教育各年龄阶段目标的确立，应参照《指南》中相关内容对幼儿学习与发展的合理期望。

《指南》中幼儿饮食营养的相关内容

阶段目标	3~4岁	4~5岁	5~6岁
具有良好的生活与卫生习惯	①在引导下，不偏食、挑食。喜欢吃瓜果、蔬菜等新鲜食品。②愿意饮用白开水，不贪喝饮料	①不偏食、挑食，不暴饮暴食。喜欢吃瓜果、蔬菜等新鲜食品。②常喝白开水，不贪喝饮料	①吃东西时细嚼慢咽。②主动饮用白开水，不贪喝饮料
手的动作灵活协调	能熟练地用勺子吃饭	会用筷子吃饭	能熟练使用筷子

第四章 幼儿园饮食营养教育活动的设计与指导

依据幼儿园饮食营养教育总目标，以及参照《纲要》《指南》，幼儿园饮食营养教育各年龄阶段目标为：

1. 3~4岁（小班）

①能初步养成愉快、安静进餐的习惯，愿意独立进餐。②能熟练用勺子吃饭；会使用手帕或纸巾擦嘴；饭后会收拾自己的餐具。③认识几种最常见的食物。④不偏食、挑食；喜欢吃瓜果、蔬菜等新鲜食品；饭前洗手，饭后漱口、擦嘴。⑤愿意饮用白开水，不贪喝饮料；初步养成主动饮水的习惯。

2. 4~5岁（中班）

①能愉快、安静、独立进餐。②能用筷子吃饭；会使用手帕或纸巾擦嘴；饭后会收拾自己的餐具、用抹布擦干净桌面。③认识各类常见的食物，知道其名称及其作用。④不偏食、挑食，不暴饮暴食；喜欢吃瓜果、蔬菜等新鲜食品；饭前洗手，饭后漱口、擦嘴。⑤常喝白开水，不贪喝饮料；主动饮水。

3. 5~6岁（大班）

①能愉快、安静、独立进餐。②能熟练使用筷子吃饭，保持桌面、地面干净；会使用手帕或纸巾擦嘴，饭后会收拾自己的餐具、用抹布擦干净桌面。③进一步认识各种食物，初步理解不同食物有不同的营养，身体需要各种营养，并知道哪些不能多吃、哪些不能吃。④不偏食、挑食，不暴饮暴食，细嚼慢咽；喜欢吃瓜果、蔬菜等新鲜食品；饭前洗手，饭后漱口、擦嘴。⑤主动饮用白开水，不贪喝饮料。

（三）幼儿园饮食营养教育具体活动目标

每一个具体教育活动在实施前都有确定的目标，即使是生成性的活动，尽管在活动开展过程中，有经验的老师会根据幼儿的反应随时调整目标，但在活动之前教师应有预设目标。教育活动目标在内容上一般包括情感态度、能力方法和知识经验三个方面，但并不意味着每一个活动都需要在上述三个方面确定目标。

案例1

今天，你喝牛奶了吗？（中班）

活动目标：

1. 认识多种乳类食品：牛奶、酸奶、豆奶等。
2. 了解喝牛奶有利于牙齿和骨骼的生长。
3. 愿意每天喝牛奶或豆奶。

本活动的第1、2条目标对幼儿的认知提出了较为恰当的要求，第3条目标则对幼儿的态度与行为提出了要求，由于科学合理的营养对幼儿生长发育的作用是毋庸置疑的，良好的饮食行为也必须从小养成，所以第3条要求虽然较高（要求每天喝牛奶），但却是合理的，而一旦幼儿愿意喝（牛奶）、喜欢喝，每天喝也就不难了。

摘自顾荣芳，薛菁华. 幼儿园健康教育［M］. 北京：人民教育出版社，2006.

第二部分 幼儿园健康教育活动指导

案例 2

牙齿为什么会有龋洞（大班）

活动目标：
（1）了解龋齿发生的原因和危害；
（2）巩固刷牙的正确方法，愿意每天早晚自己刷牙。

无论城乡，幼儿龋齿的发生率都居高不下，让大班幼儿了解龋齿发生的原因和危害是必要的也是适宜的；大班幼儿应该已掌握了刷牙的正确方法，但仍需成人的随时提醒；而幼儿是否愿意每天早晚刷牙则是教育的难点，上述两条目标应该是很有针对性的。

幼儿园饮食营养教育总目标是确定其他层面目标的依据，是幼儿健康教育的最终目的。年龄阶段目标是对总目标的细化，又是制定具体活动目标的直接依据。总目标和年龄阶段目标都必须转化为一个具体活动的目标，才能落实到幼儿的发展中。

五、幼儿园饮食营养教育的内容

幼儿营养饮食教育的重点在于让幼儿了解人的成长与健康必须依靠的食物；知道身体生长需要多种的营养素，喜欢吃不同种类的食物；初步从生活中了解烹调食物的基本方法，养成良好的饮食卫生习惯；了解不同地区饮食文化的多元性。

（一）幼儿园饮食营养教育内容

1. 了解营养与人体健康的关系

让幼儿了解人体需要的基本的营养素，这些营养素可以从生活中的哪些食物中获得，以及各种营养素与人体健康的关系，逐渐养成广泛摄取食物的良好习惯，保持身体健康的饮食营养意识。

2. 建立良好的饮食行为习惯

通过直观实例，帮助幼儿了解不良饮食行为习惯对人体健康造成的危害，通过多次提醒、练习，幼儿明确并真正建立良好的饮食行为习惯，如饭前洗手、饭后漱口、安静心情愉悦用餐、不吃不清洁的食物、不暴饮暴食等。

3. 掌握饮食的方法和技能

日常生活中，幼儿在饮食过程中掌握基本的方法和技能，如正确使用勺子、筷子的技能，学会吐鱼刺、剥鸡蛋、虾壳的技能，在自助餐、聚餐等不同场合的进餐方法等，从而提高幼儿饮食自理能力。

4. 了解不同饮食文化和各地风俗习惯

借助各种节日时间，幼儿品尝各种节日食品。了解不同食物的民间流传，通过故事感受民间的饮食文化和风俗习惯，培养幼儿对祖国饮食的热爱，对丰富饮食文化的喜爱。同

第四章 幼儿园饮食营养教育活动的设计与指导

时,开阔幼儿视野,了解不同地区、不同国家的多元饮食文化。

5. 养成健康文明的饮食礼仪

从培养现代的国际人的角度,让幼儿从小懂得在群体中应有的饮食礼仪,如在进餐时注意餐桌文化、在自助餐和聚餐时能按需取食和点餐、不浪费食物等。在饮食过程中,不大声喧哗,在进餐中学习和使用基本的礼貌用语。

6. 了解学习简单的处理和烹调食物的方法

让幼儿了解食物的来源及加工制作、保存的方法;通过实地参观、考察等途径明白食物是从哪里来的;通过动手操作,使幼儿对食品制作方法、过程等有所了解;通过观察讨论,使学前幼儿掌握食物的储存方法等,从而能丰富学前幼儿的生活经验。

7. 认识不同种类食物的名称、形状、色彩、性质

幼儿在接触食物的过程中,他们逐渐学习食物的正确名称,观察食物的各种形状、各种质地、味道,欣赏食物的天然色彩及食物经过加工调配组合后的色彩。

(二)幼儿园饮食营养教育内容选择的原则

幼儿营养饮食教育内容的选择在尊重幼儿心理发展内在要求的前提下,同时需兼顾学科知识的内在逻辑的统一。在选择幼儿园饮食营养健康教育内容时应遵循以下原则:

1. 整合性原则

幼儿园饮食营养教育应当在幼儿健康领域较宽泛的范畴中选择教育内容,整合有利于幼儿身心健康的内容,整合幼儿独立、良好饮食习惯的内容,整合幼儿健康教育与幼儿饮食营养的教育内容,给出有益于幼儿发展的整体经验。

2. 序列性原则

一般而言,个别的学习经验应该是先前经验的自然发展,后续的学习能使先前的经验得到加深和扩展。如幼儿园饮食营养教育中,需要先让幼儿对各类食物的形状、颜色、口味等有一个初步的认识,然后才适宜培养幼儿合理搭配食物的能力、了解均衡营养的知识。所以,我们在选择教育内容时应注意其逻辑顺序。

3. 均衡性原则

幼儿园饮食营养教育内容关乎幼儿热量的满足,在选择相关方面内容时,要兼顾到饮食营养教育的几方面内容,又要关照到幼儿园健康领域与之相关的内容,做到全面而均衡地选择健康教育的内容。

4. 可行性原则

幼儿园饮食营养教育的内容应当与幼儿身心发展相适宜,幼儿能否认知、是否有相应的生活体验是教育者必须认真考虑的问题。其次应当与教师的实施能力相适宜,许多的活动设计虽构思不错,如付诸实施对幼儿也是有利的,但教师缺乏必要的能力,因此也就不宜选择作为教育的内容。再有,幼儿饮食营养教育选择的内容需要具备现实的教育资源。

(三)幼儿园饮食营养教育内容选择的注意事项

幼儿园饮食营养教育内容选择时应注意以下方面:

1. 与幼儿健康教育目标相匹配

一方面,教育目标要以教育内容为依托才能落实,另一方面教育内容必须以教育目标为依据。例如，目标中提出培养幼儿不偏食、不挑食的饮食习惯，为此就要选择与认识和品尝各类食物有关的内容。

2. 与幼儿身心发展及生活经验相关联

要针对幼儿的健康现状及其发展趋势选择教育内容。如幼儿中存在肥胖、消瘦、胆小、尿裤、换牙等情况，教育者就应进行有的放矢的教育。

3. 与幼儿的接受能力相吻合

内容的深浅必须符合幼儿的接受能力，必要的内容应以幼儿可接受的方式呈现。比如前面提及的要求幼儿"不偏食、不挑食"，实际上想说明"膳食均衡"才有利于健康，但"膳食均衡"对于幼儿而言不易理解，幼儿教师可以通过分别介绍各种各样的食物，让幼儿了解每一种食物的主要特点，感受到只有样样食物都吃才能有利于健康。

第二节　幼儿园饮食营养教育的实施

幼儿饮食营养教育是长期性的教育工作，在日常生活中，幼儿的饮食会成为大人难以解决的问题。其中，有些是由于幼儿自身造成的，诸如挑食、偏食、边吃边玩，只吃主食不吃蔬菜或者偏爱吃肉类不吃任何蔬菜；有时也是成人错误的教育观念和不良的教育方法导致的，如认为多吃蔬菜一定对身体有益，少吃主食或肉类则无大碍，或者只要幼儿吃饭，边玩边吃无妨，再或者更多以责骂、责备、恐吓的方法强迫幼儿吃厌恶的食品。因此，幼儿园饮食营养教育的实施，是从幼儿园到家庭，从家庭到社会共同的工作。

一、幼儿园饮食营养教育实施的原则

从形成健康观念到健康行为形成，需遵循以下原则：

（一）安全性原则

在实施饮食营养教育中应保证幼儿的安全和健康。饮食营养教育的内容有很多，对众多内容选择上要把幼儿的安全教育放到首位。在日常饮食中，幼儿常因鱼刺扎人，放弃吃鱼或拒绝吃鱼，在健康领域教育活动中选择"如何正确掌握剔鱼刺的方法"就很有必要了，应在适宜的年龄段班级、在合适的健康领域活动内容中讲授这样的教育内容。此外，幼儿喜欢感兴趣的冰淇淋，但这类饮品会影响幼儿食欲和消化吸收，因此，幼儿园饮食营养教育不宜选择这类内容。

（二）可行性原则

在开展饮食营养教育活动中，内容、方法等应适合不同年龄阶段的幼儿，为不同发展水平的幼儿所认知、所接受。比如，小班幼儿入园不久、生活经验不丰富、独立生活自理能力弱、认知水平相对较低，进餐中，他们表现出挑食、偏食、不完全独立进食等问题。小班幼儿饮食营养教育内容应侧重对幼儿兴趣和习惯培养方面，在教育方法上更多选择故

事法、榜样法和行为练习法等。对于中、大班幼儿，相比较小班幼儿，认知水平有了大幅提升，生活经验越来越丰富，独立生活能力也增强了。所以，大班的活动组织中可以加强认知性和操作性，通常更多采用实践操作法、情景法等。

（三）一致性原则

在对幼儿进行幼儿营养饮食教育时，家园一致，对幼儿的要求前后一致。营养饮食教育是个长期的过程，教育者要注意在教育过程中对幼儿的要求始终如一，不应随意改变，同时，家庭教育中的要求也要与幼儿园的教育要求统一起来，这样做幼儿饮食行为习惯的培养效果会增强。如要求幼儿饭前洗手，家长、教师在家庭、幼儿园都要同时要求，双方要求一致，并长期坚持。

（四）适宜性原则

幼儿的饮食营养教育应与幼儿发展需要相适宜，要关注幼儿发展需要。饮食营养教育活动内容来源于幼儿的生活，来源于幼儿的需要，是幼儿生活的一部分，为幼儿熟悉，也是与幼儿发展相适宜的。不同区域的幼儿环境不同、健康状况各有差异、年龄饮食行为和饮食态度不同，因此，饮食营养教育活动应从幼儿实际出发，形成幼儿主动、持久、稳定、自觉的行为和态度。

（五）整合性原则

在饮食营养教育中，内容、方法、途径等的选择多样而整合。饮食营养教育除了设置让幼儿了解各种食物及其对人体生长发育、维护健康作用和营养的活动，还应安排拓展幼儿视野的活动内容，与建立幼儿整体饮食营养教育观念相关的内容。在实施途径上除正式的教育活动外，还渗透于幼儿园一日活动的其他环节中，包括家庭教育活动。营养饮食教育活动可以整合园内、园外一切可利用的课程资源；可以在幼儿园园内进行，也可以走进社会其他场所，如农场、工厂、超市等。此外，教师应根据幼儿年龄特点、认知特点、兴趣爱好和个体差异等因素，合理地选择多种教育方法，提高幼儿对营养知识的理解，帮助幼儿建立良好的饮食习惯。

（六）直接性原则

营养饮食应尽可能是幼儿直接感知的。幼儿是主动建构的个体，通过各种感知觉的参与如视觉的、听觉的、触觉的、味觉的、嗅觉的等多种途径，积累感性的经验。在饮食营养教育中，同样与幼儿的感知觉有密切的关系。在活动中、生活中创造更多机会让幼儿探究、实验、模仿、创造，通过看、听、闻、触摸、品尝多种感官协同作用来促进学习。如在"我们身边的水果"活动中，比较不同水果的形态、观察不同水果成熟时的颜色、品尝不同水果的味道等，幼儿通过多种感官参与活动，学会接受不同的水果，并知道吃水果对健康有益。

（七）家园合作原则

幼儿除在幼儿园生活的时间外，在家庭中度过其他大部分时间。加之我国隔代教育情况较普遍，饮食营养教育中，良好饮食习惯的培养、独立进餐等要求，都需要在家庭配合下，鼓励幼儿做力所能及的事情，减少包办代替。为此，幼儿园可以通过家长委员会、家长开放日、家长经验交流等形式，向家长了解幼儿在家庭中的表现，向家长反馈幼儿在幼儿园的有关信息。并向家长宣传幼儿独立进餐、养成良好饮食习惯、形成进餐技能等的要求和教育方法，并且提出相互配合的建议，让家长支持，形成合力，方能取得教育的效果。

二、幼儿园饮食营养教育的实施途径

幼儿园的教育活动，是教师以多种形式有目的、有计划地引导幼儿进行的生动、活泼、主动的教育过程。幼儿园饮食营养教育，可以通过多种途径使幼儿了解食物与人类健康的关系，知道如何去选择食物，达到健康成长的目的，形成良好的饮食营养教育。

幼儿园饮食营养教育活动途径包括两大类：专门的饮食营养教育活动、随机的饮食营养教育活动。

（一）专门的饮食营养教育活动

幼儿园专门的饮食营养教育活动是幼儿园饮食营养教育的重要途径。是指教师根据饮食营养教育目标，有系统、有计划、有组织地开展的教育活动。例如大班主题活动"面粉的秘密"中，有"饺子宴会""野餐""参观面包房"等系列饮食营养教育活动。通过此活动，幼儿可以了解面粉的样子、特征、对身体的益处，面粉可以加工成不同食物等。

（二）随机的饮食营养教育活动

幼儿园随机的饮食营养教育活动是指教师结合幼儿日常生活活动来进行的饮食营养教育。幼儿园一日活动中蕴藏着与幼儿有关饮食营养教育的契机。如在一日三餐、吃点心、喝水的环节中，教师应充分把握其蕴含的教育契机，纠正幼儿偏食挑食、贪喝饮料等不良习惯，提高幼儿对饮食营养的认知，帮助幼儿获得安静愉快独立自主进食、按时定点定量进食、爱吃各种食物等良好饮食习惯。

关于幼儿园饮食营养教育的实施，教师要充分发挥家庭教育的力量，争取家长的配合支持，真正做到家庭、幼儿园、社区合作共育。如培养幼儿独立自主进餐的习惯，幼儿园和家庭必须保持一致。同时，无论是幼儿园还是家庭，实施过程中要充分重视幼儿的直接参与、亲身体验，多组织安排体验式的饮食营养教育活动，充分发挥其活动的真实性、直观性，以丰富幼儿对营养知识的感性认识，提高幼儿对饮食习惯的认同感，确保活动实效。如让幼儿参与劳作，知道食物的来之不易，养成爱惜食物、不浪费食物的良好习惯。或让幼儿体验不同民族、不同文化以及不同环境下的就餐礼仪。

三、幼儿园饮食营养教育的实施方法

饮食营养教育对幼儿的影响是需要较长时间才能表现出来的，在幼儿园进行饮食营养教育，教师应当根据幼儿对食物的选择、对营养的理解并考虑不同年龄阶段幼儿的认知特点，选择有针对性的教育方法。

（一）行为训练法

行为训练法是幼儿对已经学过的基本动作、基本生活技能进行反复练习，从而能加深印象，形成稳定的行为习惯。幼儿的认知及动作技能或行为习惯的养成，需要通过一定的动作练习才能巩固，所以幼儿的一些饮食技能和饮食习惯的获得需要采用行为训练法。如幼儿的餐前洗手、饭后漱口的习惯，正确使用勺子、筷子的技能，都需要在教师和家长的具体指导下反复练习才能真正掌握。

（二）讲解演示法

讲解演示法是指教师通过具体形象地向幼儿讲解粗浅的饮食营养知识，并结合食物或模型、玩偶等加以演示，以此帮助幼儿掌握有关的知识和技能，提高幼儿对饮食营养的认知水平。例如，在"水果宝宝的漂亮衣服"活动中，教师向幼儿展示各种水果实物、水果模型，进行生动有趣的讲解和演示。让幼儿喜爱、关注教师的活动过程，学习营养饮食的知识。

（三）实践操作法

实践操作法是指教师设计多项与营养饮食教育有关的活动，让幼儿在亲自实践的过程中自觉接受教育。运用实践操作法，使幼儿园饮食营养教育活动变得更为直接和生动，有效地提高了幼儿学习的积极性。例如，组织学前幼儿参观食品超市，丰富幼儿关于食品的经验，师幼共同采购食品，共同加工原料，让幼儿参与制作各种营养食品，在学习操作的同时，巩固其营养知识，养成其饮食习惯。

（四）讨论评议法

讨论评议法是教师通过专门的语言交流活动，让幼儿参与饮食营养教育过程，为幼儿表达自己的真实想法创造条件，并能鼓励幼儿对他人的言行加以评价，从而提高其判别是非的能力。

使用讨论评议法时，教师通常选择幼儿感兴趣的饮食营养话题展开讨论。如夏天到了，教师就"为什么不能多吃冷饮"或"能不能用饮料替代白开水"等让幼儿进行讨论，最终帮助幼儿辨清是非，主动选择正确的行为，纠正不良的习惯。

（五）情景表演法

情景表演法是指教师或幼儿就特定的生活情景、故事情节加以表演，然后让幼儿思考、分析情景中所涉及的饮食营养教育的问题。情景表演的主题可以来源于幼儿的现实生活，这样能更好地激发幼儿的兴趣，同时，较好地帮助幼儿认识生活中曾经遇到、可能遇到的问题和冲突，从而了解应该做出的合乎要求的行为。

（六）游戏法

游戏法是指教师利用学前儿童喜闻乐见的游戏方式，丰富幼儿关于营养的感性知识，培养幼儿良好的饮食习惯，寓教育于游戏之中。游戏是幼儿最自然的学习方式，借助游戏的形式，让幼儿在快乐的氛围中获得知识、养成习惯。如在"食品魔法袋"健康游戏活动中，可以发展幼儿用手辨别不同食物的能力，激发幼儿主动进食的兴趣；在"酸甜苦辣"健康游戏活动中，幼儿能认识多种食物，并能区分蔬菜和水果中的酸、甜、苦、辣的不同味道，增加幼儿关于食品味道的感性知识；活动"外出就餐"可以让幼儿掌握一些简单的就餐礼仪，培养幼儿良好的就餐习惯。

以上是关于幼儿园开展饮食营养教育活动时常用的方法。除此之外，根据幼儿园的现实条件还可以选择"榜样示范法"和"媒介法"等方法。幼儿思维具体形象，做事易受情绪影响，这些特点决定了幼儿园开展饮食营养教育应寓教于乐。教师可以针对不同年龄的幼儿、不同内容的主题活动，选择和运用多种多样的教育方法，使之有机组合，从而提高活动的效果。

四、幼儿园饮食营养教育活动实施过程中的注意事项

幼儿园健康教育注重幼儿将获得的知识和形成的态度转化为良好的行为习惯，要求根据既定的教育目标灵活选择组织方法外，在实践中，为达到较好的活动效果，教师需注意以下问题：

（一）自身具备扎实的幼儿卫生学、营养学知识

这是进行营养饮食教育的前提，幼儿园健康教育有自身的知识背景，实施过程中十分强调信息传播的科学性和准确性，比如对幼儿进行营养学的相关知识介绍，有关烹调的基础知识，教师要掌握相应的知识，能用幼儿理解的方式表达，同时，教师还必须能及时纠正幼儿错误的、不准确的、模棱两可的回答。

（二）活动思路清晰，表达准确

教师在进行活动时要明确相关基本问题："今天为什么要选择这个课题？""重点是什么？""解决什么问题？"此外教师要设计好教学语言，如果表达不到位，幼儿就会听不明白。所以，教师思路是否清晰、表达是否准确是幼儿健康教育活动成败的关键因素。

（三）把握恰当时机，适时进行相应的活动

例如幼儿有关换牙的主题，可在本班幼儿已有开始换牙、绝大多数幼儿将要换牙的时候进行，这样既能利用个别幼儿的亲身体验激发幼儿兴趣，又能面向多数的幼儿进行预先教育，使相关的教学活动对幼儿实际生活有帮助。

（四）统筹安排系列的活动

各类饮食营养教育活动，注意相互之间的协调。对于内容丰富的同一主题的活动，可以设计成系列活动在三个年龄段分别来进行，但要注意分配不同年龄段的侧重点及其分量，呈现既有铺垫又有深化的螺旋式上升的态势。

（五）善于利用电化教育手段，以增强健康教育效果

幼儿园饮食营养教育涉及许多卫生学、幼儿科学的知识，若利用电化教育手段直观展示课程内容，幼儿易产生兴趣，更符合幼儿的思维特点，容易有事半功倍的效果。

（六）注重不同领域的整合

幼儿园饮食营养教育实践中要注重领域渗透和知识整合。如食物的形状、色彩、性质、作用，可以涉及健康、语言、科学、艺术等多个领域，要注重把握相互之间的联系。当然，也要避免不必要的重复。

第三节 幼儿园饮食营养教育活动设计与指导案例评析

一、幼儿园专门的饮食营养教育活动案例

案例 1

蔬菜好吃有营养（中班）

设计意图：

蔬菜是幼儿经常接触的一种食物，几乎每个幼儿都能说出几种来，但蔬菜对人体的好处幼儿却了解得不多，因此有必要通过一系列教育教学活动，使幼儿在了解蔬菜特性的同时，知道蔬菜的营养价值，激起幼儿喜爱蔬菜的情感，并形成良好的饮食习惯。

活动目标：

（1）熟悉蔬菜的主要特征，了解蔬菜的营养价值；

（2）发展幼儿的识别能力；

（3）养成良好的饮食习惯。

活动准备：

设计一个具有多种蔬菜（包括胡萝卜、黄瓜、白菜、茄子、西红柿等，品种数量超过幼儿）的超市；常见蔬菜佳肴的课件；音乐磁带；合适的纸箱（顶端有洞：可使幼儿将手伸进去拿出蔬菜；一侧是开放的：可供其他幼儿观察）。

活动重点、难点：

了解蔬菜的主要特征，了解蔬菜的营养价值。

活动过程：

1. 开始部分

买菜。

教师：小朋友，你们看这是什么地方？幼儿：××蔬菜超市！

教师：我们到超市里去买点喜欢吃的蔬菜吧。（音乐）

2. 基本部分

（1）请每位幼儿说说自己买的什么菜，为什么喜欢吃这种蔬菜。教师及时小结此种蔬菜的营养价值。

（2）播放用蔬菜做出的美味菜肴的课件，请幼儿猜猜是用什么蔬菜做的。

教师总结：其实每种蔬菜都可以做成美味佳肴，每种蔬菜都有其不同的营养成分，所以我们应该吃各种蔬菜。

（3）游戏：猜谜语。

教师说出一些蔬菜的谜语，让幼儿猜出蔬菜名称，然后各请一名幼儿到前面的蔬菜箱里摸出这种蔬菜，其他幼儿观察是否正确。

（4）品尝。教师播放音乐并出示番茄、黄瓜、胡萝卜等蔬菜块，请幼儿品尝并说说这些蔬菜的味道。

3. 结束部分

幼儿在音乐声中将蔬菜送回超市。

活动延伸：

请幼儿回家同父母一起做蔬菜沙拉，巩固对蔬菜的认识。

活动评析：

从活动目标达成的角度看。让幼儿去超市买自己喜欢的蔬菜，从而激发幼儿的兴趣，幼儿的注意力迅速被吸引到活动中来，并且幼儿对蔬菜名称及喜爱原因的表述具有一定的准确性。通过幼儿及教师的讲述，谜语，幼儿的触摸、观察、品尝，幼儿对蔬菜特征以及营养成分有较为清晰的掌握。

从活动材料和环境创设的角度看。蔬菜超市环境的创设可以迅速吸引幼儿的注意力，大大激发幼儿的兴趣，同时真实蔬菜的提供会让幼儿更好地认识与了解各种蔬菜，无论是研究的观察，还是手触摸都具有较强的真实感，从而使幼儿对蔬菜的认识更加深刻。对多媒体课件的运用，使幼儿有机会欣赏用这些蔬菜做出的各种美味佳肴，从而激发幼儿对这些蔬菜的好感，甚至使不喜欢吃的幼儿也会有所转变。谜语和蔬菜的结合可以充分调动全体幼儿的感官，从而使本次活动达到高潮。幼儿在轻松愉悦的气氛中复习巩固了新学的知识，更重要的是有效地帮助幼儿提高了识别能力，促进了幼儿思维能力的发展。

从幼儿参与活动程度的角度看。从采购、表达、观看、游戏到最后的品尝，活动过程十分自然，贴近生活，幼儿自始至终都参与其中，并充满激情。

从活动延伸安排的角度看。蔬菜沙拉是蔬菜的另外一种做法，让幼儿回家与父母一起来做，既可以更好地复习与巩固本次活动所学的知识，同时也可以强化幼儿对蔬菜的多种不同的吃法的感性认知，以培养幼儿的创造力和想象力。

摘自高庆春，梁周全. 学前儿童健康教育［M］. 北京：高等教育出版社，2015.

案例 2

《圆溜溜的蛋真可爱》（中班）

活动目标：

（1）认识多种禽蛋，比较其颜色、形状、大小；

（2）喜欢品尝多种口味的禽蛋。

活动准备：

（1）与厨房联系，近日用蛋做各种各样的菜，进餐时提醒幼儿注意观察；

（2）熟菜若干：五香蛋、荷包蛋、咸鸭蛋、蛋皮丝、蛋饺等；

（3）教师、幼儿共同收集有关禽蛋的实物、图片等。

活动过程：

（1）猜谜语：《蛋》；

（2）比较品尝各种蛋的颜色、形状、大小；

（3）分别品尝蛋，说说味道怎样，告诉幼儿每天吃一个鸡蛋能使小脸长得红扑扑的，身体健康。

活动评析：

蛋是幼儿日常生活中经常接触的食物，可以开展系列主题活动，从吃蛋到探究蛋的来源、画各种蛋、用蛋壳做玩具等，都能激发幼儿浓厚的兴趣。

摘自顾荣芳，薛菁华．幼儿园健康教育［M］．北京：人民教育出版社，2006．

案例 3

食物的储存（大班）

活动目标：

（1）了解常见的食物储存方式，知道储存食物有保质期和一些食用卫生的简单常识；

（2）培养幼儿动手操作的兴趣和能力；

（3）培养幼儿对科学的兴趣。

活动准备：

（1）各种真空包装食品若干袋；

（2）图片若干。

活动过程：

1．果子的储存

（1）以谈话引出果子储存的主题，可提问："家里吃不完的果子怎么办？""果园里许许多多的果子吃不完怎么办？"引导幼儿讨论储存果子的方法；

（2）根据幼儿所述，并扩大展示一些实物，如糖水菠萝、香蕉干、果子酱、果脯、干果以及真空包装的水果等，引起幼儿进一步讨论的兴趣；

（3）讨论这些水果储存的方法，并简单归类：真空包装、脱水、冷冻等；

（4）让幼儿动手制作真空包装的水果。

方法：用食品袋包装水果，再用吸尘器将空气抽出，封口。若有条件，可用真空压缩袋，则效果更佳。将真空包装的水果与一般放置的水果进行比较、观察，在以后的几天内记录它们的变化。

（5）鼓励幼儿从周围生活入手，寻找其他食物储存的方法。

（6）古今食物储存方法的比较。如古代的日晒法、阴干法、烟火熏制、盐腌等，现代的冰箱低温储存、真空包装、充填气体、添加防腐剂、高温灭菌等。

2．食物的加工与储存

（1）师生共同冲泡方便面，加热方便饭，并观察经过加工的面条、米饭、蔬菜渐渐泡大还原的过程,再品尝后讨论:"为什么叫方便面、方便饭?""人们什么时候最需要它们呢?"还可谈谈品尝的感觉等。

(2)收集一些特殊环境中食物的图片、照片,如宇航员在失重状态下喝的牛奶、探险运动员吃的压缩饼干等。

(3)参观超市,找一找经过加工储存的食物,如肉禽、牛奶、小吃、蔬菜等;读一读包装上的说明,也可以从包装上了解其产地、成分,让幼儿感知,由于食物加工储存,所以能运到全国各地,甚至海外,使大家都能享用。

(4)提供一些材料,让幼儿自制加工一些食品,如糖水番茄、腌萝卜等。

3.食物的保质期与食用卫生

(1)从生活中食物变质现象谈起,如"食物怎么会变质?""变质的食物是什么样的?""吃了变质的食物会怎样?"等。幼儿、教师可以谈谈自身的经验,也可以介绍经验。

(2)讨论:现在储存食物的方法很多、很好,是不是可以无限制地储存下去?教幼儿学看保质期,比较一下:什么食物保质期最短,什么食物保质期最长?

(3)用图片帮助幼儿理解食物储存以及食用的卫生知识。例如:食物储存在冰箱里应生熟分开;食物都有保质期,所以应在保质期内食用;冻过的食物需要再煮,熟透后食用;食物经过加工储存以后,虽然具有不易变质或方便食用的优点,但也易流失部分营养,因此,我们仍提倡多吃新鲜的食物。

(4)可让幼儿制作宣传画或标志,在幼儿园、家庭中张贴,宣传加工、储存食物的卫生常识,如做个小标志,帮助妈妈贴在即将到期的食品上等。

活动评析:

少吃或不吃不利于健康的食品是培养幼儿良好饮食习惯的重要内容。食物储存是否符合卫生要求直接关系饮食健康。从幼儿周围生活入手,帮助幼儿了解各种食物储存办法,并为幼儿创造动手实践的机会,鼓励幼儿亲自操作真空包装水果,了解食品到期小标志,自制加工糖水番茄、腌萝卜等,帮助幼儿了解新鲜食物的营养价值,都能很好地实现活动目标。但活动中涉及的内容较多,建议做成系列活动完成。

二、幼儿园随机饮食营养教育活动案例

案例 1

健康饮水

水对维持生命健康有着重要的作用,幼儿按照其体重每天应该摄入一定比重的水分,但很多幼儿喜欢喝饮料或牛奶,而很少主动喝白开水,这不符合《指南》精神。

同时只有感到口渴时才会想到喝水，这十分不符合健康要求，因为人不能等到感觉口渴了才喝水，而要经常补充水分。

为帮助幼儿形成主动饮用白开水的好习惯，教师在班级的饮用水桶旁边开辟了"今天你喝了多少水？"的专栏，要求幼儿每喝一次水就插一块牌，一方面教师可以借此了解每位幼儿的喝水情况，另一方面可以提醒幼儿及时、主动地喝水。并且在一日生活中组织幼儿喝水的时候，给幼儿讲解饮用白开水的好处，从而帮助幼儿达到健康饮水的目标。

活动评析：

《指南》提出，要培养幼儿主动引用白开水，不贪喝饮料的良好饮食习惯。幼儿一日生活中饮水时有发生，只要教师注重观察，抓住教育契机，时日久了自然会影响到幼儿。案例中教师有意识地制作标识牌，无意中有利于促进幼儿养成健康饮水的习惯。

案例 2

不挑食，不偏食

进餐时，逗逗首先会把碗里的青菜全扔到餐盘里，然后只吃肉不吃饭，吃完肉就开始东张西望，示意老师他吃完了。圆圆爱吃炖蛋，如果吃炖蛋，她就会一次又一次举手让老师给她加蛋，可饭却没吃多少。班上大部分幼儿更偏向于肉、蛋类，对蔬菜类不感兴趣。像青菜、萝卜、蘑菇等蔬菜有它特有的味道和口感，更是不符合幼儿口味，使幼儿自身对蔬菜有一定的排斥心理，因此挑食、偏食问题比较普遍。

为培养幼儿良好的进餐习惯，每次进餐时，教师都会给幼儿介绍食物名称、营养价值，并会针对性地与个别幼儿沟通。散步时，教师会带领幼儿参观班级种植角的大蒜、葱、青菜和生菜，欣赏自己的劳动成果。大蒜、葱、青菜和生菜成熟了，就组织幼儿一起去剥蒜瓣、摘菜送给厨师阿姨做菜，幼儿吃自己种出来的菜，吃得特别香，再也不把蒜瓣、青菜挑出来了。

活动评析：

挑食、偏食是幼儿成长过程中的普遍现象，也是制约幼儿养成良好饮食习惯的常见问题。一日三餐都是纠正挑食、偏食问题的契机。案例中教师在日常生活观察的基础上，结合日常进餐活动，既有面向全体的教育，又有针对个体差异的个别教育。并能结合一日生活的其他环节如散步进行随机教育，还能为幼儿创造亲身实践的机会，享受自己劳动的快乐，可谓一举多得。

动手实践

以《蛋糕里的秘密》为活动名称,并以绘本故事《蛋糕长大了啦》为活动导入,设计一个专门的中班饮食营养教育活动。

拓展知识

1. 中国民间节令的食俗

(1) 春节食俗。春节是中华民族的传统节日,除藏、白、傣三族外,其他民族都有过春节的传统。汉族更是以春节为一年中最重要的节日。一般休闲、亲人聚会、庆贺前后达一个月左右。

春节正值我国的冬末春始,气温较低,便于食物储存,因此许多地方有盐渍物保存(俗称腊肉、腊鱼等),其味长、香厚,有其特别的风味。

少数民族过年有特色:如彝族吃"坨坨肉",喝"转转酒",并赠送对方以示慷慨大方;壮族吃5斤多重的大粽粑以示富有;蒙古族围火塘"吃水饺"等。

(2) 元宵食俗。元宵的食俗都以"团圆"为旨,有圆子、汤圆等。各地风俗不同造成一些差异:如东北在元宵节爱吃冻果、冻鱼肉,广东的元宵节喜欢"偷"摘生菜,伴以糕饼煮食以求吉祥。

(3) 清明食俗。公历4月5日前后的清明节,主题为"寒食"与扫墓。清明吃寒食,不动烟火,生吃冷菜、冷粥,如今因生活水平提高,多吃卤菜、盐茶蛋、面包、饮料等。

(4) 中秋节食俗。中秋节也叫"秋节""女儿节""团圆节"等,在农历八月十五日。中华民族对中秋节十分重视。中秋节主要的食物是"月饼",象征团圆、吉祥,晚辈给长辈送月饼,朋友之间互送。月饼花色品种繁多,风格各异。

中秋节还有"赏月"的活动,伴随这些赏月活动的还有许多中秋食品,如藕品、香芋、柚子、花生、螃蟹等在中秋节最为鲜美。少数民族也非常看重中秋节,有各种"中秋活动",品尝各种风格独特的中秋食品:如傣族就会围坐饮酒,品尝狗肉汤锅和猪肉干巴、腌蛋和黄鳝干等。

(5) 重阳节食俗。重阳节也称"敬老节"或"老人节"。在农历的九月九日,故名重九或重阳。重阳节的食物大都是以奉献老人为主,如花糕、螃蟹,有些地方还吃羊肉和狗肉;祝福老人、避邪躲灾、祈求健康是重阳节的主题,食俗也围绕这些方方面面而成一种较独特的文化体系。

(6) 冬至节食俗。冬至节也称"贺冬节",是在农历的十一月冬至这一天,民间有"冬至大如年"之说。各地的庆典方式有异,因为冬至是吉日,所以大都有祭祖活动和庙会。伴随这些活动的食俗为喝米酒、吃长生面、冬至肉、冬至团、馄饨。

（7）腊八节食俗。腊八节又称"腊日祭"，原是古代庆丰收酬谢祖宗的节日，后演变为纪念释迦牟尼成道的吉日，一般认为是驱寒、祭神和辞旧迎新，伴随这些活动的食俗为熬腊八粥和举行家宴。腊八粥也称"五味粥"或"佛粥"，由于各种米、豆、果、菜等原料煮成，真正上好的"腊八粥"具有健脾、开胃、补气、养血、御寒等功能。

（8）除夕食俗。农历岁末最后一天的晚上为除夕，是我国众多民族共有的节日，流行于全国各地。除夕守岁，千年流传。南方的团年饭"年夜饭""年根饭""宿年饭""合欢宴"等，好吃和甘美，有庆丰收、贺岁迎春等多种含义与文化品位。

以上的我国节日食俗，大都是以民间农历为根据的，这主要是这些节日食俗是由先人传下来的，一代一代几乎没有什么改变，所以千古流传的节日食俗虽然有微小的变化，但是本质上和意义都没有什么大的区别。

摘自 http://www.docin.com/p-390759152.html

2. 家园合作，构建幼儿饮食教育管理模式

目前部分幼儿园只重视食堂管理而忽略了幼儿饮食教育管理。致使幼儿饮食达不到理想的效果。在针对幼儿的饮食情况和家庭健康饮食状况进行详细调查的基础上，采用统一举措，家园合作，构建幼儿饮食教育管理模式。

（1）家园互动，层层落实。为让家园双方真正成为一个教学共同体。幼儿园首先建立起平等、融合、环环相扣的组织网络，强调联网管理，变"单行线"为"立交桥"。交流的方式有：①口头交流（面谈、电话、家访、讲座）；②书面交流（家园联系栏、宣传橱窗、幼儿成长档案、园报）；③影视交流（拍摄DV片、照片）；④网络交流（建立博客、邮箱、QQ群，在班级"翼校空间"开辟"幼儿健康饮食教育"专栏）。

（2）家园融合，双双提升。活动是促进并实现家园融合的有效载体。为此。园所注重资源的整合、活动的创设，以达成教育成效的最大化。①展示性活动。比如开展妈妈厨艺大比拼、幼儿饮食故事大赛、亲子健康饮食知识竞赛、木偶剧表演等，帮助教师、家长、幼儿树立正确的饮食观念。②助教活动。比如请家长来园开展"我家的特色菜""营养师来园了"等助教活动。③协同性活动。比如开展亲子花色点心DIY、健康饮食教育主题家长开放日、营养分析会等活动。④特色性活动。比如组织幼儿参观幼儿园厨房，帮助择菜、洗菜、学习自己拌蔬菜沙拉等。

摘自 http://www.yejs.com.cn/wsbj/article/id/46316.htm

3. 西餐桌上的礼仪

（1）在西方去饭店吃饭一般需事先预约。在预约时，需注意说清楚人数和时间；要表明是否要吸烟区或视野良好的座位。如果是生日或其他特别的日子，可以告知宴会的目的和预算。在预定时间到达，是基本的礼貌，有急事时要提前通知，取消预约一定要道歉。

（2）上高档西餐厅吃饭，穿着得体是欧美人的常识。去高档的西餐厅，男士

要穿戴整洁；女士要穿晚礼服或套装和有跟的鞋子。如果指定穿正式的服装的话，男士必须打领带。进入餐厅时，男士应先开门，请女士进入，应请女士走在前面。入座、点酒都应请女士来品尝和决定。

（3）高档西餐的开胃菜虽然分量很小，却很精致，值得慢慢品尝。

（4）餐后可以选择甜点或奶酪、咖啡、茶等，不同的国家都有不同的小费习惯，一定要多加赞美和表示感谢。

（5）就餐时，要注意各细节。如就座时，身体要端正，手肘不要放在桌面上，不可跷足，与餐桌的距离以便于使用餐具为佳。餐台上已摆好的餐具不要随意摆弄。使用刀叉进餐时，从外侧往内侧取用刀叉，要左手持叉，右手持刀；切东西时左手拿叉按住食物，右手执刀将其锯切成小块，然后用叉子送入口中。使用刀时，刀刃不可向外。

摘自 http://baike.baidu.com/view/48632.htm

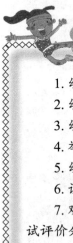

思考与实训

1. 幼儿园饮食营养教育的总目标、年龄阶段目标分别是什么？
2. 幼儿园饮食营养教育的内容有哪些？
3. 幼儿园饮食营养教育活动实施的方法有哪些？
4. 举例说明幼儿园饮食营养教育的途径。
5. 幼儿园饮食营养教育活动设计的基本要求有哪些？
6. 设计一则幼儿园饮食营养教育的活动方案。
7. 观察见习所在园幼儿园教师组织开展的饮食营养教育活动，结合所学内容，试评价分析教师所组织的活动。

知识链接

［1］侯彦丽. 浅谈幼儿良好饮食习惯的培养［J］. 新课程（上），2017（7）.

［2］庞建萍，柳倩. 学前儿童健康教育与活动指导［M］. 上海：华东师范大学出版社，2014.

［3］孙能. 幼儿饮食行为现状研究［D］. 沈阳：辽宁师范大学，2016.

［4］李翠红，胡燕，等. 儿童进食困难的评估及治疗［J］. 中国儿童保健杂志，2010（7）.

第五章 幼儿园安全教育活动的设计与指导

引例

据对2010年1月至2015年9月期间全国发生的在园幼儿死亡事件的85例真实事件进行统计分析发现,"窒息死亡"是当前在园幼儿死亡的主要类型,比例高达49.41%;3岁以下低龄幼儿是在园幼儿死亡事件的主要受害群体,占55.26%;民办园发生在园幼儿死亡事件的数量是公办园的13.17倍,占事件总数的92.94%。[1]

学习情境

熟悉《纲要》《指南》关于幼儿园健康领域中安全教育的相关部分,理解并掌握幼儿园安全教育的目标与内容,学会幼儿园安全教育活动的设计、组织实施与有效指导。

第一节 幼儿园安全教育概述

在对我国八省市部分地区幼儿园安全状况的全方位调查中显示:幼儿园发生的安全事故多种多样,其中频率较高的是同伴咬伤/打伤、坠落/摔伤/跌伤、烫伤/烧伤、运动器械致伤、拥挤致伤、动物咬伤、体罚致伤、走失、交通事故、溺水、性侵害、自然灾害致

---

[1] 冯宝安,周兴平. 2010—2015年在园幼儿死亡事件统计分析与解决对策[J]. 学前教育研究,2016(2):13.

伤等。[1]这些安全事故发生的原因大多是由于意外,而意外伤害已经成为21世纪威胁儿童生命和幸福的一大隐形杀手,目前也已经成为我国及世界各国0~6岁儿童的第一位死因。

幼儿园是3~6岁儿童身心成长的最主要场所,也是对其进行安全教育的关键场所。幼儿若能够在幼儿园时期受到良好的安全教育,将有利于其在成长期乃至成年期避免很多安全意外事故的发生。然而,就我国目前幼儿园安全教育的现状而言还是存在诸多硬伤,如幼儿园场地基础设施未能完全达标,幼儿园周边社会环境隐患较多,幼儿园安全制度不同程度的缺失以及幼儿园安全教育形式单一且重理论轻实践的特点等。因此可见,我国幼儿园教师和管理者对幼儿进行安全教育依然"任重而道远",必须充分认识到安全教育对于幼儿身心发展的重要性,树立起"安全第一"的幼儿园管理模式,通过科学的幼儿园安全活动设计与指导来促进园内安全教育工作的有效开展,同时让儿童变为自身安全的主动保卫者,将一切意外原因所引发安全事故的概率降到最低。

一、幼儿园安全教育的概念

幼儿安全是幼儿园的头等大事。从2016年3月1日起正式施行的《幼儿园工作规程》专设"幼儿园的安全"为第三章,总体要求"幼儿园应当严格执行国家和地方幼儿园安全管理的相关规定,建立健全门卫、房屋、设备、消防、交通、食品、药物、幼儿接送交接、活动组织和幼儿就寝值守等安全防护和检查制度,建立安全责任制和应急预案"。

幼儿园安全教育是保护幼儿安全的一个不容忽视的着力点。《纲要》将幼儿的安全教育具体归类到了幼儿健康教育中,在健康教育的内容与要求中指出"知道必要的安全保健常识,学习保护自己。幼儿园必须把保护幼儿的生命和促进幼儿的健康放在工作的首位。密切结合幼儿的生活进行安全、营养和保健教育,提高幼儿的自我保护意识和能力"。《指南》则对幼儿具备基本的安全知识和自我保护能力提出了各年龄段的典型表现和教育建议。

顾荣芳教授在《学前儿童健康教育论》中提到:"学前儿童安全生活教育是根据学前儿童动作发展、认知发展及生活经验积累等方面的特点,加强学前儿童对周围环境中潜在危险的认识,提高其预见性和保护技能,减少意外伤害发生,提高生命质量的教育。"

王潇主编的《幼儿园健康教育与活动指导》则给出了"幼儿园安全教育"的概念,认为"幼儿园安全教育是指在幼儿保教保育的全面教育中,保障幼儿的人身安全、心理的健康发展,引导幼儿形成安全意识并学会基本安全防范与自我保护的方法的教育"。

庞建萍主编的《学前儿童健康教育与活动指导》中虽没有给出安全教育定义,但指出了学前儿童安全教育的任务,即"一是帮助儿童树立有关安全的意识;二是引导儿童学习必要的安全知识;三是培养儿童良好的行为习惯;四是激发儿童参加体育活动的兴趣"。

综合上述观点,结合《纲要》和《指南》精神,可以将幼儿园安全教育定义为:在幼儿园根据3~6岁幼儿身心发展特点及规律,有目的、有计划组织实施的保障幼儿身心安全,引导幼儿树立安全意识并学会自护自救方法的教育。

【1】 刘鑫,李淑芳. 我国部分地区幼儿园安全状况与安全教育调查[J]. 调查与研究,2005(12):15.

二、幼儿园安全教育的目标

（一）幼儿园安全教育总目标

帮助幼儿了解有关日常生活安全的相关知识，培养幼儿具有良好的安全和自我保护意识，学会区分安全和不安全的行为，了解预防和处理安全问题的办法，初步学会处理安全事件的基本技能。

（二）幼儿园安全教育各年龄阶段目标

幼儿园安全教育各年龄阶段目标的确立，应参照《指南》中相关内容对幼儿学习与发展的合理期望。

《指南》中幼儿安全的相关内容

阶段目标	3~4岁	4~5岁	5~6岁
具备基本的安全知识和自我保护能力	①不吃陌生人给的东西，不跟陌生人走。②在提醒下能注意安全，不做危险的事。③在公共场所走失时，能向警察或有关人员说出自己和家长的名字、电话号码等简单信息	①知道在公共场合不远离成人的视线单独活动。②认识常见的安全标志，能遵守安全规则。③运动时能主动躲避危险。④知道简单的求助方式	①未经大人允许不给陌生人开门。②能自觉遵守基本的安全规则和交通规则。③运动时能注意安全，不给他人造成危险。④知道一些基本的防灾知识

依据幼儿园安全教育总目标，以及参照《纲要》《指南》，幼儿园安全教育各年龄阶段目标为：

1. 3~4岁（小班）

①不跟陌生人走，不吃陌生人给的东西。②在提醒下注意安全，不乱开电器，不乱攀高物，不玩刀和尖锐的物品。③在公共场所走失时，能向警察或有关人员说出自己的名字、家庭住址、家长的名字或电话号码。④知道过马路、坐车、玩运动器械时要注意安全。

2. 4~5岁（中班）

①知道在公共场合不远离成人的视线单独活动。②了解火、电、刀具的使用常识，不乱摸电线、电灯、电源插座孔等危险物品。③知道简单的求助方式，如在公众场所走失，会找警察帮忙。④了解用药的安全常识；认识常见的安全标志，能遵守安全规则；运动时能主动躲避危险。

3. 5~6岁（大班）

①未经大人允许不给陌生人开门。②认识日常生活中常见的安全信号、安全和危险标志，远离危险物品，不玩火，不接触煤气，不乱摸电器及其开关等物品。③遇到危险时尽快告诉成人，具有初步的自我保护能力。④知道药物的种类及服用注意事项；能自觉遵守

基本的安全规则和交通规则;运动时能注意安全,不给他人造成危险。⑤知道一些基本的防灾知识。

三、幼儿园安全教育的内容

幼儿园安全教育的内容通常包括食品卫生安全教育、交通安全教育、消防安全教育、玩具安全教育、活动安全教育、生活安全教育、疾病安全教育、危险自救和自护教育等。相对可以划分为以下三个方面:

(一)环境安全教育

环境既是幼儿生活的客观条件,又是对幼儿进行安全教育的有效资源。

幼儿生活的环境,包括房舍在内,各种各样的设施设备、玩具学具用具,其选择和使用都会对幼儿的身心产生重要的影响和作用。为确保幼儿安全,必须符合相应的要求,必须培养幼儿识别环境安全与否的意识。如用电安全,电源开关、插座不能触摸,不能玩弄;电器不能随意开启,尤其是电熨斗、电暖器等,不能随便玩,不去拉电线、剪电线、将电线插入电源插座等。玩水安全,池塘、井、河、湖、海等水深危险,不能私自靠近玩耍,不能去游泳,有人落水要找大人求救等。消毒物品、药品安全,消毒物品、药品不能拿取,药品要按医嘱在成人指导下服用。消防安全,懂得玩火危险,知道消防通道。玩具安全,不能咬食玩具,不能将细小的玩具塞入嘴里、耳朵里等。结合幼儿生活环境实际,在确保为幼儿提供安全生活环境的前提基础上,帮助幼儿树立环境安全意识,让幼儿在日常生活中学会辨别环境的安全与不安全因素,避免受到伤害。

(二)生活安全教育

生活安全教育主要是指围绕幼儿一日生活中的衣食住行各方面安全所应具备的基本知识和能力而进行的教育。如出行安全,上下楼梯靠右行走,不推不挤;过马路,左右看,红灯停绿灯行,不在马路上踢球、奔跑、玩游戏,过马路走斑马线等。活动安全,玩玩具时,不打不闹,要抓好扶稳,守秩序,避免冲撞等。食品安全,不随便捡食和饮用不明物,不吃腐烂和有异味的食物,喝汤喝水必须避免烫伤,吃鱼防止鱼刺卡喉咙,进食时不大声喧闹以免食物呛入气管等。结合幼儿一日生活,在生活活动、游戏活动、教学活动中,学会各种安全知识和技能,提高幼儿在生活中的安全意识和自我保护能力。

(三)自护自救教育

自护自救教育主要是围绕幼儿常见疾病与传染病的防护和意外伤害事故来开展的,目的就是让幼儿在面对身体不舒服、有疾病症状或紧急危险情况时能够主动地采取初步的自护自救措施,具备一定的自护自救能力的教育。

疾病自护:当感觉自己身体不舒服和有疾病症状时,如头痛、发烧、咳嗽、肚子痛、鼻出血、牙出血、眼睛不适等,能及时告诉家长和教师;有病愿意去医院就诊,就诊时能主动配合医生,打针吃药不哭不闹,不胡乱吃药。紧急情况自护自救:当独自在家时,不给陌生人开门;不吃陌生人给的东西,不要陌生人的财物,不听信陌生人的话,不跟陌生人走；不擅自离开家、幼儿园，人多拥挤处与大人携手同行；遇到坏人时会呼救和求救；遇到危险，会拨打紧急呼叫号码（110、119、120等），能正确表达清楚地址、姓名以及事态；遭遇火灾，会用防烟口罩或干、湿毛巾捂住口鼻，立即趴在地上，匍匐前进尽快逃离现场。

第二节　幼儿园安全教育的实施

一、幼儿园环境安全教育的实施

（一）环境安全教育实施的主要内容

幼儿园环境有"大环境"和"小环境"之分。"大环境"是指幼儿园通过整体科学合理布局和各项安全制度贯彻落实给幼儿提供的安全舒适的园区公共环境，"小环境"是指各班级保教人员共同创设的安全温馨的班级环境。从两种环境中，保教人员都可以抓取可利用的教育素材让幼儿全面认识安全的环境，了解不安全环境的特征。

我国对幼儿园安全工作历来都十分重视，教育部、卫生部、建设部等部门制定了一系列相关的法规和文件，对幼儿园建筑设计规范、设备设施、人员资格、安全、卫生保健等方面都有明确而具体的规定，如《托儿所、幼儿园建筑设计规范》和《学校食堂和学生集体用餐卫生管理规定》。幼儿园只有严格遵守上述有关规定，才能真正为幼儿提供安全舒适的园区公共"大环境"。

在"大环境"安全的前提之下，要结合幼儿的日常生活确保幼儿园班级环境的安全。因为班级是幼儿在幼儿园一日生活的主要活动场所，它不仅是幼儿教师开展幼儿教育的基本单位，还是开展幼儿安全工作的重要组成部分。保教人员通过开展班级安全环境创设，对幼儿产生潜移默化的影响，形成良好的安全环境意识。班级安全环境教育实施具体可以包括以下三个方面：

1. 生活活动环境安全教育

即结合幼儿生活活动环境，对幼儿进行安全意识培养。主要是在吃喝拉撒睡各个生活环节中，保教人员在为幼儿创设安全、整洁、温馨、舒适的生活活动环境的同时，提醒幼儿进餐时不说笑不打闹、如厕时守秩序不推不挤、睡觉时不得将细小的东西带到床上，以免幼儿将其塞进鼻孔或喉咙里引起窒息，教育幼儿注意刷牙漱口保证口腔卫生、不要在昏暗的光线下看书及不用脏手揉眼睛保证用眼卫生等，保护自己的身体，会避开危险物品等。

2. 教学活动环境安全教育

即结合幼儿教学活动环境，对幼儿进行安全意识培养。主要是在教学活动过程中，保教人员在为幼儿提供安全的活动环境的同时，提醒幼儿注意活动设施正常与否，有无螺丝松动、油漆脱落、边角破损等现象，活动场地合适与否，有无积水导致可能湿滑、有无障碍物导致可能绊倒等现象，同伴之间相处融洽与否，有无争抢打闹现象等。

3. 游戏、区域活动环境安全教育

即结合幼儿游戏、区域活动环境，对幼儿进行安全意识培养。主要是在游戏、区域活动过程中，保教人员应为幼儿提供安全的活动环境，如各区域材料投放要适量，并不是种类和数量越多越好，针对小班幼儿以自我为中心的心理特点可以量多类少，而中大班合作意识慢慢加强则可以量少类多。同时，要提醒幼儿必须遵守游戏规则、区域规则，如四散追逐跑时要避免对撞，要注意躲闪，如区域有人数限制时，要严格控制参与活动的人数等，帮助幼儿树立遵守规则是确保环境安全基本前提的意识。

总之，在班级安全"小环境"的创设教育中，班级保教人员一方面要为幼儿提供安全环境，另一方面要在活动中对幼儿因势利导，发挥幼儿的主体地位，充分调动幼儿的积极性、主动性、创造性，培养幼儿良好的安全环境意识。

案 例

环境安全导致的意外事故

（1）幼儿在盥洗室排队喝水拥挤，因盥洗室地板很滑，一位幼儿不小心摔倒在地上撞到了后脑勺。

（2）教师在吃话梅时顺手递给某幼儿一颗，幼儿不慎呛入气管。

（3）某幼儿园户外滑滑梯没有安全标识，幼儿玩耍时推搡中有几名幼儿被绊倒踩到手。

（二）环境安全教育实施的指导要点

针对以上提到的园区公共区域"大环境"和班级"小环境"的安全创设与安全意识教育的要求，结合大部分幼儿园的实际需要指导时应注意以下几点：

一是有制度做保证。幼儿园安全制度的制定与落实是所有安全教育实施的前提保障，是幼儿园进行安全教育中不容忽视的一个环节。虽然每一所幼儿园根据实际情况的不同对园所安全制度的制定有一些差异，但基本都包括门卫制度、接送幼儿制度、交接班制度、房屋设备管理制度等。

在具体操作落实中需要做到：成立幼儿园安全工作领导小组，实行分工负责制；幼儿园注意房屋、场地、玩具级运动器械的使用安全，定期检查，及时维修，预防重大安全事故的发生；保健医生必须妥善保管幼儿的药品，必须仔细核对药名、药量、幼儿姓名等按时给幼儿服药；食物应该放在安全的地方，冷热适中后再给幼儿使用；严把食品的进园关和食品入口关，严防食品中毒事件的发生；严格实行安全接送制度，并由门卫加强管理，防止幼儿出大门走失，禁止外来人员来园玩耍借宿；实行安全事故及时上报制度，幼儿园内发生重大伤害事故后，由安全联络员在2小时内及时向上级主管部门汇报情况等。

第五章 幼儿园安全教育活动的设计与指导

二是注重日常防范。儿童伤害虽然大部分是突发事件，但其发生总少不了外部原因和内部原因的共同作用。尤其值得重视的是，儿童生活的室内、户外环境，以及家庭和幼儿园环境存在很多不安全的因素，需要加以防范，发挥家园互动的作用，共同为儿童营造安全的环境。

具体来说，室内安全环境的日常防范需要做到：保持活动室整洁，避免杂物散落，容易绊倒幼儿；桌椅采购需要注意四个角需有弧度，避免尖锐的角伤害幼儿；打扫幼儿出入多的地方时，不要洒太多水，以免幼儿滑倒；发现活动室有电线松落、开关插座破裂、风扇灯具松动等现象，要及时报告维修，以免发生意外；教育幼儿上下楼梯靠右行，不在楼梯扶手处往下滑行，上下楼时不准拥挤等。

户外环境安全的日常防范需要做到：让幼儿懂得走路靠右边，要走人行道；在户外不要追逐打闹或突然跳进跳出；不要随意捡拾一些不明物体；不随意踩踏看上去凹凸不平的地方；不要在人多的地方拥挤；外出时一定要紧随同去的成人；要知道与家人联系的电话号码及居住地址；知道遇事可以求助他人或警察的帮助等。

家庭安全环境日常防范需要做到：及时擦干水分，防止幼儿滑倒；家中物品和玩具的放置要考虑幼儿能拿到，不要让幼儿爬上凳子去拿；在家中安装安全防盗窗，注意不要让幼儿从窗户和阳台往下探身，防止不慎坠楼；不要让幼儿接触尖锐物品或各类利器，以防弄伤自己；安全用水和用电，尽量少让幼儿接触，防火防触电；在家中提高安全警惕性，不要与不熟悉的人或物接触；家庭幼儿用车安全尤为值得关注，安装儿童座椅，做好幼儿乘车常规教育等。

三是活动中有渗透。幼儿安全教育的实施并不是一时一事的。幼儿的年龄特点决定了安全意识教育应当蕴含在幼儿所有活动环境之中，从小事抓起，从细微处入手。

环境安全措施

1. 制度保证环境安全

某幼儿园班级相关管理制度有《幼儿服药记录本》《班级接待见实习情况记录本》《班级家长工作记录》《交接班记录》《班级安全工作记录》《晨午检及全日健康观察登记本》《随访记录》《班级消毒工作登记表》。这些表格记录的填写基本反映了幼儿各个生活环节的安全实况，可以确保为幼儿提供一个安全的环境，可以确保任何一个环节发现问题能够得到及时处理。

2. 活动中渗透环境安全教育

某幼儿园某小班某实习老师观察记录：5：30—16：15，主班老师组织美术活动。在活动开始前，主班老师针对今天上午发生的意外向幼儿讲解冰块和抽纸的用途及使用注意事项，分别是为了告诉幼儿遇到安全意外时的急救措施和不要浪费的道理。

二、生活安全教育的实施

（一）生活安全教育实施的主要内容

幼儿园要真正最大限度地确保幼儿安全，最主要的还是要发挥幼儿的主体性，让幼儿具备安全生活的知识，并能将其内化为幼儿在生活中的安全生活能力。对幼儿实施生活安全教育具体落实到幼儿园，主要包括以下三个方面：

1. 幼儿自我生活安全的教育

常言道：授人以鱼，不如授人以渔。所以，对幼儿进行安全教育的最关键的一点是帮助幼儿树立安全和自我保护意识，进而培养安全行为与技能。幼儿园的各类活动设计除了要注意生活（交通、饮食、生活习惯）、学习、运动和游戏四个方面的安全，还要根据社会发展的现实性增添诸如防诱骗和身体侵害等内容。幼儿教师可以从儿童自我保护能力较弱的特点出发，有意识地通过看图画、读儿歌、讲故事、做小实验、组织活动和互相讨论等形式，让儿童了解周围的环境，懂得周围各类危险因素的危害。总的来说，幼儿自我生活安全意识的树立与能力的培养可以从根本上预防幼儿因自身原因和他人原因遭受意外安全事故。

2. 他人生活安全的教育

早在2005年发表的《我国部分地区幼儿园安全状况与安全教育调查》一文中就对幼儿常见安全事故种类和发生频率进行了问卷调查，结果显示"同伴咬伤或打伤"这类安全事故以36%的比率高居榜首，成为幼儿园主要的幼儿安全事故类型。随后的分析也指出"大部分教师和园长认为导致幼儿安全事故发生的主要原因来自幼儿方面的占80.1%"。由此可见，幼儿在同伴交往中无意识地伤害他人是幼儿园安全事故发生的主要原因，至今，幼儿园在同伴玩耍安全这一方面仍然持有很高的关注度。3~6岁幼儿尚处在"去自我中心化"的阶段中，难免会出现争抢玩具等不同类型的攻击性行为，所以，在做好自我生活安全教育的同时，为了更好地预防伤害同伴事件的发生，还应该对幼儿做好勿伤他人、确保他人安全生活的教育。

3. 安全生活规则的教育

安全生活规则教育就是将安全规则内化为幼儿的安全行为习惯，从而帮助幼儿适应集体和社会生活，是实现自我和他人安全生活的重要前提。在生活实践中，交通安全、运动和游戏安全等的保障都需要遵守一定的安全规则，比如排队离开活动室进行户外游戏，不要横冲直撞；遵守户外运动器械使用规则，不做危险动作；过马路走人行横道，红灯停绿灯行；乘车时不将头和手伸出车外等。从幼儿园的角度来看，安全生活规则教育是属于幼儿一日生活常规教育的一部分，在真正实施中基本能够融入常规培养，并实现家园互动与合作。

第五章 幼儿园安全教育活动的设计与指导

一位母亲，正带着两个孩子，突然间腹部剧痛，不得不去医院。病情危重，母亲立即被送入手术室，两个孩子等候在手术室门外。这时候，一名奇怪的女子，和两名更奇怪的男子出现了。看到两个无人照料的孩子，三人顿时露出阴暗的笑容并慢慢凑近孩子。那名女子微笑着打招呼："小朋友好。"两个孩子说："姐姐好。"女子说："小朋友真可爱，帮姐姐一个忙吧。姐姐的男朋友害怕打针，躲进了男厕所。你们都是充满爱心的善良小朋友，帮姐姐把他叫出来好不好？要不然他会死的。"万万没想当，两个孩子把头一摇："不用了。"什么叫不用了？三人又急又恼地说道："小朋友，爸爸妈妈，没告诉过你要有爱心，乐于助人吗？如果你不帮姐姐，那你就是自私自利的坏孩子，爸爸妈妈和幼儿园老师一定会惩罚你的。"没想到，两孩子还是摇头说："不用了。"孩子是在明确地拒绝，但因为他们还太小，语言表达不够精准，只会说不用了。这两孩子，竟然是油盐不进，对方还要再想别的招，这时候孩子的亲友赶来医院，对方只好悻悻而退……

（二）生活安全教育实施的指导要点

在幼儿生活安全知识与能力教育实施中，应把握以下指导要点：

一是一日生活皆教育。"教育来自生活，又为生活服务"，这句话是对幼儿教育生活性特点的正确阐释。对幼儿安全生活知识与能力的教育首要的就是要渗透在一日生活中，教会幼儿怎样树立自我保护，勿伤他人和遵守安全规则。所以，在幼儿园中，首先要让幼儿明确一日生活中各个环节和各项活动的具体要求，知道怎样做才安全，怎样做不安全。教师除了提出要求和教给幼儿方法以外，还应注意督促和检查，经常提醒，使良好的行为习惯不断得到强化，逐步形成自觉的行为习惯，帮助幼儿获得安全生活的知识和能力。

比如，在进餐环节，保教人员要教育幼儿不吃过热或过凉的饭菜，教会幼儿尝试饭菜温度的方法；教会幼儿餐具的正确使用方法，特别是不能含着饭菜和勺子四处走动和打闹；在食用带骨肉类或鱼类时，要教会幼儿去除鱼刺和骨头的方法，防止卡刺扎伤咽部；用餐前后半小时不做剧烈运动，做好安静的过渡环节等。在睡眠环节，不要让幼儿将小玩具带入睡眠室，教育幼儿不要在床上打闹，尤其是站立在床上跳动；教育幼儿不要用嘴咬被角，不要蒙头睡觉，以防造成窒息等。在活动环节，理解幼儿的从众心理，叮嘱幼儿在如厕盥洗时不要拥挤、争抢和打闹，以免导致同伴互伤事件，防止因地面积水而发生滑倒；盥洗时，教育幼儿不玩水，正确涂抹肥皂和洗脸；饮水环节教会幼儿判断饮用水的温度，在喝水时不要打闹、跑动，以防发生呛水等。这些一日生活环节中的各项教育要点看似非常细微，但通过日积月累的教育和规范是可以帮助孩子养成一辈子的好习惯的，同时也能够为幼儿园教育教学活动安全有序的开展提供内在保障。

二是开展专门的安全教育活动。幼儿的可塑性很强但知识经验匮乏，探究欲望强烈但安全意识薄弱。一日生活活动因为其常规性可以提供给幼儿的安全经验内容有一定的局限性，所以就需要通过教师开展专门的安全教育活动拓宽幼儿的安全知识面。同时，在培养幼儿安全生活的过程中，必须结合幼儿年龄段的特点，必须考虑不同年龄段幼儿的发展水平来开展安全教育活动，让幼儿安全知识和能力的培养内容具体化、形象化和游戏化。

比如角色游戏"娃娃家"，可以教育幼儿不能给陌生人开门，不轻易跟陌生人讲话等，而"交通安全"可以让幼儿学会过马路看红绿灯、遵守交通规则等。体育游戏"我有办法"可以模拟安全疏散演练过程，教师对个别动作协调能力较差、姿势不正确的幼儿加强个别指导，让幼儿模仿、学习正确的姿势和安全逃生的办法，从而增强自我保护意识。表演游戏"迷路的小花鸭"让幼儿在表演中懂得自护自救的方法，教师可以通过准备材料和提供环境来支持幼儿进行表演游戏，鼓励他们进行探索。结构游戏"开汽车"可以让幼儿直观地获得交通安全知识，幼儿在搭建马路、汽车道、人行道和红绿灯标志的过程中，教师可根据实际情况顺势进行安全教育。区域活动中教师可以为幼儿提供有关安全意识培养和安全知识传授的通俗易懂的读本，让幼儿在阅读中学会辨别安全与不安全的因素。通过这些活动的开展，安全规则意识的培养在无形之中已经渗入幼儿的心灵，幼儿在生活中就能真正保护好自己。

三是家园互动合作。保障幼儿生活安全是幼儿园教师和家长的共同任务。教师在保护幼儿的安全及进行安全教育时，角度是多重且灵活多变的。教师要培养幼儿预测、判断、回避危险的能力，探索、创新、自主的精神，允许幼儿尝试各种他们自创的具有"冒险性"的活动，以及自创的一些游戏"非常规"玩法，如若不然就会造成作茧自缚的后果，束缚住幼儿的创造性。而幼儿园的这一系列做法都需要家长的支持。同时，对幼儿安全生活知识和能力的培养同样可以延伸到家庭中，所以，幼儿安全生活需要的是幼儿园与家长的合力，从树立一致的家园共育理念和构建多元有效的家园合作形式两方面着手。

比如，在家同样做好幼儿安全的日常防范，不做危险动作，不靠近危险区域；在园区与同伴玩耍时，看管好幼儿，尽量减少同伴伤害；在户外活动时，告诉幼儿躲避汽车，不要横冲直撞，不在危险区域玩耍；做好家园联系手册的双向填写，让教师和家长互相知晓幼儿在园和在家的各项表现，以及值得关注的事项；吸引家长参与幼儿安全活动设计，充分利用社会资源组织幼儿外出参观，也可以将这些升级为亲子活动获得家长的支持等。

三、自护自救教育的实施

（一）自护自救教育实施的主要内容

针对3~6岁幼儿的身心发展特点，幼儿园即使在环境安全教育和生活安全教育两个方面做到万无一失，也无法完全避免幼儿安全意外事故的发生。整个社会的大环境中无时无刻不存在着对幼儿造成伤害的因素，比如近几年频发的性侵、被锁车内、被拐骗和假期下河溺亡等各类案例都在提醒着我们还应该让幼儿自己在遭遇危险的时刻能够展开自护和自

第五章 幼儿园安全教育活动的设计与指导

救。因此，幼儿园开展安全自护自救教育就是守护孩子安全的最后一道封锁线，让幼儿学会基本的自护和自救措施，足以在遭遇危险的时候尽量把伤害降到最低程度。幼儿园开展幼儿安全自护自救教育主要是做好以下三个方面的内容：

一是提高自我保护能力。据运用基于首位灰列 GM（1，1）模型的我国 3~6 岁幼儿体质动态预测研究成果表明，幼儿随着年龄增大，身体形态发育水平的快速提高并未引起身体素质对应提高，甚至有所下降。而从活动部位来看，身体下肢部位的素质增长快于上部。究其原因，过度营养、不良家庭生活行为方式、幼儿园小学化以及缺少基本体育活动等都是引起超重与肥胖、身体素质提高不力的因素。这些原因间接还会导致幼儿动作的协调性、灵活性及平衡能力达不到自我保护的要求。所以，加强幼儿的体能训练，增强体质，提高行动反应能力，是做好自我保护的积极举措。幼儿园应该结合幼儿身心特点，保证幼儿充足的体能活动量，通过"老鹰抓小鸡""老狼老狼几点了"等有趣的体育游戏以及其他专门活动，增强幼儿躲闪、滚爬、跨越、呼喊等快速反应能力，一旦遇到危险，可较为迅速地避开、逃离危险。事实也证明，那些活泼好动的孩子动作灵活、协调、反应更敏捷，受到伤害的概率也相对较小。

同时，当幼儿自身感觉身体不舒服或有疾病症状时，应能及时告诉家长和老师，并能积极配合医治，做到打针吃药不哭不闹。对于摔伤磕伤、破皮出血等，能进行简单的处理。

二是增强安全自救能力。幼儿由于年龄的限制，生活经验是远远不够的，所以真正遭遇险情时身心都难以应付，而只有采取求助和自救的方式才能尽量保证自身安全。幼儿园就应当在一日活动中注意教授求助技能，增强幼儿安全自救的能力。首先，从敢于求助入手，教育和鼓励幼儿在遇到危险时敢于向大人求助，尽量用语言清楚表达自己的意愿，说明事情发生的时间、地点和详细情况，尽全力完整地叙述，而不仅仅只是自己哭泣、发脾气，甚至连哭喊的胆量都没有。其次，教授幼儿求助的技巧，一般向警察叔叔、门岗人员、售货员或售票员等人求助比较安全。在求助时务必要观察清楚对方是否能够真心地帮助自己，如果在求助中下意识觉得遇到坏人，不但不能继续求助，反而要注意躲避等。最后，教会幼儿打求助电话也是紧急自救的重要手段。在当今电话较普及的社会中，幼儿园应该教会幼儿拨打父母的手机，知道 119、120、110 等呼救电话的含义。电话接通后会叙述自己在哪里，发生了什么事，需要什么帮助，这是最容易获得有关部门帮助的办法。

三是学习一些急救措施。一般来说，幼儿在遭遇危险情况时都会出现不同程度的身体受伤现象。即使幼儿年龄小，还不具备进行全套急救处理的能力，但作为伤害事故的当事人还是可以在第一时间主动控制自己的恐慌情绪并进行一些简单的急救措施，让大人发现的时候能够再进行下一步的急救，尽可能最大限度地降低伤害程度，确保幼儿的身心健康。比如，对于简单的皮外创伤，幼儿可以第一时间找清水冲洗，再找纸巾或布料包住伤口以免失血过多；如果鼻出血，幼儿可以头略向前低，用手指捏住鼻翼，张口呼吸；假若异物入体或骨折等运动伤害，幼儿一定不要慌张，尽量保持自己身体不动的状态，以免异物在体内的晃动，并紧急告诉身边的大人等。这些做法不是幼儿天生就会的，而是需要依靠以幼儿园为主的各方面力量在平时生活中进行合力教育。

第二部分　幼儿园健康教育活动指导

防骗实战

2016年1月21日，德州市德城区天华幼儿园举行了一场防骗演练，幼儿园邀请学生家长作为志愿者，在孩子们自由活动时间，由家长乔装成"拐骗人员"有计划地对幼儿进行"实战"拐骗，骗出幼儿园大门口算"拐骗"成功。

演练结果让老师和家长大跌眼镜，家长们的"骗术"都非常成功，失败的并不多，更有一个家长把一个班30多个孩子全都骗了出来。

家长用的招数基本都是"小朋友，帮我一个忙好吗？""宝贝，你想吃糖吗？我准备了好多好吃的东西。""小朋友，你们园长办公室在哪里？带我去好吗？""我手机里的游戏特别好玩，你想玩吗？"……

演练活动中，家长们有的运用"权威诱惑法"，有的运用"物质利诱法"，还有的用"带路引路法"，各种手段五花八门。活动中，班级老师按照事先要求，不做任何语言提示，在一旁暗暗观察孩子们的反应及表现。

家长路先生就是骗出30多名孩子的家长，他首先利用手中电动玩具汽车吸引孩子们的注意力，再找到一名最活跃的孩子，从他嘴里套出家长的信息，并声称是家长的同事，而且有照片为证。"我拿出手机随便找了几张照片让孩子看，其实他根本没看清，但也信以为真。"路先生说，取得信任后，他对全班的孩子说，下面大家一起来跑步，谁能跑第一就把之前的电动玩具汽车给谁。当有孩子表示怀疑不想出去时，这个孩子就站出来作证，告诉大家路先生是他父亲的同事，并不是骗子，就这样，路先生把30多个孩子都骗了出来。

（二）自护自救教育实施的指导要点

针对以上提到的幼儿通过体能训练、技能学习等提高自我保护能力，通过学习求助方法增强自救能力和了解急救措施降低伤害程度三方面的要求，幼儿园实施自护自救教育时，其指导要点主要有以下几点：

一是做好随机教育。幼儿的安全自护自救知识和技能的获得并非一朝一夕可以完成的，因为生活中隐藏着各种可能发生意外伤害的因素，使得进行安全自护自救教育显得防不胜防。所以除了在日常生活中加强幼儿安全教育，提升幼儿安全意识和防护能力之外，教师必须要随机利用语言进行提醒与帮助，培养幼儿良好的安全行为和习惯，让幼儿真正学会面对危险时可以采取的自护自救措施。

做好随机教育，一方面是要能够在幼儿园一日生活活动中善于观察幼儿表现和周围环境，将看准教育时机自护自救教育融入幼儿活动中，而不停止在说教的层面。比如，在幼儿上下楼梯的时候，教育幼儿靠右边慢慢走不要拥挤；在幼儿进行区域活动时，教育幼儿不要把弹珠和超级黏土等细小玩具装在自己身上，并且不要将它们放入口鼻耳中；告诉幼儿不要接触活动室中通电的东西，以免发生触电等。另一方面就是教师要能够在发生安全事故之后，及时进行随机小结教育。

二是设计专门活动。幼儿安全自护自救教育相对于环境安全教育和安全生活意识培养教育来说，都显得更加专业和具有针对性。因为生活中的意外事故层出不穷，类型也越来越多样化。就目前我国幼儿园五大领域活动组织的现状来看，并没有对安全教育的自护自救方面划定专门的领域来进行活动设计与组织，而是较为笼统地将其归为健康教育领域。但是因为这项教育对不同安全事故的针对性和特殊性，对其进行专业的活动设计与组织还是很有必要的。

比如，在幼儿园基本是禁止幼儿接触电、火和煤气这类物质的，但是在日常生活中随着幼儿经验的积累，难免会接触这些相对危险的物质。那么在幼儿园的专业活动设计中就必须要涉及安全使用这些物质的内容，还要尽可能地让幼儿接触到虚拟的可能发生的用火、用电或用气的安全事故，在虚拟的情境和实操的体验中让幼儿学会自护自救的本领。针对这些，幼儿园的一日生活活动和领域教学中并没有专门设计这一块的内容，所以幼儿园可以借助园本课程开发等机会来进行教育资源的创新与整合。在袁小丽老师发表的《企业幼儿园幼儿安全自护能力培养研究》一文中，就针对一所武汉石化企业改制幼儿园的办园特色，着力针对本园地处武汉石化企业厂区外的生活区、离企业生产装置比较近、存在很多不定性安全隐患的实际情况，开发幼儿安全自护能力园本课程：按照年龄特点和该年龄段幼儿容易遇到的安全问题，设计教学活动、游戏活动；根据节日、气候、周边环境、突发状况等，有计划、灵活地开展安全自护主题教育活动。诸如此类的主题教育是目前很多幼儿园安全教育采取的做法，也确实发挥了很大的作用。所以，事实证明，专业的安全自护自救教育活动的设计才是充分发挥幼儿园活动设计效用的关键因素。

三是利用社会资源。幼儿园的安全教育，尤其是自护自救教育离不开多社会大环境资源的有效利用。比如像交警、消防员和刑侦警察等社会职业本身就具有对社会成员宣传自护自救知识和方法的义务。所以幼儿园要充分利用社会资源来加强对幼儿的安全教育，尤其应突出如防拐妙招和火灾逃生等自护自救措施的教育。

幼儿园可以邀请消防员给幼儿讲解有关用火的注意事项，请交警演示交通安全规则，请公安警察告诉幼儿一些防拐、防骗、侵害等自护自救方法等。在利用社会资源对孩子进行安全教育的同时，还应该注意避免社会上一些不良现象和资讯的影响。比如温州就有两名五岁的小男孩在三楼家中一起看电视，后来想出去玩时，发现门被大人反锁，于是二人合计爬窗跳下……待外面的群众发现时，两名小孩已双双倒地受伤。小男孩的家人透露，其中一名受伤的小孩事后说，他们之前看过电视中有些人跳下都没事，于是也就"学着"跳下去了。这位男孩家人不由感叹，都是这些"害人"的节目给害的。对此类带有暴力、色情、恐怖等内容的电视、网络节目等不良信息，应该防止幼儿接触。因为孩子理解能力差、好模仿，特别喜欢模仿电视节目中的一些内容，一旦模仿不良行为，不但会伤及自己，还可能伤害他人。当然，这些也离不开每一个家庭对幼儿安全教育的关注。

案例

1. 某幼儿的手被门夹伤了

"下午户外活动结束后，3名幼儿擅自跑到二楼活动室正门附近玩耍，其中两名幼儿用力关门不小心导致另一名幼儿的手被门夹了，出现瘀血……

16：15—17：00晚餐环节，教师针对发生的意外伤害事件向幼儿重申常规，外出户外活动时所有幼儿都要排成小火车跟在老师的身后，不准任何一位小朋友擅自离开队伍……

这种在活动过后利用过渡环节带领幼儿及时反省与学习的方法不失为一次好的随机教育。

2. 背心裤衩覆盖的地方别人不能摸

"妈妈，不要亲我！"五岁的晨晨回到家，妈妈高兴地想在儿子脸上亲一口，遭到了他的拒绝。妈妈追问，晨晨说：老师告诉我们，当我们不喜欢被"抱抱"或者亲吻时，要大声说"不"。晨晨学会了"自己保护自己"。

原来是在新学期的第一天，幼儿园针对中大班幼儿开展了《背心裤衩覆盖的地方别人不能摸》安全教育第一课。幼儿园老师们还自编了《背心裤衩覆盖的地方别人不能摸》的儿歌，"小熊小熊好宝宝，背心裤衩都穿好。里面不许别人摸，男孩女孩都知道。小小秘密藏心里，谁也不会告诉你。坏人要是欺负你，告诉妈妈要牢记……"用最简单直观的形式，告诉幼儿要学会自我保护。

第三节　幼儿园安全教育活动设计与指导案例评析

一、幼儿园环境安全教育活动案例

  案例1

会说话的安全标志（大班）

活动目标：

（1）认清并理解安全标志的含义，懂得按照安全标志的要求行动；

（2）动手制作安全标志，进一步引发对安全生活的关注。

活动准备：

（1）经验准备：幼儿在日常生活中已经见过这些安全标志，事先让幼儿收集过相关的安全标志。

(2)物质准备：PPT课件；画纸、水彩笔、剪刀等工具材料；装有各种标志卡片的布袋子。

活动过程：

1. 找一找

（1）观看PPT，找找故事中的安全标志。

（2）提出问题，请幼儿思考：

①为什么要有这些安全标志，这些安全标志有什么用？

②除了马路上的安全标志，你还见过什么安全标志？在什么地方见过？它们表示什么意思？

（3）请幼儿继续观看PPT，寻找有关的安全标志。

小结：这些安全标志是起提醒作用的。

2. 议一议

（1）幼儿尝试从布袋中找出安全标志，并介绍这些标志的意思。

（2）讨论安全标志的用途：生活中为什么有这么多安全标志？它们有什么用途？小朋友想一想，如果没有这些安全标志行不行？为什么？

（3）议一议没有安全标志的危害。

小结：每个人都生活在集体中，作为社会中的人，一定要按安全标志上的要求行动，要能既方便自己又不影响集体。如果不这样会出现很多问题，人们的工作、生活、学习就不能正常进行。

（4）游戏：看谁找得准。

教师说出一种安全标志名称，请幼儿迅速找出相应的安全标志卡片。

3. 做一做

（1）想一想，我们教室里和幼儿园有什么地方需要悬挂安全标志？请小朋友尝试动手设计和制作，让安全标志告诉我们在什么地方做什么事情，应该怎么做。

（2）请小朋友介绍自己设计、制作的安全标志的内容和作用，并用简练的语言讲给大家听。

活动延伸：

让幼儿找需要安全标志的地方，在上面悬挂上自己制作的安全标志，并继续探索相关的安全标志，尝试理解安全标志的含义。

活动评析：

案例将教学与环境创设相结合，侧重于常规安全知识的教育。活动的设计比较有层次，由浅入深，由易到难：先让幼儿自己"找一找"，有了初步认识；再让幼儿"议一议"，学会思考；最后再让幼儿"做一做"，充分发挥自己的创造力将想法付诸实践。

在不同层次环节活动设计的总结方式都各有不同，充分体现了"找一找""议一议"和"做一做"的不同深度设计。比如，在查找完资料后进行小结，讨论完安全标志的作用和意义就立刻用游戏的方式进行实践，而最后让幼儿自己动手制作标志之后则采取让幼儿自己介绍标志的做法来帮助幼儿表达制作意图。

第二部分 幼儿园健康教育活动指导

针对大班幼儿的特点，活动设计没有仅仅停留在老师引导的层面上，而是善于激发幼儿自己的探索欲，充分发挥幼儿的主体性地位，并注重对班级安全环境进行有效渗透。"做一做"和"活动延伸"部分将班级环境和生活安全有机结合，激发幼儿对自己开展一日活动的班级环境的安全性进行主动思考与设计。

源自上海市实验幼儿园

案例 2

穿戴什么去运动（大班）

活动目标：

（1）享受运动的快乐；

（2）感知、体验运动时穿戴适宜的服饰能让自己更安全有效地运动；

（3）区分运动时不可以穿戴和可以穿戴的服饰，增进运动中的自我保护意识。

活动准备：

1. 经验准备

（1）懂得遵守在小班和中班进行体育运动的规则；

（2）玩走木桩、钻拱门、跳圈和击剑四类游戏。

2. 物质准备：小动物头套若干；长裙、长挂件、值日生牌若干；鸭舌帽子、头盔、高顶帽子若干；拖鞋、硬皮鞋、大鞋子、小鞋子若干；护膝、护腕；幼儿自己运动鞋和运动服。

活动过程：

1. 谈话导入活动

教师：过几天我们班要开一个运动会，都有哪些比赛呀？我们参加比赛要穿戴哪些服饰呢？（向幼儿展示准备的服饰。）

2. 请幼儿选择运动项目（走木桩、钻拱门、跳圈或击剑），穿戴服饰进行练习

教师：请小朋友们穿上服饰并选择一项运动。

3. 师幼共同讨论适合运动的服饰与不适合运动的服饰。

（1）请幼儿讲述运动时的感受。

教师：刚才你穿戴了什么？参加了哪个比赛？你的服饰方便你运动吗？

（2）全体幼儿穿运动服和球鞋再次练习，进行比较，谈一谈感受。

（3）师幼共同总结：运动不是去表演节目，运动时并不是什么服饰都能穿戴，有的服饰会妨碍我们运动。我们要穿戴方便自己运动的服饰，这样才不容易发生危险的事情。运动服和运动鞋是运动时最好的服饰。

4. 扩展知识经验，了解运动会上运动员是怎样穿戴的

教师：奥运会就要到了，看看真正的运动员在运动时是怎样穿戴的。（请体育老师示范标准的运动鞋、运动衣、护腕、头盔等。）

第五章 幼儿园安全教育活动的设计与指导

活动延伸:

1. 师幼共同把讨论结果制作成宣传海报贴在健康区,制作成宣传单发放到其他班级进行宣传。(内容:不戴过高的帽子;击剑的时候要戴头盔;胸前不要戴挂件;不穿裙子,穿裤子不能太紧,要有弹性;鞋子大小适合,不穿拖鞋,穿软底的鞋,最好是球鞋。)

2. 每位幼儿做一张幼儿经验记录表带回家,在幼儿园户外活动前,以及节假日与爸爸妈妈一起出游前,检查自己的穿戴是否方便运动。

附幼儿经验记录表(参考):

运动项目(图画)	各种服饰(图画略)	
走木桩(图画略)	√	×
钻拱门(图画略)	√	×
跳圈(图画略)	√	×
击剑(图画略)	√	×
……		

活动评析:

活动设计的目的是为了在幼儿园为孩子创设安全活动的外在和内在环境。设计充分尊重了幼儿教育教学活动的体验性和自主性特点,尽量将相关安全常识融入活动的操作体验当中去,同时也尊重幼儿的自主性,比如与爸爸妈妈一起填写幼儿经验记录表。

活动设计不但结合了领域教学和能力发展要求,也融入了幼儿园各种隐形教育元素。"活动延伸"环节将幼儿自主讨论的结果制作成宣传海报,不仅贴在本班的健康区以此丰富了班级区域建设,还制作成了宣传单发放到其他班级进行宣传,真正有效地支持了全园的安全教育活动的开展。

二、幼儿园生活安全教育活动案例

案例 1

喊妈妈(小班)

活动目标:

(1)教育幼儿在遇到危险或紧急情况时,知道用"喊叫"(喊妈妈或亲人)的方式来求助;

(2)增强幼儿的自我保护能力和意识。

第二部分 幼儿园健康教育活动指导

活动准备:

1. 物质准备

小兔头饰一个;大灰狼头饰一个;情景表演节目(邀请一位配班老师扮演大灰狼,一位大班幼儿扮演大兔子);篮筐一个。

2. 经验准备

幼儿已经知道碰到奇怪的人要喊妈妈帮忙保护自己。

活动过程:

1. 明确身份角色,引发幼儿兴趣
2. 设置游戏情境,引发幼儿参与

(1)执教老师:好累好渴啊,兔妈妈去找点水去,你们在这等着啊,妈妈就回来!

(2)执教老师离开,扮演大灰狼的老师(带头饰)出现,做动作要抓小兔回家。

(3)观察幼儿的表现,根据幼儿反映继续游戏。

情况一:如果小兔喊叫,兔妈妈立即出现,赶走大灰狼。

情况二:如没有小兔喊叫,则等大灰狼将幼儿扮演的小兔抓走后妈妈再出现。

3. 根据幼儿情境中的表现展开讨论

情况一:

(1)表扬刚才喊叫的小兔。(遇到危险的时候可以马上喊妈妈)

(2)刚才你是怎么喊叫的?让其他幼儿学一学(喊得响一点,妈妈才会听到)

(3)启发幼儿想想可以怎么喊叫?(遇到大灰狼一样的坏人,除了喊妈妈,还可以喊自己家里的其他人或好朋友,大人听到了都会来帮助你。)

情况二:

(1)小兔被抓走,可妈妈怎么一点也不知道这儿发生的可怕的事?

辅助提问:有什么办法才能让妈妈知道这儿有危险呢?

(2)可以怎么喊叫?一起学一学。

(3)有什么办法才能救出被抓走的小兔?

4. 重复游戏情境,变换出现的"动物",再次观察幼儿在情境中的行为反应

5. 总结并拓展相关经验

生活中有时遇到了一些紧急情况也可以喊叫,比如:家里着火了,怎么喊?小朋友走路不小心掉到洞里了,怎么喊?(拓展幼儿相关经验)只要小朋友学会了保护自己的办法,我们到哪儿都不怕。

活动评析:

本活动内容是对幼儿进行基本的安全意识教育的范例,在组织上也充分利用了角色游戏的形式,基本上达到了帮助幼儿树立安全意识的目的。

将活动设计角色游戏化是一大亮点。因为小班幼儿尚处在想象力和象征性发展的初级阶段,对于有鲜明角色意味的故事或者童话有着非常强烈的兴趣。所以在设计中使用"大灰狼"做反面角色,"小白兔"做正面角色,并设计了一些涉及安全意外可能发生的情节,能够很好地引起幼儿的共鸣。同时,活动设计中的情境多样选择更加能够保障活

动的顺利开展,它考虑到了小班幼儿在注意力和记忆力持续时间较短的特点,在活动中预备了两套实施方案确保活动的有效进行。之后更是用了讨论、重复和拓展相关经验的环节做到了活动设计独立开展的有效性,同时也保证了将活动向一日生活活动的延伸。

但是,本活动在从家园共育方面着手的力度还不够大。因为幼儿安全生活意识的培养与树立更多地是为了应对在平时生活中,甚至今后离开幼儿园后日常生活中的紧急情况。所以,家长也应该直接参与到这项活动中来并提供必要的支持。比如说,结合活动设计和小班幼儿的特点在生活中告诉幼儿怎样识别奇怪的陌生人,告诉幼儿除了妈妈之外还有哪些人是可以"喊"的,这些人都有些什么特征等。在家长落实好了这些教育内容之后,可以及时与幼儿园老师沟通交流,共同打造出更加具有现实性和教育性的安全意识培养活动。

源自上海市实验幼儿园

案例2

开门关门(中班)

设计意图:

幼儿自我保护能力较弱,常会大声开、关门,有时会发生夹到手的问题,学会正确的开关门不仅是自我保护的安全教育,也是防止幼儿无意误伤他人的教育。但开关门是一个机械的练习,幼儿容易厌烦,本活动中,老师精心创设了游戏情境,希望幼儿在游戏化的学习过程中,学会正确开关门的方法,并迁移经验,学会开关橱柜门和抽屉等,同时懂得在开关门时能注意保护自己及他人不受伤害。

活动时间:

每日组织幼儿集体出门前

活动地点:

活动室

活动方式:

集体游戏及个别教育

活动内容:

教师事先安排好另一配班教师头戴狮子头饰,扮演狮子在活动室门边睡大觉,然后对小朋友说:"小动物们,在森林里,狮子是大王,小动物都害怕它,必须听它的话,我们要准备出去玩游戏,怎样开门、关门才不会吵醒狮子呢?"

接着在一起讨论得出轻轻开、关门的正确方法:开——握住门把手,将门轻轻打开;关——握住门上的把手,将门轻轻关上。开、关门时,手不能放在门与门框的夹缝里;如果有人站在门边,特别要注意轻轻开门或关门,防止撞到别人。然后,教师要求幼儿扮演的小动物,为了避免惊醒狮子,每人均按如上方法操作。如果谁开、关门发出声音,"狮子大王"就会故意发出咳嗽声表示警告。

第二部分 幼儿园健康教育活动指导

活动延伸：

餐前故事《小猴受伤了》，根据幼儿日常行为特点，自创小故事，例如可讲述小猴子开、关门时，不小心把手夹到门缝里，再次提醒幼儿开、关门时注意把握好手，避免伤害自己，尤其是在集体活动小朋友一起进出时避免弄伤别的小朋友。

温馨提示：

每日集体外出前都和幼儿玩这样的游戏，帮助幼儿多练习，巩固行为。也可以利用同样的办法，教幼儿开、关抽屉。

注意日常活动中的个别教育，注意随时观察提醒，并练习正确动作。

在班级开展"轻轻宝贝"评选活动，对做得好的幼儿及时提出表扬，教师也要做好榜样，做到在活动室轻轻说话、活动等。

和家长及时联系，请家长在家也要帮助幼儿巩固正确开、关门的方法，家园合力巩固健康行为，养成好习惯。

活动评析：

活动聚焦在幼儿一日生活活动中经常可能发生的同伴弄伤事件上，将引导幼儿养成良好习惯、做好勿伤他人教育融入过渡环节中。

首先，开、关门是幼儿日常生活中最经常做的事情，幼儿开、关门方法不正确很有可能伤害到自己，甚至无意间伤害到同伴。而幼儿因为自控能力较差，虽然可以在老师的教育下短时间知道如何正确开、关门，但是在情绪亢奋的玩耍过程中难免会忘记。因此，本活动设计将学习开、关门与游戏相结合，并设置了"狮子"在门边睡觉的情形，利用孩子的共情心理，既解决了幼儿对机械练习的排斥心理，又能够理解在开、关门不当的情况下会造成误伤他人的后果。而将该活动放置在一日生活的过渡环节，也很好地做到了活动设计的生活性与教育性结合。

另外，像开、关门这样的日常生活安全习惯的养成需要一个比较长期的过程。因此，活动开展之后还要注意在日常的生活中时刻提醒幼儿注意，案例中就采取了自创餐前小故事的方法，在无形之中让幼儿接受正确开、关门的方法，在故事中还可以增加小猴子因没有用正确方法开、关门而受伤的反面例子来让孩子加深印象。

除此之外，这也少不了家长的全力支持，需要加强与家长的沟通和交流，请家长在家也帮助幼儿巩固正确开、关门的方法，在家庭生活中也引导幼儿保护自己并防止伤害他人。

案例 3

兔子先生去散步（中班）

活动目标：

（1）愿意参与游戏和讨论，提高生活中对各种标志的关注；

（2）在游戏中学会将标志与生活场景相匹配；

(3) 了解标志在生活中的作用，能根据标志的含义遵守相应规则。

活动准备：
（1）物质准备：教学课件；标志图；平衡木；兔子头饰若干。
（2）经验准备：幼儿已经读过《兔子先生去散步》这一绘本。

活动过程：
1. 故事唤醒已有经验，学习解读标志的图意
（1）教师：这几天我们再看《兔子先生去散步》的绘本。绘本里有许多有趣的标志，你最喜欢什么标志？
师生一起罗列出故事中的标志，理解图意。
（2）教师：我们一起来看看故事里出现了哪些表示。（逐个出示标志，看画面理解图意。）
（3）教师：这些标志在故事里有什么用处呢？如果你是兔子先生，看到这些标志会怎么办呢？我们一起来试一试。

2. 玩游戏建构新经验，体验标志的提示作用
（1）用兔子头饰进行角色扮演。
（2）在散步游戏中发现标志，学习如何按标志的提示调整行为。
教师：这是什么标志呀？看到桥的标志想到了什么？前面有座桥，在哪里？怎样过桥呢？为什么？
小结：标志告诉我们前面有座桥。过桥一定要遵守慢慢走、人多让一让的安全规则。
教师：你们记得了吗？我们一边过桥一边说一说，提醒自己哦！
（3）教师：前面还有什么呢？我们再向前走走看。（摔跤）哎呀，小兔子们，我怎么了？我刚才没有看到标志，结果掉到了洞里。你们可别掉下来哦，你们有什么办法经过这个洞呢？（小朋友用跳、跨、绕的方法路过洞）我还在下面呢，怎么办呀？（救大兔子）谢谢你们，我们一起回家吧。
（4）教师：现在你觉得标志有什么用处呢？看到标志你会怎么办？
小结：标志提示我们这里有什么，是什么地方。我们看到以后要想一想，怎么做才是正确和安全的。

3. 出示幼儿园场景迁移经验，学会在生活环境中匹配相应的标志
（1）教师：今天兔子先生要到一个新的地方去散步，我们看看是哪里。这里有提示的标志吗？你觉得哪里可以有提示的标志，为什么？
（2）师生一起运用课件给新环境配上提示标志。
（3）小结：我们可以用标志提示其他朋友这里有什么，要注意什么。

活动延伸
1. 区角创设
（1）在语言区提供绘本《兔子先生去散步》，引导幼儿阅读故事，理解标志在故事中的提示作用，指导标志所蕴含的安全规则。
（2）在散步、户外活动等日常活动中，教师和幼儿一起寻找、关注幼儿园里的各

种标志,学会理解标志的图意和文字,并主动遵守幼儿园的各种安全提示标志和规则,能提高自我保护意识。

(3)在思维区提供各类标识图片,通过分类进一步理解标志额外形特征及其分类。

2. 家园共育

家长在平时的生活中引导孩子一起观察、理解生活中的各类标志含义,并主动遵守各种交通标志规则,养成良好的行为规范。

活动评析:

活动将幼儿已经阅读过的《兔子先生去散步》的绘本内容与安全规则意识的教育相结合,通过在熟知的故事情境中引导幼儿认知标志,从而引导幼儿遵守安全规则并提高安全意识。

首先,教幼儿理解安全标志的意义是对幼儿培养遵守安全规则意识的一个重要内容。活动将识记标志融合在游戏和绘本情节中,使幼儿能够在游戏的快乐氛围中掌握标志的基本含义和作用。同时,活动环节中设计的"小结"部分是教师对幼儿进行有效指导的方法,用了诸如"标志告诉我们……标志提示我们……"等字眼,一方面直截了当地告诉孩子标志所代表的含义,另一方面也将"标志"拟人化以符合孩子的心智发展水平。

另外,在"区角创设"环节中在散步户外活动和区角活动中都帮助孩子巩固了已有知识和经验,并继续拓展其他相关活动。教师在一日活动中也抓住时机,结合生活常见标志及时巩固、扩展幼儿的安全知识,科学引导幼儿在理解标志含义的基础上做到遵守安全规则。

除此之外,将活动内容延伸到了家庭中,让家长在平时的生活中也引导孩子一起观察、理解生活中的各类标志含义,从而通过家园共育的方式将遵守安全规则意识的教育渗透到了幼儿生活的方方面面。

三、幼儿园自护自救教育活动案例

案例1

持物闯关(大班)

活动目标:

(1)学习各种动作持物过拱门,体验游戏的冒险乐趣;
(2)发展持物走的能力,锻炼身体平衡;
(3)提高应对危险状况和自我保护的能力。

第五章 幼儿园安全教育活动的设计与指导

活动准备：

1. 物质准备

板羽球拍若干；一只羽毛球；拱门；障碍物；长板凳；小跨栏；长积木若干；背景音乐；播放器。

2. 经验准备

幼儿玩过板羽球、过拱门和持物走跑交替的游戏。

活动过程：

1. 幼儿准备活动

热身运动：幼儿站成四路纵队做热身（头部运动—上肢运动—下肢运动—腹背运动—放松运动）

2. 复习持物走跑交替

教师：请把羽毛球放在球拍上走走跑跑，看谁能管好自己的羽毛球，不让羽毛球掉下来。

3. 幼儿探究游戏

幼儿分组练习持物绕障碍走、持物走平衡木、持物跨栏。

教师出示拱门，引导幼儿两人一组共用一个拱门，练习持物钻拱门。

教师：我们已经闯过了三关，今天我们将闯第四关——持物钻拱门。

4. 幼儿分组练习

请部分幼儿交流持物钻拱门的方法和动作要领，告诉幼儿如何在钻拱门时协调好身体，以免造成撞伤头和手等安全事故。

教师：小朋友们有很多种钻拱门的方法，大家可以试试不同的方法，然后找到一个最适合自己的又快又稳地钻过拱门的方法。

5. 幼儿分组练习，教师指导

6. 综合游戏：大闯关

请幼儿根据教师出示的图示摆放游戏材料，将四组游戏组合，幼儿按顺序进行闯关，成功者获得奖励。

7. 放松运动

幼儿跟音乐做放松运动，重点放松手臂。

活动评析：

进入大班以后，随着幼儿动作能力及认知水平的发展，那些平坦的道路和普通的运动器械已经不能满足他们的需要了，他们具有强烈的好奇心和探究欲，喜欢往大型运动器械的下面钻，喜欢在边边角角、坑坑洼洼、高高低低的地方行走，越是危险的地方就越是他们的最爱。本活动的设计源自教师对幼儿细致入微的观察，一方面将安全教育的内容融入体育游戏的形式之中，另一方面增强幼儿在这些特有行为中应对可能遇到的危险的能力。总体来说，本活动的设计的初衷就是通过幼儿体育锻炼，增强幼儿上肢和下肢的肌肉力量，提高在复杂甚至危险情境中的自我保护能力。活动层次的设计体现了循序渐进的原则，这符合开展幼儿体育活动的特点。本活动最可贵的一

第二部分 幼儿园健康教育活动指导

点就在于摆脱了"泛泛而谈"式的安全教育模式,并未将幼儿的安全束缚在"不动"的范围内,而是充分运用幼儿已有经验,大胆突破让幼儿自由探索各种"危险"的动作和行为,在幼儿体验过之后再进行经验交流,是充分尊重幼儿游戏活动自主性和创造性的表现。

但是活动的设计还有一点不足,就在于没有将活动内容延伸到幼儿的家庭和社会生活中去。活动题材的选择非常出彩,正是因为它贴近幼儿的日常生活,比如家里的柜子和马路上的栏杆都有可能成为幼儿想要钻进钻出的地方。所以,作为本活动的延伸还可以加入家园共育,让父母在家里或带幼儿外出的时候多留意环境中可能存在的较危险的区域和设备,保证能够让幼儿大胆探索,但也一定要学会正确的方法,并能够做到保护自己不受伤。这不仅能够为活动加入随机教育的形式,还能够让幼儿更好地认识社会生活中可能存在的安全隐患,提高自我保护的意识和能力。

案例 2

防火(中班)

活动目标:

(1)树立安全防火意识;

(2)观察燃烧现象,了解火的性质、用途及危害;

(3)知道发生火灾时自我保护和自救的方法。

活动准备:

1. 物质准备

纸;蜡烛;小木板;布料;火柴;大中小玻璃杯;电话;湿毛巾;毛巾被等。

2. 经验准备

知道生活中有用火的时候。

活动过程:

1. 了解火

老师出示一张纸和火柴,提醒幼儿注意观察纸被点燃后的情形,注意火焰的颜色,感知火发出的光和热,让幼儿在火附近伸手烤一烤,说说自己的感受。

小结:纸点燃后发出光和热的火焰,是红色的。

思考:火还能燃着哪些东西?(提供蜡烛、小木板和布料等。)

知道了火能发光、发热,组织幼儿讨论火的用途和危害。

我们生活中离不开火,请幼儿说出火的用途。(烧饭、取暖、照明等。)

火对人类有什么危害?(烧伤皮肤,烧毁房屋和森林等。)

2. 实验:火的熄灭

老师用一个玻璃杯扣住正在燃烧的蜡烛,观察火焰熄灭的过程,启发幼儿思考火焰熄灭的原因。(燃烧需要空气。)

老师用大中小三个玻璃杯同时扣住三支燃烧的蜡烛,观察哪支蜡烛先灭,想一想为什么三支蜡烛熄灭的时间不同?(杯中空气的多少会影响蜡烛燃烧的时间。)

3. 组织讨论

给幼儿展示火灾的图片,提问发生火灾的原因有哪些。(小孩玩火、乱丢烟头、在禁放区燃放烟花、用明火照明寻找物品、地震、打雷、乱拉乱接电线等。)

怎样才能防止火灾发生?

如果发生火灾,我们应该怎样做才能实现自我保护与逃生自救?

①如果所在房间有电话,赶快打119报警,并说明着火的详细地址、附近有什么明显标志及单位。

②室外着火且门已经发烫,千万不要开门,用毛巾、衣服或床单塞住门缝,以防浓烟跑进来。如门不烫也没看到火苗,应赶快离开。

③受到火势威胁时,要当机立断披上浸湿的衣物、被褥等向安全出口方向冲出去。闯过浓烟逃生时,要尽量使身体贴近地面,并用湿毛巾捂住口鼻。

④身上着火,千万不要奔跑,可就地打滚,用厚重衣物压灭火苗。

⑤遇到火灾时,不可乘坐电梯,要向安全出口方向逃生。

⑥若所有逃生线路被大火封锁,要立即退回室内,用打手电筒、挥舞衣物等方式向窗外发送求救信号,等待救援,不可盲目跳楼。

4. 逃生演习

老师发出火灾信号,幼儿自选逃生办法进行自救。

活动延伸:

建议家长在日常生活中引导幼儿注意生活中潜在的危险因素,提醒幼儿注意安全,丰富相关经验,提高幼儿的自我保护和逃生自救能力。

活动评析:

火灾是日常生活中常见的灾害,也非常接近幼儿的日常生活,所以本活动题材的选取是非常具有生活性的。从基本的关于火的相关知识入手,带领幼儿回想生活中关于火的经验,再通过科学小实验的方式引起幼儿对正确灭火方法的思考和总结,最后才将火灾的主题展现到幼儿面前。整个设计逻辑严密,层次递进,既能够逐步吸引幼儿的注意力,又可以由浅入深地启发幼儿的自主性思考。在末尾的环节还设置了逃生演习,能够及时将幼儿学到的知识转化为实践操作,将逃生自救的知识和技能进行内化。

活动延伸部分对家长的建议则让家长充分参与到活动中来,和老师一起在日常生活中关注对幼儿的随机教育,引导幼儿注意生活中潜在的与火灾相关的危险因素。不但能加强幼儿的自我保护意识,也可以让幼儿真实体验可能引发火灾的原因。如果幼儿一旦面临真实起火,就能够将活动中所学到的知识运用起来,提高逃生自救的能力。

但是,要对本活动做进一步完善,幼儿园可以邀请消防队的官兵进园区,结合自身的教育活动,充分利用消防官兵的真人演练(包括消防制服展示等),让幼儿能够接触最真实的防火救灾活动。除此之外,在教育的形式上,也可以在活动设计中结合幼儿的年龄特点,编写一些朗朗上口的歌谣帮助幼儿记忆防火的方法。

第二部分　幼儿园健康教育活动指导

案例 3

不小心受伤了怎么办（中班）

活动目标：

（1）引导幼儿学会避免受伤；

（2）培养幼儿互相关心、互相帮助的好品质。

活动准备：

受伤的事例图片。

活动过程：

1. 启发幼儿结合生活经验，谈谈有关烧伤、烫伤、破伤的情况

教师：小朋友你们有没有不小心被烫伤、烧伤或者是摔倒跌破、划破过呢？那是怎么样的呢？有什么感觉？

2. 教师引导幼儿通过讨论的方法了解应该怎样避免受伤

（1）教师鼓励幼儿讨论预防烧伤、烫伤、破伤的方法：小朋友有时候会不小心受伤，那我们平时应该怎样做才能避免受伤呢？（教师提供时间给幼儿结伴讨论，同时深入幼儿的讨论当中，听听幼儿们说的有关情况是怎样的。）

（2）教师用提问的方式帮助幼儿巩固平时生活中应记住的问题：中午老师在盛午饭的时候小朋友能不能靠近？能不能在教室里面跑跳呢？在平时能不能乱跑？能不能玩耍得很过分呢？妈妈煮饭时能不能站在旁边呢？能不能玩火？能不能玩尖利的东西？

3. 教师向幼儿简单介绍受伤后自救的方法

（1）教师引导幼儿讨论：如果大人不在身边，你或者别人受伤后，你该怎样做？

（2）教师总结：如果烧伤、烫伤，可以把伤口露在外面，用冷水冲洗，然后马上请大人帮忙等。

4. 总结评价，结束活动

活动评析：

由于幼儿学习特点的制约，对幼儿进行急救知识和方法的普及本身是有一定难度的。但是有很多幼儿在自己受伤之后的第一时间因为不知道如何处理，经常会因疼痛而乱动或不懂止血等让伤害恶化。所以本活动的设计虽然还并不是很完善，但是至少已经跨出了第一步，正面教育幼儿自己"受伤了之后怎么办"。活动设计将图片展示和幼儿经验相结合，让幼儿深刻感受到"受伤"带来的不愉悦感和疼痛感，就间接地刺激了幼儿树立自我保护意识和学习自我保护和自救方法的动机。

但总体来说，本活动设计还有值得完善的地方：一是可以加强平常的随机教育。毕竟在集体活动中通过图片和经验回顾的方法还无法让幼儿有切身的感受，所以在平时幼儿不小心受伤了之后，教师在帮助幼儿处理伤口时，要及时进行随机教育，引导幼儿在疼痛感强烈的状况下反思自己的行为，并手把手告诉幼儿应该在第一时间做些什么。二是可以增加家园合作的环节。因为幼儿在家庭和社会生活中主要还是由家长

照看，而且发生意外伤害的概率会比较高。所以，教师通过活动教育了幼儿应该如何进行初步急救之后，还要让家长知晓，并鼓励家长在平常生活中能够仔细观察幼儿的情况，不要剥夺幼儿的急救知识使用权。只有这样，幼儿在幼儿园学到的急救知识才能真正起作用。

动手实践

（1）结合幼儿园新学期开展的"安全主题周"活动，为刚入园小班拟定周计划和日计划。

（2）请以"交通安全记我心"为主题，分别为小、中、大班三个年龄段的幼儿设计一个集体教学活动。

（3）午餐后散步时，大班的安安看见墙外焚烧树叶的大烟，他大叫起来："老师，着火了！"老师没有直接理会，而是弯下腰问他："你怎么知道着火了？"他俩的交谈吸引了其他幼儿，有的幼儿呈现紧张的表情，有的幼儿紧张大叫（这说明幼儿已经意识到有可能存在的危险）。请你根据所学知识并结合上述情景，为幼儿设计一个安全教育活动"着火了我们该怎么办"，并组织实施。

拓展知识

1. 安全儿歌

儿歌一：看电视、玩电脑，
　　　　开发智力方法好。
　　　　插座插头没接通，
　　　　千万不要自己动。
　　　　求助大人来帮忙，
　　　　安全第一要记牢。
儿歌二：排好队，去喝水，
　　　　先他人，后自己，

第二部分　幼儿园健康教育活动指导

　　　　　　取到杯，再接水，
　　　　　　喝多少，接多少，
　　　　　　慢慢喝，别呛着，
　　　　　　安全饮水很重要。
　　儿歌三：家长来园接宝宝，
　　　　　　接送卡，要带好，
　　　　　　人卡无误宝宝走，
　　　　　　人身安全最重要。

2. 安全童谣

童谣一：一个人，上学校。问我什么不知道。低下头，快点走，追上前面小朋友。

童谣二：一人在家放暑假，生人敲门不应答。问路送奶查电表，绝不开门我当家。

童谣三：小熊小熊好宝宝，背心裤衩都穿好。里面不许别人碰，男孩女孩都知道。

童谣四：大火来了拔腿跑，弯腰捂嘴向下逃。逃跑不能坐电梯，危险挥手大声叫。

童谣五：身后有人很可疑，走到马路对面去。要是他又跟过来，拔腿就跑莫迟疑。

童谣六：骑车避免上马路，不许撒把与攀扶，打闹追逐危险多，人多转弯要减速。

3. 遇到危险要先自保——青岛领先全国发布幼儿安全守则

　　2017年3月28日，青岛市政府新闻办召开新闻发布会，向社会发布"学龄前儿童十大安全理念"，并做解读。青岛市应急办主任张建刚介绍，近年来，儿童安全问题日益突出。溺水、交通事故、危险行为伤害、火灾伤害等儿童安全问题急剧增多，凸显出儿童自我保护和规避风险的意识和能力明显不足，这在一定程度上与儿童安全教育特别是学龄前儿童安全教育上的缺失有很大关系。

　　"目前，我国尚无权威部门对学龄前儿童安全教育工作提出系统要求和标准。"张建刚说，幼儿园和家长虽然很重视孩子的安全教育，但应该教什么、怎么教，没有系统研究，多是看到什么教什么，碎片化、随机性问题很突出。学龄前儿童心智和能力尚在发育过程中，对生活中可能出现的危险缺少应有的防范意识，不知道躲避风险，导致儿童被拐卖、性侵犯及意外伤害事故频发。为加强学龄前儿童的安全教育，有效减少和避免儿童意外伤亡的发生，并通过儿童安全教育带动家庭安全教育，市政府应急办、市教育局借鉴国内外经验，联合开展调研，按照"系统性、实用性、科学性"原则，研究提出了"学龄前儿童十大安全理念"。

下一步，青岛市应急办、市教育局将在全市特别是广大幼儿园宣传推广"学龄前儿童十大安全理念"，引导广大家长、老师注重从小培养孩子的安全意识。同时将编印一套"学龄前儿童十大安全理念"教育绘本，用10个故事讲述10个理念，使儿童在趣味阅读中培养安全意识、学习安全技能。另外还将探索公益广告、动漫、舞台剧等不同形式对理念进行宣传推广和普及。

为更好地在幼儿园推广"学龄前儿童十大安全理念"，应急办、教育局面向社会征集互动游戏。欢迎社会各界推荐适合儿童参与、互动的游戏方案，在方案中贯彻"十大理念"的有关思想，便于老师、家长通过游戏培养孩子的安全意识。

学龄前儿童十大安全理念：

1. 生命只有一次，它比任何物品都重要

说明：孩子对生命缺乏概念，有时为了玩具、为了宠物而意外丢掉生命，必须让孩子从小知道珍惜生命。

2. 安全第一，平安成长最重要

说明：教育孩子安全重于一切。

3. 小秘密要告诉妈妈

说明：孩子受到骚扰、欺辱时，不告诉父母、老师，易造成更大伤害。妈妈代表着孩子可信任的人，通过倾诉、沟通，解决存在的问题，避免更大的风险。

4. 背心和裤衩覆盖的地方不许别人摸

说明：性侵害日益成为儿童安全的突出问题，从小培养孩子保护隐私的意识非常重要。

5. 不和陌生人说话，不吃陌生人的东西

说明：孩子无法区分陌生人的好坏，学龄前儿童有权不接触陌生人，这样可以有效避免风险。

6. 遇到新奇的事要先问问大人，危险的事不能做

说明：好奇心是孩子的天性，要保护。但好奇心容易带来危险，告诉孩子不懂不明白的事多问问，可以避免危险。

7. 遇到危险首先要保护好自己，再去帮助别人

说明：学龄前儿童缺乏自救互救能力，面对危险有果断逃生的权利。无数案例一再证明，盲目施救造成的损失更大。因此，有必要从小教育孩子保护好自己，就是保护别人。

8. 日常行为守规矩

说明：生活中的规矩包括各种规则、规范、程序、好习惯等。告诉孩子过马路时看红绿灯，上下楼梯不跑闹，吃饭时不说话，等等，从小养成遵守安全规范的习惯。

第二部分 幼儿园健康教育活动指导

9. 集体活动讲秩序

说明：人多的地方潜藏风险，遵守秩序就可以避免危险，即使发生危险，秩序就是效率，能够避免或减少伤害。

10. 从小要学习安全本领

说明：让孩子从小认识到，安全知识、安全本领是必需品。习近平总书记强调，让孩子们成长得更好，是我们最大的心愿。"学龄前儿童十大安全理念"是伴随孩子一辈子的理念，符合学龄前儿童的成长规律和认知特点，从小灌输和教育，有助于孩子从小形成根深蒂固的安全意识，让孩子受益终生。

思考与实训

（1）结合所学知识，亲手制作幼儿园班级安全标志，并说明其用途。制作过程中请注意结合小、中、大班不同年龄段幼儿的需求。

（2）近期，幼儿园准备组织一次春游活动，作为主班老师，需要考虑诸多方面的安全问题和安全举措。前期对幼儿需要进行哪些方面的安全注意事项教育，活动该如何设计才能让幼儿易于接受？

（3）幼儿已有安全经验调查。

幼儿姓名	你知道哪些地方是安全的？	你觉得什么样的人是坏人？	如果你受伤了，你要怎么办？
……			

（4）随机安全教育："手表撞了我的手！"

媛媛今天戴了一块又大又宽的手表和一根粗粗的水晶项链，早上一来就不停地向老师和小伙伴们展示这两样宝贝，活动中媛媛始终不忘它们，一会儿就摸一摸、看一看，注意力全在手表和项链上。爱美之心人皆有之，孩子也不例外。为了转移媛媛的注意力，我们跳起了媛媛最喜欢的韵律操，媛媛果然兴奋起来，刚跳了一会就听她叫："曹老师，手表撞了我的手，好痛。"……

假如你是这位老师，你会怎么做？

第五章　幼儿园安全教育活动的设计与指导

[1] 冯宝安,周兴平. 2010—2015年在园幼儿死亡时间事件统计分析与解决对策[J]. 学前教育研究,2016(2).

[2] 刘书辉,赵敏. 幼儿园班级安全环境创设的实践研究[J]. 教育教法探讨与实践,2015(3).

[3] 涂春景,张三花. 基于首位灰列GM(1,1)模型的我国3~6岁幼儿体质动态预测研究[J]. 中国卫生统计,2013(6).

[4] 王静谊. 探索幼儿安全教育开展的途径,促进幼儿安全自护能力的提升[J]. 中国校外教育,2016(3).

[5] 朱雪梅,周娟. 幼儿园安全教育园本课程构建之初探[J]. 江苏教育研究,2016(304).

第六章 幼儿园生活习惯与生活能力教育活动的设计与指导

引 例

有一个调查显示，孩子捡脏东西吃的一个重要原因是来自大人的"言传身教"，比如父母在吃饭的时候，掉了一点食物，因为觉得可惜，当着孩子的面捡起来就吃掉，而孩子缺乏判断能力，这样的行为给孩子的信息就是"掉在地上的东西，爸爸妈妈能吃，我也能吃"。这样不仅影响孩子的健康，而且会让孩子染上不良的习惯……

学习情境

熟悉《纲要》《指南》中生活习惯与生活能力的有关内容，熟悉幼儿园生活习惯与生活能力教育的目标、内容，能进行幼儿园生活习惯与生活能力教育活动的设计与有效指导。

著名教育学家陈鹤琴先生说过："凡是儿童自己能做的，应该让他们自己去做！儿童习惯养得不好，终身受其累。"从小培养幼儿的生活习惯与生活自理能力具有重要的意义。

第六章 幼儿园生活习惯与生活能力教育活动的设计与指导

第一节 幼儿园生活习惯与生活能力教育概述

一、幼儿园生活习惯与生活能力教育的内涵

（一）生活习惯的内涵

杜威指出，生活是个体的和种族的全部经验，包括了个体和群体的各种活动。其中，个体的经验是有限的，群体的经验却在不断的延续之中。根据经验的不同范畴，生活可分为习惯、制度、信仰、胜利和失败、休闲和工作等。

现代汉语词典注解，习惯是在长时间里逐渐养成的，一时不容易改变的行为、倾向或者社会风尚。习惯包括个人习惯和集体习惯。个人习惯偏向于社会事实，集体习惯偏向于社会规范。

生活习惯的内涵，起点在生活，落脚点在习惯，生活习惯是生活经验的一种内在提升，指一个人或一群人在日常衣食住行活动中，由于日积月累的不断重复而形成并巩固下来，变成需要的或自动化的行为方式。生活习惯包括个人生活习惯和集体生活习惯。

幼儿生活习惯主要指日常生活习惯，具体包括幼儿的饮食、睡眠、盥洗、排泄、作息、运动等方面的习惯。

（二）生活能力的内涵

幼儿生活能力主要指日常生活自理能力，指幼儿自己料理个人生活、自己管理自己的能力，是每个人独立在社会上最基本的能力。

（三）幼儿园生活习惯与生活能力教育的内涵

幼儿园生活习惯与生活能力教育指在幼儿园的一日活动中根据幼儿身心发展的特点，有计划、有目的地进行的以丰富幼儿在日常生活习惯与生活能力方面的知识，同时改善幼儿态度，以帮助和促进幼儿逐步养成良好的生活习惯与生活自理能力为目的的教育活动。主要包括两个方面：一是幼儿生活习惯的养成教育活动；二是幼儿生活自理能力的培养教育活动。

考虑到第三章、第四章对幼儿的运动习惯与能力、饮食习惯与能力方面已进行阐述，本章不再重复论述。

二、幼儿园生活习惯与生活能力教育的目标

（一）幼儿园生活习惯与生活能力的总目标

在幼儿已有生活经验的基础上，帮助幼儿获得基本的生活常识、规则和技能，培养幼儿的生活自理能力，形成良好的生活习惯，促进幼儿身心健康。

（二）幼儿生活习惯与生活能力教育各年龄阶段目标

幼儿生活习惯与生活能力教育各年龄阶段目标的确立，应参照《指南》中相关内容对幼儿学习与发展的合理期望。

《指南》中幼儿生活习惯与生活能力的相关内容

阶段目标	3~4岁	4~5岁	5~6岁
具有良好的生活与卫生习惯	①在提醒下，按时睡觉和起床，并能坚持午睡。②喜欢参加体育活动。③在引导下，不偏食、挑食，喜欢吃瓜果、蔬菜等新鲜食品。④愿意饮用白开水，不贪喝饮料。⑤不用脏手揉眼睛，连续看电视等不超过15分钟。⑥在提醒下，每天早晚刷牙、饭前便后洗手	①每天按时睡觉和起床，并能坚持午睡。②喜欢参加体育活动。③不偏食、挑食，不暴饮暴食。喜欢吃瓜果、蔬菜等新鲜食品。④常喝白开水，不贪喝饮料。⑤知道保护眼睛，不在光线过强或过暗的地方看书，连续看电视不超过20分钟。⑥每天早晚刷牙、饭前便后洗手，方法基本正确	①养成每天按时睡觉和起床的习惯。②能主动参加体育活动。③吃东西时细嚼慢咽。④主动饮用白开水，不贪喝饮料。⑤主动保护眼睛。不在光线过强或过暗的地方看书，连续看电视等不超过30分钟。⑥每天早晚主动刷牙，饭前便后主动洗手，方法正确
具有基本的生活自理能力	①在帮助下能穿脱衣服或鞋袜。②能将玩具和图书放回原处	①能自己穿脱衣服、鞋袜、扣纽扣。②能整理自己的物品	①能知道根据冷热增减衣服。②会自己系鞋带。③能按类别整理好自己的物品

依据幼儿园生活习惯与生活能力教育总目标，以及参照《纲要》《指南》，幼儿园生活习惯与生活能力教育各年龄阶段目标为：

1. 3~4岁（小班）

①在提醒下，按时睡觉和起床，并能坚持午睡；愿意独立睡，睡眠姿势正确；知道穿脱衣服、鞋袜的顺序，学习开合拉链、扣纽扣、穿脱鞋袜、叠衣服，会配对找鞋子、将衣服鞋袜放在固定的地方。②学会洗手、刷牙、如厕、用自己毛巾擦手，养成每日大便的习惯，不拖鼻涕，饭前便后洗手。③学会保持自身清洁，逐步养成勤理发、洗头、洗脚、洗澡、剪指甲、不随地乱扔垃圾的习惯。④能将玩具和图书放回原处。

2. 4~5岁（中班）

①按时睡觉和起床，并能坚持午睡；能安静入睡；会独立地、有次序地穿脱衣服、鞋袜，整理好放到固定的地方，学习整理床铺。②学会正确洗手、洗脸、刷牙；便后能用纸擦干净屁股；会用手帕或手纸揩净鼻涕；能自己洗毛巾、拧干毛巾。③保持家庭和幼儿园的清洁，不随地乱扔垃圾，不随地吐痰、擤鼻涕和大小便。④爱惜玩具，轻拿轻放，学习整理玩具，用完后收拾整齐。

3. 5~6岁（大班）

①养成按时睡觉、起床的习惯；能安静入睡；会独立地、迅速地、有次序地穿脱衣服、鞋袜，分清左右，会系鞋带、整理床铺，学习梳理头发（短发）。②会正确、迅速洗手、洗脸，养成早晚刷牙的习惯；能自己洗毛巾和小件衣服；饭前便后主动洗手。③保持公共场所的清洁，不乱涂乱画、不踩不爬桌椅等，咳嗽、打喷嚏时会用手绢捂住口鼻。④能按

第六章 幼儿园生活习惯与生活能力教育活动的设计与指导

类别将用完的器械、用具收拾整齐。⑤初步养成良好的学习习惯。

案 例

某幼儿园生活习惯与生活能力的教育目标

总目标	班级	具体目标
1. 培养幼儿良好的作息习惯、睡眠习惯、排泄习惯、饮食习惯、进餐习惯、整理物品习惯等，形成健康、科学、文明的生活常规。 2. 有独立做事的意识和较好的生活自理能力，能够做到自己的事情自己做。 3. 帮助幼儿了解和掌握初步的卫生常识和技能，逐步提高幼儿的生活自理能力。 4. 帮助幼儿获得预防常见病的简单知识，初步培养幼儿不怕伤痛、乐于接受幼儿园体检、预防接种和疾病治疗的态度及行为	小班	1. 养成午睡习惯，能够独立安静入睡。 2. 知道进餐时不挑食、不偏食、不大声讲话、不东张西望。 3. 有良好的如厕习惯，知道及时如厕，不尿裤子。 4. 能根据自己需求随渴随喝。 5. 知道穿脱衣服的顺序，不穿反鞋。 6. 让幼儿知道并掌握洗手、洗脸、漱口、擦嘴的基本方法。 7. 让幼儿懂得要保持自身的清洁（勤剪指甲常理发、按时洗澡、洗头、换洗衣裤等）。 8. 初步懂得保持室内外环境卫生（不乱扔垃圾、不随地大小便）。 9. 教育幼儿不随意捡东西或将脏东西放入口中，懂得讲卫生。 10. 培养饭前便后洗手的习惯
	中班	1. 掌握正确的睡眠姿势（右侧卧睡或仰睡）。 2. 养成良好的如厕习惯，知道及时如厕。 3. 培养幼儿进餐时正确地使用餐具（会使用筷子），能够独立进餐，不挑食、不偏食，细嚼慢咽，及时吃完。 4. 学会系纽扣，将衣服、鞋帽穿戴整齐。 5. 不乱扔乱放玩具等物品，学会整理玩具。 6. 能够做到饭前便后洗手。 7. 能将餐盘中饭菜吃干净，桌面、地面不掉饭粒。 8. 学会保持自身的清洁（保持衣服、裤子、鞋袜干净整洁）。 9. 学会整理玩具、书包，能保持玩具清洁。 10. 学会简单的整理技能，保持室内外环境卫生。 11. 乐于接受疾病预防与治疗
	大班	1. 作息习惯有规律，能够比较自觉地控制自己的行为。并能够独立进行睡前以及起床后的整理。 2. 大小便能够自理，便后能整理衣服。 3. 知道吃有营养的食物，不吃垃圾食品，能够情绪愉快地进餐，不暴饮暴食。 4. 学会穿鞋带、系鞋带等生活技能，保持衣服整洁。 5. 会做值日生工作，主动整理玩具，保持环境卫生。 6. 会做值日生工作，能够做到进餐前擦桌子，配合收拾碗筷、挂毛巾等工作。 7. 自觉保持自身的清洁（能够主动洗澡、换洗衣裤等）。 8. 能够主动整理室内外环境卫生。 9. 能够独立整理自己衣物、玩具、书包、学具。 10. 懂得简单的疾病预防与治疗知识

摘自 http://blog.sina.com.cn/s/blog_6f3c89d70100tw23.html

三、幼儿园生活习惯与生活能力教育的内容

幼儿园生活习惯与生活能力教育活动涉及的内容很多,主要包括幼儿生活习惯养成教育和幼儿生活自理能力培养教育两大方面。

(一)生活习惯养成教育

1. 睡眠习惯

(1)睡前大小便;

(2)独立安静地入睡;

(3)掌握正确的睡眠姿势(右侧卧睡或仰睡);

(4)按时睡觉起床,坚持午睡。

2. 饮食习惯

(1)进餐时不边吃边玩,细嚼慢咽;

(2)能够正确地使用餐具且能独立进餐;

(3)不偏食、不挑食,少吃或不吃不利于健康的食品;

(4)多喝白开水、少喝饮料;

(5)养成进餐定点、定时、定量的习惯。

3. 卫生习惯

(1)清洁卫生习惯:知道饭前便后要洗手,勤剪指甲,不吃手指;勤洗澡、勤换衣服,不随便坐在地上;早晚洗脸;不随地大小便,不憋尿;不乱丢垃圾,不在地上、墙上乱画;不爬、不踩桌椅;不随地吐痰;等等。

(2)器官保护卫生习惯:①用眼卫生:看书姿势正确;不在光线过强或过暗的地方看书,连续看电视等不超过30分钟;不用脏手揉眼睛。②用嗓卫生:不高声喊叫,唱歌时用自然的声音唱。③用耳卫生:遇到噪声时知道捂住耳朵,不抠耳朵、不把异物塞入耳。④口腔卫生:知道饭后、吃零食后要漱口;早晚刷牙,不将异物放入口中,不吞咽异物。⑤鼻子卫生:不用手抠鼻孔;不将异物塞入鼻孔中。

4. 排泄习惯

(1)及时如厕,不憋尿,不尿裤子;

(2)便后擦屁股、洗手、冲厕所;

(3)每日大便。

5. 运动习惯

(1)喜欢参加体育活动;

(2)锻炼前热身,锻炼后放松;

(3)锻炼中注意保护自己;

(4)锻炼后收拾器材。

6. 作息习惯

作息习惯隐含在睡眠、饮食、卫生、排泄、运动等各项习惯中,如按时睡觉起床、坚

持午睡、定时进餐等。

（二）幼儿生活自理能力培养教育

1. 生活自理意识的建立

引导幼儿做自己力所能及的事。

2. 保持个人清洁卫生的能力

（1）能用正确的方法洗脸、洗手、擦鼻涕和刷牙；

（2）保持衣着整洁；

（3）大便后能擦干净屁股。

3. 自我照料与自我服务的能力

（1）会自己穿脱衣服、能依据自己的冷热感受增减衣服；

（2）会自己系鞋带、扣扣子、拉拉链。

4. 保持自己物品、环境整洁的能力

（1）能按类别整理好自己的物品；

（2）会简单地折叠衣服；

（3）会整理自己的小床。

案 例

银浪幼儿园生活习惯与生活能力教育内容

幼儿园习惯养成教育内容包括四个习惯：生活习惯、卫生习惯、学习习惯、礼仪习惯；两项行为：安全行为和品德行为。

1. 生活习惯

作息习惯、睡眠习惯、排泄习惯、饮食习惯、进餐习惯、整理习惯等。内容非常细，"细节决定成败、习惯成就未来"。

现代生活实践证明，一个不会生活的人，也就不会学习、不会工作。而良好生活习惯的养成，需要从幼儿时期就进行培养。什么是良好的生活习惯，这是需要每一个幼儿教育工作者和每一个家长必须掌握的。幼儿良好的生活习惯的养成，离不开家庭和幼儿园的密切配合，一些家长也忽视了幼儿生活习惯方面的教育。我园对幼儿进行良好生活习惯的教育非常重视。如在活动结束后，教师会要求幼儿把小椅子轻轻地摆放好，把书本摆放到书架上，把玩具分类放回到玩具柜里，对幼儿进行爱护公物的教育。在集体活动中，要求幼儿做到说话轻、走路轻，遵守公共秩序，不妨碍他人。

人是习惯的动物，习惯支配着人的思维和行动。人生的初始阶段，一切都要学习，可塑性大，自控能力差，不教就会错过良机（3岁之前是一个关键期，7岁之前又是一个关键期）。孩子在幼儿园学会了把自己的东西分一半给小伙伴；不是自己的东西不能拿；用过的东西要摆放整齐；吃饭前要洗手；午饭后要休息；做错了事要表示自己的歉意；仔细观察周围的大自然……而回到家，因为家长包办代替严重，过于溺爱和纵容孩子，会收到5+2=0的效果（即：在幼儿园5天学到的东西等于没学），如织毛衣时，不注意的情况下漏一针，但如果在意识到的情况下，可以拆了从头再来补救，只是多用了一些时间，但幼儿一旦养成了某一方面的坏习惯，再补救是很难的，正所谓"江山易改，禀性难移"。

2. 卫生习惯

19世纪的教育家蒙台梭利指出，构成儿童道德品质有三个要素，即天性、理智和习惯，其中习惯最为重要。因此，从小让孩子养成良好的卫生习惯，长大后才会受益无穷。另外，对孩子的教育来自家庭、幼儿园和社会，特别是卫生习惯，来自家庭的教育尤为重要，父母的一举一动都将成为孩子模仿的对象，所以父母应在孩子面前树立良好的形象，让孩子效仿。对于孩子在卫生习惯方面的点滴进步，家长都应大大地加以表扬，让孩子分享进步的自豪与喜悦。身教比什么都重要，孩子总是以父母为榜样，整天零食、糖果、饼干不离口的父母，很难要求孩子不吃零食。饭前自己不洗手，又怎能叫孩子洗手才吃饭呢？父母如要孩子养成好的习惯，最好自己先来个改变。个人卫生习惯教育以养成教育方法为主，如饭前便后洗手，自己穿衣叠衣放衣，饭后收拾餐具、擦桌子，活动结束自己能将物品物归原位等。在家或幼儿园进餐时要求幼儿不讲话、不剩饭菜，做到碗里干净、桌上干净、地上干净，以此又对幼儿进行爱惜粮食的教育。

3. 学习习惯

学习习惯的培养，并不是说学多少知识，而培养的是幼儿的学习兴趣、注意力和学习品质（坚持性）。

美国著名发明家爱迪生，一生有近2000项的发明。但是，在发明电灯泡时，他一次次地失败了，又一次次地从失败中站起来，最后，他终于成功了。他成功的原因是因为他拥有锲而不舍的精神。在发明这条道路上，他一直把这种精神作为自己前进的动力，他认为，只要坚持，就一定会成功，所以，他也自然而然地成了世界上的"发明大王"。

4. 礼仪习惯

中国自古以来就被尊为"礼仪之邦"，形成了众多公认的生活习惯、礼仪要求。3~6岁的幼儿正处在个性形成发展的重要时期。让孩子具有竞争的优势，可成为未来的赢家；让孩子具有健全的人格，收获成功的希望；让孩子从小养成知礼、学礼、懂礼、用礼的好习惯，可使男孩成为未来社会彬彬有礼的绅士，使女孩成为未来社会落落大方的淑女。礼仪使人更有涵养，涵养使人更具魅力，魅力使人更易成功。具有良好的行为习惯是人的文明素质的外在表现。

现在，坐、立、行的姿势是否正确也影响着人的整体素质的发展。中国俗语讲："站如松、坐如钟、行如风、卧如弓。"

在一篇关于中日学生参加夏令营活动的报道《夏令营中的较量》中已表明，我国孩子在毅力、文明习惯等方面已不尽人意。通过那次夏令营，日本人说："中国这一代的孩子将来不是我们日本人的对手。"究其原因，是多方面的，其中从小没有养成良好的习惯，没有进行适时的养成教育是重要原因之一。

在2005年共和国生日这一天，在我们伟大祖国的首都北京，首都北京的心脏天安门，在全世界媒体都广泛关注的、被称之为中国脸面的天安门，只在广场范围内一天扫出的垃圾就多达20多吨，七天下来就是140吨！140吨垃圾是什么概念呢？也就是说：如果把这140吨垃圾就地解决，可以填平天安门前面的护城河！

为什么王市长在紧张的奥运备战中一连用了三个"最"？

——最担心、最困扰、最难做到

因为——我们缺少基本的礼仪常识！！！

摘自银浪幼儿园博客

第二节　幼儿园生活习惯与生活能力教育的实施

一、幼儿园生活习惯与生活能力教育的实施原则

（一）主体性原则

教师要改变把幼儿当作管理对象的观点，认识和尊重幼儿在生活习惯与生活能力教育活动中的主体地位，为幼儿创设条件，让他们在熟悉、喜爱、有趣的情景中自然而然地学习某种行为，引导和组织幼儿参加活动的准备、实施和评价等过程，发挥其主体能力。在良好生活习惯的养成中，要尊重幼儿的年龄特点，允许幼儿的反复和遗忘，耐心帮助幼儿。

（二）渐进性原则

渐进性指循序渐进。幼儿的良好生活习惯，不是经过幼儿园一次教育活动就可以形成的，而必须经过反复的练习。"学前儿童健康行为养成层递假说"认为，幼儿先形成初步的健康认知，然后通过主动对他人的观察模仿或是在他人的提醒之下，形成"经他人提醒的健康行为"，行为内化了以后，进而形成"初步的健康态度"，再是"自我努力的健康行为"，最终形成"健康的态度"和"自动化的健康行为"。由此可见，幼儿健康行为的发展是一个由低级向高级、循序渐进的过程。

（三）差异性原则

幼儿的生活习惯与生活能力个体差异很大，教师在关注幼儿集体生活习惯的同时，应兼顾幼儿的个人生活习惯，理解接受并尊重他们在发展过程中的个体差异。因此在实施幼儿生活习惯养成的教育过程中，教师要面向全体，关注个别。

（四）一致性原则

在培养幼儿生活习惯和生活能力的过程中，教师之间、教师和保育员之间、家园之间要有一致性，对幼儿有统一的要求。一个统一的规则要求，便是增加了儿童多次练习的机

第二部分　幼儿园健康教育活动指导

会。反之，幼儿往往会无所适从，不知怎么办。

（五）生活性原则

生活的内涵是宽泛的，生活中具有丰富的教育资源，教育与幼儿的生活融为一体，教育本身就是生活的有机组成部分，教育的过程就是生活的过程。

幼儿生活习惯养成教育的内容涉及幼儿生活的全部范畴，生活习惯养成教育侧重通过幼儿园的日常生活，在进餐、饮水、如厕、盥洗、锻炼、游戏等日常生活的每一个环节中渗透。幼儿园常规教育中每一个环节的行为细则中都包含着幼儿园生活习惯与生活能力的教育。

二、幼儿园生活习惯与生活能力教育的实施途径

（一）日常生活活动

日常生活活动是幼儿生活习惯和生活能力教育最为重要、最为有效的途径。教师应结合各项日常生活活动进行随机教育：入园时有礼貌地向教师问好；提醒幼儿定时盥洗如厕，请幼儿在小便、吃东西、户外活动后洗手；进餐时组织幼儿安静下来并坐好；午睡时提醒幼儿较快地脱衣服，并将脱下的衣服叠整齐、放好；离园时提醒幼儿将自己的玩具或用品收拾好，将自己的小椅子搬到指定地点并放整齐；有礼貌地与教师告别；等等。

（二）区域活动和游戏活动

区域活动与游戏活动是幼儿园经常进行的一种活动形式。将一些培养幼儿日常生活习惯与能力的练习融入区域活动与游戏活动中，可以使幼儿主动地与材料互动，在轻松愉快的游戏中自然而然地逐步养成良好的生活习惯，获得基本的生活能力。

如在小班操作区，投放一些塑料瓶让幼儿拧拧盖盖；或放置用可乐瓶制成的瓶娃娃，让幼儿给宝宝喂食、喂水，或给娃娃洗脸、洗手、穿衣、穿鞋；还可放置一些五颜六色的花，花心用纽扣代替，在材料袋里给幼儿提供各种颜色的花瓣，让幼儿根据自己的兴趣、爱好、扣扣、解解、玩玩。从而让幼儿在愉快游戏的同时，充分尝试练习各种生活技能，使幼儿的生活自理能力得以巩固和提高。

（三）集体教学活动

集体教学活动是幼儿日常生活习惯和生活能力培养的重要组织形式之一。在集体教学活动中，幼儿能高密度地与教师、同伴产生互动，在这个暂时构成的"小社会"里较为集中地体现出幼儿在生活习惯和生活能力方面的行为表现。

三、幼儿园生活习惯与生活能力教育的方法

（一）讲授法

讲授法是教师用口头语言向幼儿说明洗手的步骤、使用筷子的技能等。对幼儿进行言

语讲解与指导时,要注意言语的简洁化与形象化,幼儿的言语发展水平不高,复杂抽象的言语幼儿难以理解,但幼儿以具体形象思维为主,形象化的言语有利于幼儿生成表象,促进幼儿习惯的养成及自理能力的提高。教师对幼儿进行言语讲解时,也应鼓励幼儿应用外部出声言语或过渡言语来描述自己的理解,以充分发挥言语对表象所起的支持和调节作用。

(二)图示法

以简洁、形象、连续的图示替代传统的示范讲解等指导方式,引导幼儿在反复观察—思考—尝试的过程中,完成新技能、新方法的学习。例如下图所示,幼儿通过对穿衣服图片步骤的感知,学习穿衣服的正确步骤,通过不断实践,进而学会穿衣服这项生活自理能力。

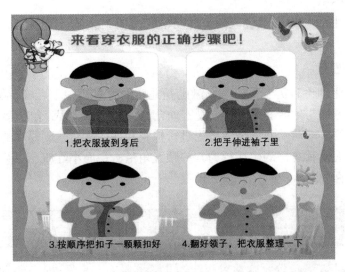

(三)示范法

示范要有明确的目的,即教师每次示范都应明确要解决的问题,示范什么,怎么示范。为了保证每个幼儿都能看见教师的示范,教师应站在所有幼儿都能看到的地方。

(四)游戏法

游戏法是让幼儿在生动有趣的游戏中接受教育,快乐地学习,这样既符合幼儿的心理特点,又能取得良好的效果。

用生动、有趣的游戏形式、游戏语言和多维的游戏材料,鼓励幼儿练习生活自理的技能。比如区角活动、表演和角色游戏:喂动物宝宝吃食,"给小猫洗脸""给布娃娃扣纽扣"等,这类游戏是用拟人化手法的构思情节来巩固自理能力的。孩子们在这些游戏中,会学到一些吃饭、穿衣、整理玩具等基本技能。然后,再帮助孩子迁移到他自己的实际生活中。这种方法,符合幼儿心理特点,自然亲切,生动活泼,收效较明显。

(五)儿歌法

把生活自理技能设计成有趣形象的儿歌,比如小班幼儿的儿歌是"小调羹,拿拿好,小饭碗,扶扶牢,小眼睛看好碗,吃得干净真正好。"中大班的儿歌是"吃饭时,要坐好,慢慢吃，细细嚼，不掉饭，不洒汤，好好吃，长得胖。"让孩子在看看、说说中理解内容，懂得粗浅的道理，从而掌握动作技能。

（六）故事法

分年龄，有针对性地选择一些关于幼儿生活习惯与生活自理能力的绘本、故事等让幼儿学习，在故事习得的过程当中，自然而然地获得生活习惯的知识和生活自理能力的技能。例如小班可以选择《不爱刷牙的小狮子》《小红哭了》《小熊拔牙》《狮子补牙》《小兔爱刷牙》《不爱刷牙的小狗》《哎呀，牙真疼》等。中班可以选择《小猫刷牙》《小河马拔牙》《不爱刷牙的小兔子》《小猪变啦》《没有牙齿的大老虎》《小老虎的牙齿》等。大班可以选择《小熊哈利不刷牙》《天天刷牙习惯好》《糖果超人》《刷牙树的故事》等。

（七）谈话法

在幼儿一日生活中用日常交谈的口吻与幼儿交谈，循循善诱，让幼儿在交谈中获得知识。

（八）激励法

心理学的强化理论告诉我们，表扬激励是儿童教育过程中不可缺少的一种有效办法。在培养幼儿生活习惯与生活能力时，要观察幼儿行为的习得过程，给予适当的表扬激励。

同时，教师要定期对幼儿的生活行为进行检查和评比，对达到要求的幼儿，要及时给予肯定的评价，巩固其良好的生活行为。一颗五角星、一面小红旗、一朵小红花都会让孩子体验到成功的喜悦。

四、幼儿园各年龄段生活习惯与生活能力教育侧重点

（一）托班或者小班幼儿着重关注入园生活适应

幼儿从家庭走入幼儿园，来到一个新的环境，因此幼儿园生活习惯与生活能力教育活动实施的重点应该放在幼儿入园的生活适应上。通常来说可以从以下几个角度着手：

1. 入园前

（1）家长帮助幼儿做好充分的入园准备，加强幼儿入园意识。

第一，做好入园的心理准备。家长在幼儿入园前应和幼儿聊关于幼儿园的情况，让幼儿感觉上幼儿园是一件开心的事情，不仅要告诉幼儿在幼儿园里有很多好朋友，很多好玩的玩具，也要告诉幼儿进入幼儿园以后的作息时间，让幼儿对幼儿园的整体情况有所了解，知道上幼儿园是没有妈妈陪伴的，要自己吃饭、自己睡觉等。此外，家长在入园前去幼儿园交费、办理手续的时候，也可以带着幼儿一起前往，让幼儿提前对幼儿园的环境有一定的了解和认识，做好入园的心理准备。

第二，做好入园的物质准备。有学者在观察中发现，有的幼儿整天都抱着自己最喜欢的娃娃，连如厕和洗手也要把娃娃放在身边，如果教师将他们的娃娃拿走，他们就会变得不安，因此，家长允许并鼓励让幼儿将喜爱的玩具带到幼儿园，这都有利于缓解幼儿在面对新环境时产生的紧张和焦虑。此外，家长也可以和幼儿一起去商场挑选幼儿喜爱的书

包、衣物等必需品，共同为上幼儿园做准备，让幼儿对上幼儿园产生向往之情。

第三，做好入园的能力准备。除了心理准备和物质准备以外，让幼儿在入园前做好能力准备也是帮助幼儿顺利适应幼儿园生活的重要前提。很多幼儿在家庭中已经建立了自己的生活习惯，吃饭要喂，穿衣服要帮助。进入幼儿园以后，一名老师要面对众多幼儿，往往无暇顾及全部，所以当幼儿自己尝试吃饭、穿脱衣服而无法胜任时，往往会产生强烈的挫败感。因此，家长在入园前可以为幼儿进行简单的能力准备，让幼儿在家里学习独立吃饭、如厕、穿脱衣物，掌握基本的自理能力，为进入幼儿园后顺利适应打下基础。

（2）幼儿园组织家园互动，提前做好幼儿入园准备。

第一，幼儿园组织提前家访，深入了解幼儿。入园前的两个月左右，教师可以对幼儿家庭进行第一次家访，教师在家访前要先和家长约好时间，与家长做一个大致的安排，给幼儿一个心理准备。在家访过程中，教师首先要说明此次家访的主要目的，在交谈过程中向家长了解幼儿的家庭环境、教养方式、入园准备等情况，为家长提供有效的教育建议，促进家长在幼儿入园过程中作用的发挥。此外，教师也可以利用家访的短暂时间，与幼儿玩一些简单的互动小游戏，逐渐获得幼儿的信任。在幼儿入园适应的过程中，教师可以根据幼儿的实际情况考虑对幼儿进行第二次家访，此时家访的主要目的是与家长沟通幼儿入园后产生的入园困难，分析原因并找到有效的干预对策，帮助幼儿尽快适应幼儿园的生活。

第二，幼儿园组织家长和幼儿来园参与活动。在幼儿正式入园前的暑假，幼儿园可以组织家长带领幼儿参观幼儿园，提前了解幼儿园和活动室环境，熟悉幼儿园中的人和物，在参观完幼儿园后，教师可以邀请各班的家长带着孩子一起参加一些轻松的亲子活动，让幼儿在家长的陪伴下对班级中的老师、同伴和环境有进一步的了解，为幼儿打下"预防针"，在幼儿对老师渐渐熟悉后，可以尝试让幼儿脱离各自家长单独与老师进行游戏，感受集体游戏的快乐，激发幼儿上幼儿园的欲望。

第三，幼儿园组织教师调整幼儿园及班级环境，使环境家庭化。教师在幼儿入园前可以将活动室、睡眠室的环境布置进行调整，使其更符合幼儿家庭中的布置。例如，在幼儿园的区域活动中开设"温馨家庭"的区域，里面摆上小沙发、小婴儿床等家中常见的物品，在活动室的图书角可以摆放几张小沙发供幼儿看书的时候用，在睡眠室可以为幼儿装上有卡通图案的窗帘，在阳台上可以种植一些幼儿生活中常见的植物等，通过细节的调整和改变让幼儿有家的感觉。

教师也可以邀请幼儿和家长一起参与环境的布置。例如让幼儿和家长合作一起完成一些简单的手工作品摆放在班级的窗台上，或是在班级的墙壁上挂上幼儿与家长的合照，也可以请幼儿将自己喜欢的玩具带到幼儿园来向大家介绍，让幼儿在布置新环境的过程中培养小小主人翁的情感，逐渐在新的集体中找到归属感。

2. 入园后

（1）幼儿园要引导和帮助幼儿适应幼儿园生活，正确处理分离焦虑，促进幼儿进行依恋转换，继续做好家园沟通工作。

第一，幼儿园灵活调整作息制度，促进幼儿缓慢适应。幼儿在入园前已经形成了固定的作息习惯，如果家长没有在入园前帮助幼儿调整已有的作息，那么幼儿到了幼儿园以后必然会在作息时间上出现一系列的不适应现象。在面对这些差异的时候，教师不能一味地强求幼儿立刻改变，而是应该怀着接纳和包容的态度，个性化地调整作息制度，使幼儿园和家庭的作息时间逐渐衔接，帮助幼儿一起缓慢适应。

通常，最容易出现作息时间不适应的环节是午餐和午睡环节，有的幼儿在家习惯了很晚才吃午饭，所以他们往往会表现得不愿意吃饭。在这个时候，教师不应强迫幼儿吃下去，可以选择让这部分幼儿适当地晚吃，经过一周或两周的调整后，逐渐提前他们的午饭时间，最后与全班幼儿共同午餐。当幼儿出现不愿意午睡的情况时，教师可以在入园的前几天抱着幼儿给他讲讲故事、哼哼儿歌，像妈妈一样哄着他入睡。在幼儿逐渐适应幼儿园的午睡时再逐渐让幼儿独立进行午睡。

第二，教师灵活变换活动形式和内容，激发幼儿来园欲望。游戏和糖果对幼儿来说是最有诱惑力的。幼儿的家里往往会有丰富的玩具，隔一段时间爸爸妈妈就会买新的玩具。因此，教师在幼儿入园初期可以通过经常变换游戏内容、游戏场地和游戏形式来吸引幼儿的注意力，让幼儿在丰富多彩的游戏活动中忘记想念爸爸妈妈。教师可以在活动设计的时候预设多个游戏备用，当发现幼儿对游戏失去兴趣后更换另一个游戏来吸引幼儿的注意力；教师也可以在幼儿入园初期将幼儿分成几个小组，每天每个小组的幼儿可以玩 1~2 种玩具，陆续分别开放班级中的活动区域，让幼儿对幼儿园保持新鲜感，激发幼儿来园的兴趣和欲望。

另外，教师还可以在活动室里设置糖果区、照片墙来吸引幼儿的注意力。在入园初期，当部分幼儿出现不安的情绪时，就带着幼儿一起进入糖果区，让幼儿挑选自己喜欢的糖果，也可以带着幼儿来到班级的照片墙上，让幼儿来找一找自己和爸爸妈妈的照片在哪里，通过这些方法都可以使幼儿停止哭闹，缓解幼儿的紧张情绪。

第三，教师鼓励幼儿以大带小，以强带弱，促进幼儿更快适应。良好的同伴关系能使幼儿感受到同伴交往带来的乐趣，有的幼儿在入园前已经拥有很多一起玩耍的好伙伴，而有的幼儿则有亲密的哥哥姐姐一起玩。因此教师在了解每个幼儿的特点以后，可以将幼儿搭配分组，促进幼儿间同伴关系的建立和发展，增强幼儿的集体归属感。

例如，安排内向的幼儿与外向的幼儿坐在一起，年龄较大的幼儿与年龄较小的幼儿坐在一起。在进行活动和生活常规的时候，能力强的幼儿就会帮助能力弱的幼儿，外向的幼儿就会带动内向的幼儿一起进行活动，形成以大带小、以强带弱的交往模式，让新入园的幼儿感觉自己好像在家一样拥有许多哥哥姐姐和好伙伴，让幼儿在参与活动的过程中逐渐学会与人交往，学会融入集体生活，逐渐由喜欢玩玩具发展为喜欢和同伴一起玩玩具，最后喜欢幼儿园，喜欢上幼儿园。

第四，教师允许幼儿参与活动室整理，增强幼儿的主人翁意识。入园初期，很多幼儿的游戏和活动都缺乏一定的自主性，大部分活动都是在老师的引导下完成的，老师"指挥"一下，幼儿就"服从"一下，有的幼儿甚至会出现老师不提醒，就不敢"行动"。这些现象都是由于幼儿在入园后把自己当作幼儿园班级的客人，缺乏主人翁意识造成的。

因此在幼儿入园一周左右，教师就可以每天安排几名幼儿帮老师一起做一些力所能及的整理活动。比如帮助老师一起挂小毛巾，和老师一起摆放小伙伴的茶杯，帮助老师收拾玩好的玩具等。这些看似很简单的"活"都会增强幼儿在班级中的主人翁意识，让幼儿认为自己已经是幼儿园这个大家庭的一员了，促进幼儿在心理上逐渐融入整个班集体，真正把幼儿园当成自己的"家"。

第五，在幼儿入园后，幼儿园也可以定期组织亲子活动，让家长陪着幼儿"一起上幼儿园"。一方面可以在家长的帮助下进一步缓解幼儿面对陌生环境的焦虑与紧张，让家长带着幼儿一起与幼儿园"交朋友"；另一方面也可以让家长了解幼儿在入园适应过程中的表现，找出幼儿仍然存在的适应困难，并针对个别问题在家进行重点干预。

第六，幼儿园开设家长学校，与家长达成教育共识。如果幼儿园的教育理念和教育对策得不到家长的支持和信任，就会使幼儿园和家庭教育之间产生偏差，导致幼儿教育和发展环境不一致，使幼儿的入园适应过程大大受阻。相反的，如果家长在入园前与能幼儿园统一教育观，那么就能促进不同环境对幼儿的角色要求保持一致，更有利于帮助幼儿实现良好适应。

幼儿园可以借助专题讲座、主题活动、宣传手册等家长学校的形式，让家长更具体地了解幼儿，了解幼儿教育，纠正家长错误的教育理念，与家长达成教育共识。在家长学校中，幼儿园也可以指导在家长提前做好入园准备，帮助幼儿更好地适应幼儿园的生活。

（2）家长入园后多与幼儿教师沟通幼儿的表现，实施个别化的干预。

由于班里幼儿较多，教师无法每天都与每位家长进行沟通，因此家长应在幼儿入园后与教师及时交流幼儿的适应情况，定期向幼儿园反映幼儿在家中的表现，主动将幼儿的适应困难告诉教师，与教师共同协商个性化的干预对策，有针对性地帮助幼儿尽快适应幼儿园的生活。

（二）中班和大班上学期着重关注幼儿一日生活常规的培养

幼儿从进入中班开始，绝大多数已经较好地适应了幼儿园生活，个人生活习惯和集体生活习惯找到了一个较好的平衡点，在此，幼儿园生活习惯与生活能力教育活动的重点就转移到了幼儿一日生活常规的培养。

一日生活常规的培养首先基于幼儿园一日生活的科学安排，以及幼儿一日活动的指导要点及行为细则的科学制定。

1. 幼儿园一日生活的科学安排

幼儿园一日生活的安排，要符合幼儿身心发展的特点及规律、幼儿园教育的基本特点及规律以及符合幼儿园实际。具体来说：

（1）各类活动交替进行。一日生活安排应动静活动、户内外活动、正规与非正规活动，以及集体、小组与自由活动交替进行。

（2）各类活动时间安排合理。一日生活中各类活动时间应注意：①教学活动——小班10~15分钟，中班20~25分钟，大班25~30分钟或35分钟，大班后期可延长到40分钟；②户外活动——每天不少于2小时，寄宿制不少于3小时，其中体育活动不少于1小时；③午睡——每天2~2.5小时（夏季午睡可延长半小时）；④进餐——正餐间隔时间为3.5~4小时，餐后散步15~20分钟等。

（3）各年龄阶段差异。一日生活安排应充分考虑小、中、大班各年龄阶段区别。

（4）地区季节气候差异。一日生活安排应注意东西南北地区、春夏秋冬季节，以及相应的气候特点的不同。

（5）场地、设施设备、师资力量统筹。一日生活应根据场地、设施设备，以及师资力量等各方面的统筹情况进行合理安排。

（6）稳定性与灵活性相结合。一日生活安排既要保证一定的稳定性，以利于幼儿形成良好的生活规律，同时也要根据实际情况进行灵活调整。

2. 幼儿一日活动的指导要点及行为细则的科学制定

幼儿一日活动的指导要点要基于生活习惯与生活能力子领域的关键经验，依工作逻辑或者重要性列出。幼儿一日活动行为细则是幼儿园一日活动中各类人员遵循的基本的、具体的行为要求和规则，符合幼儿园实际情况，有益于保证幼儿的健康发展。

案 例

某幼儿园《幼儿一日活动的指导要点及行为细则》

环节	指导要点及行为细则		
入园、晨间锻炼	指导要点		幼儿入园时主动打招呼，在晨间锻炼时知道保护自己不受伤
	行为细则	幼儿	1. 衣着整洁，愉快来园，接受晨检。 2. 有礼貌地向老师、小朋友问好，和家长说再见。 3. 入园时能主动自觉地洗手。 4. 主动参加晨间锻炼，遵守活动规则，活动后将体育器具放回原处，摆放整齐
		主班教师	1. 接待幼儿入园时应情绪饱满、热情礼貌，向每个幼儿问好。对年龄小的幼儿可以增加适度的肢体动作（亲亲、抱抱），中大班的幼儿除了引导向其他老师或家长问好外，还应该引导与其他小朋友相互问好。 2. 主动与家长沟通交流，及时反馈幼儿生活和学习上的情况，随机做好家园联系工作，引导幼儿有礼貌地和家长说再见，愉快道别。 3. 观察幼儿身体、情绪和精神面貌。 4. 有计划地组织晨间活动，在前一天准备好玩具、活动材料及体育活动器械，让幼儿参加自己喜欢的各种活动（列入周计划）
		配班教师	1. 微笑着与幼儿打招呼，并对家长交代的特别事物做好记录，并传达给主班教师和保育教师。 2. 查看幼儿的晨检牌或晨检记录，是否携带不安全物品。 3. 清点幼儿出勤情况，并做好记录。及时与未到园幼儿的家长取得联系，了解原因

续表

环节			指导要点及行为细则
入园、晨间锻炼	行为细则	保育教师	1. 开窗通风，保持空气流通。根据季节提前做好防寒保暖、防暑降温工作。 2. 在幼儿入园之前做好班级通风消毒的工作，确保教室卫生。 3. 做好当日餐巾、口杯、洗脸巾的消毒工作，把消毒后的餐巾、口杯、洗脸巾放回原处供幼儿使用。 4. 协助主配班教师指导幼儿的晨间活动
		保健医生	1. 做好晨检。一摸，二看，三问，四查，五防。并向健康、服药、待观察的幼儿发放不同的晨检牌。 2. 检查家长填写的委托服药登记表，并核对药品。药物必须由保健医生妥善保管在保健室内幼儿拿不到的地方。午餐半小时后，把药品送交给带班教师，并做好交接记录。 3. 做好晨检记录
		家长	1. 按时将幼儿送达幼儿园，主动让幼儿接受保健老师的入园检查。 2. 主动向保健医生和班级教师报告幼儿的特殊情况，尤其是身体的不适。 3. 若需委托幼儿园喂药，应主动填好委托服药登记表交给保健医生
早餐、自由活动	指导要点		让幼儿正确使用勺子吃饭，不用手抓，提醒幼儿不要挑食；让幼儿知道进餐后将餐具放到指定位置并用毛巾擦嘴、擦手
	行为细则	幼儿	1. 早餐前自觉洗手。 2. 愉快、认真地进食，不边吃边玩，不大声讲话。 3. 愿意独立进食，不依赖老师。 4. 学会正确使用餐具：一手拿勺子（中、大班使用筷子），一手扶住碗。 5. 不挑食、不偏食、不剩饭菜，不过量进食。 6. 保持桌面、地面和衣服清洁，骨头、残渣放在桌上的渣盘里。 7. 吃完饭再站起来，轻放椅子，离开饭桌，将餐具、渣盘放到指定地点，清理好自己的桌面。 8. 用餐后会正确使用餐巾，用后放在规定的位置
		主班教师	1. 进餐前15分钟提醒幼儿结束活动，做好盥洗，准备进餐。 2. 为幼儿营造愉快的进餐环境（可放轻音乐）。 3. 关注幼儿的用餐情况，提醒幼儿多吃点并且不要挑食。 4. 提醒幼儿注意保持桌面整洁，并在进餐结束后自行将桌面整理干净，将餐具送到指定位置，且用毛巾将嘴和手擦干净
		配班教师	1. 关注每个幼儿的用餐情况，并做好记录。 2. 鼓励幼儿独立进餐，不催促幼儿用餐，提醒幼儿在用餐时间内进餐完毕。 3. 提醒指导幼儿餐后漱口
		保育教师	1. 整理餐桌，做好桌面消毒工作。 2. 领取和分发食物，必须带好口罩，使用食品夹或消毒筷。应做到随到随分、随吃随分。 3. 提醒指导幼儿餐后漱口。 4. 在所有幼儿进餐结束后及时送回碗筷，收拾餐桌，清扫地面，清洗餐巾和漱口杯并进行消毒

续表

环节			指导要点及行为细则
晨谈	指导要点		1. 通过点名、看日历、谈论天气等内容，培养幼儿关心他人的情感，以及关注周围事物、了解自然现象等习惯。 2. 通过晨谈，了解今天要进行的事情，有利于帮助小年龄幼儿形成安全感，有利于较大幼儿对自己的一日活动形成规划和预期
	行为细则	幼儿	1. 前一天与爸爸妈妈在家里有过关于同伴、天气以及周围事物的交谈等。 2. 乐于参与到晨谈中来，愿意分享自己的趣事
		主班教师	1. 耐心倾听幼儿，注意眼神交流，保持彼此目光平视。 2. 及时给予幼儿回应，鼓励表扬幼儿。 3. 分享自己的趣事
		配班教师	记录幼儿的晨谈内容
		保育教师	1. 巡视幼儿是否需要喝水、上厕所或有其他特殊情况，及时给予幼儿帮助。 2. 晨谈结束后，组织幼儿分批上厕所和喝水，为接下来的户外活动提前做准备
户外及体能活动	指导要点		运用多种器材设计不同类型的运动；幼儿运动出汗时能主动脱衣服，运动后休息完主动穿衣服；指导幼儿能够进行放松运动，知道放松运动是为了保护自己运动时不受伤
	行为细则	幼儿	1. 心情愉快地参与体育活动，主动活动身体。 2. 能正确使用各种活动器械，尝试新玩法。 3. 有安全意识，不做危险动作，不用器械与同伴打闹。 4. 知道身体发热时及时脱衣服，有不适时主动告诉老师。 5. 遵守体育活动规则，活动后主动整理活动器材
		主班教师	1. 能根据活动器材设计多种类型活动，保证幼儿各方面得到锻炼。 2. 能根据场地合理安排适宜运动，促进幼儿身体的各方面良好发展。 3. 保证每天的户外活动时间不少于2小时，其中体育活动不少于1小时，且活动分不同时间段进行。 4. 能够有意识地观察幼儿的兴趣，动作发展情况，并对活动做出相应调整。 5. 适时提醒幼儿增减衣服，照看幼儿，保证幼儿安全
		配班教师	1. 协助主班教师设计活动。 2. 能根据活动中所用的各种运动器材布置活动场地。 3. 协助主班教师观察幼儿并及时提醒幼儿增减衣物
		保育教师	1. 了解幼儿户外活动内容及要求。 2. 协助主配班教师检查场地、器械并布置场地。 3. 活动前检查幼儿服饰和鞋带。 4. 随时提醒帮助幼儿增减衣物，及时为出汗幼儿垫隔汗巾。 5. 收拾场地，检查器械

续表

环节		指导要点及行为细则	
餐点	指导要点		幼儿知道吃完水果后把水果皮丢到垃圾桶，然后去漱口，养成良好的卫生习惯，知道水果营养价值高，平时在家也应该多吃水果
	行为细则	幼儿	1. 餐点前自觉洗手，坐到自己位置上等待教师发放水果或者点心。 2. 安静地进食，不边吃边玩，不磨磨蹭蹭，不大声讲话。 3. 不挑食，能将发放的点心基本吃完。 4. 保持桌面、地面和衣服清洁。 5. 餐后主动洗手，并且用干毛巾擦干手。 6. 吃完点心不吵闹
		主班教师	1. 提醒幼儿吃点心时的注意事项。 2. 提醒幼儿吃完水果要把皮丢到垃圾桶里。 3. 帮助幼儿改善挑食、讲话、玩闹等不良用餐习惯。 4. 幼儿吃完后组织幼儿漱口、喝水、上厕所、洗手，给予幼儿适当帮助。
		配班教师	1. 辅助主班教师组织管理幼儿。 2. 告诉幼儿水果的营养价值，鼓励幼儿多吃水果。 3. 给予幼儿适当帮助
		保育教师	1. 分发点心、餐盘到每个桌子上。 2. 整理桌子，清理地板。 3. 给予幼儿适当帮助
集体活动	指导要点		1. 根据幼儿的年龄发展特点和水平，以循序渐进的原则组织活动。 2. 准备好的桌子或游戏场地应该便于幼儿的活动：不同类型的教学活动应该考虑不同的场地布置，音乐活动可采用一些马蹄形、半圆形，保证整个活动过程让每个幼儿都能看到、听到，又便于参与到活动中来。 3. 采用动静交替，吸引孩子的注意力，对于注意力不集中的幼儿，尝试用眼神、表情、语言、手势予以提醒。 4. 活动中教师教态亲切，关注幼儿倾听习惯的培养，与幼儿展开积极有效的互动。 5. 灵活运用各种组织形式，为幼儿提供表现和与同伴交流的机会。 6. 认真做好活动前准备：备好教案、提前准备好相应的教具、学具
	行为细则	幼儿	1. 有参与集体活动的兴趣，能积极主动参与到活动中来。 2. 乐于与同伴交流自己的经验和想法。 3. 有良好的倾听、坐姿等习惯
		主班教师	1. 根据幼儿的年龄特点准备活动内容。 2. 将教学活动中的材料准备好并熟悉教学内容。 3. 善于发现和捕捉突发性的教学问题，适当地调整教学目标和方式
		配班教师	1. 根据活动类型设置便于幼儿活动与交流的空间位置。 2. 在教学活动中观察幼儿表现，用文字或照片的形式加以记录，方便幼儿档案的建立。 3. 活动中注重培养幼儿的良好行为习惯，纠正不良的行为
		保育教师	1. 活动前向主配班教师了解需要配合的事项。协助主配班教师做好活动前准备，摆放活动所需材料，安排场地等。 2. 活动过程中指导幼儿时走动位置恰当，声音适度，不影响幼儿和教师的交流。 3. 指导或帮助幼儿做好活动结束后的收拾、整理工作

续表

环节	指导要点及行为细则		
区域活动	指导要点		注意材料的安全使用，活动结束后要注意洗手
	行为细则	幼儿	1. 积极参与各个区域活动，乐于与其他小朋友合作交流，愿意自己主动发现问题并尝试解决问题。 2. 能正确地使用和整理活动材料或用具。 3. 能自觉遵守所在区域的区域规则
		主班教师	巡回观察每个区域幼儿的情况，及时对遇到困难的幼儿给予帮助，记录幼儿活动过程，为后期总结积累素材
		配班教师	协助主班教师引导幼儿的区域活动，观察记录帮助幼儿的活动过程。不做区域活动中幼儿的主导者，做一个合作者、引导者
		保育教师	观察幼儿有无需要添减衣物的情况，照顾幼儿的生理需要，为接下来的午餐环节做准备
午餐	指导要点		正确使用餐具，注意进餐卫生
	行为细则	幼儿	1. 餐点前自觉洗手。 2. 愉快、认真地进食，不边吃边玩，不大声讲话。 3. 愿意独立进食，不依赖教师。约30~40分钟左右吃完饭菜；15分钟左右吃完点心。 4. 学会正确使用餐具：一手拿勺子（中大班使用筷子），一手扶住碗。 5. 进餐时会细嚼慢咽，饭和菜搭配着吃，不吃汤泡饭。 6. 不挑食、不偏食、不剩饭菜，不过量进食。 7. 保持桌面、地面和衣服清洁，骨头、残渣放在渣盘里。 8. 吃完饭再站起来，轻放椅子，离开饭桌，将餐具、渣盘放到指定地点，清理好自己的桌面
		主班教师	1. 进餐前15分钟提醒幼儿结束活动，做好盥洗，准备进餐；指导值日生分发餐具、餐巾，轻拿轻放，摆放整齐。 2. 为幼儿营造愉快的进餐环境（可放轻音乐）。 3. 掌握每餐食谱，向幼儿介绍当餐食品营养，激发幼儿进餐欲望。 4. 管理幼儿进餐时的基本常规，组织已进餐完毕的幼儿做餐后散步的准备
		配班教师	1. 巡视指导幼儿正确使用餐具；观察进食量；纠正不良进餐习惯；对特殊幼儿给予个别照顾；及时处理异常情况。 2. 提醒幼儿饭后擦嘴、洗手、漱口
		保育教师	1. 分餐前用肥皂洗手，每餐（点）前10分钟做好桌面消毒工作。 2. 领取和分发餐（点），必须戴好口罩。 3. 掌握幼儿进食情况，鼓励食量小的幼儿，控制暴食幼儿，做到不给幼儿吃汤泡饭。 4. 督促指导幼儿餐后漱口。 5. 所有幼儿进餐结束后及时送回碗筷，收拾餐桌，清扫地面，清洗餐巾和漱口杯并进行消毒。 6. 随时整理幼儿进餐时的卫生情况，及时给幼儿加餐，关注幼儿的进餐安全问题

续表

环节			指导要点及行为细则
午睡	指导要点		教师指导幼儿自己动手穿衣、脱衣，之后把衣物在固定位置摆整齐，安静地进入午睡，不要携带尖锐物品入寝室，提醒经常尿床的幼儿起床如厕
	行为细则	幼儿	1. 幼儿能独立或在教师的帮助下按顺序脱衣裤鞋袜。脱衣顺序：先脱鞋子，再脱袜子、裤子，最后脱上衣，脱完之后整理衣服，放在固定的位置。 2. 保持正确的入睡姿势，不带尖锐玩具入寝室，不东张西望，不跟别的幼儿交谈，不用被子蒙头、吮吸手指，盖好被子
		主班教师或配班教师	1. 睡前播放睡眠曲或给幼儿讲故事，营造良好的入睡氛围。 2. 做好交班工作，清点好幼儿人数，整理用具。 3. 检查幼儿进寝室前有无感冒发烧的状况，有无携带危险物品入内。 4.15 分钟巡视一次，观察幼儿的精神状态，及时帮助幼儿盖好被子，以免着凉，及时发现并纠正幼儿的睡眠姿势。 5. 保持安静，不能大声说话、离岗、吃零食
		保育教师	1. 做好午睡前准备工作，放下窗帘。 2. 根据室内温度及时给幼儿增减被子。 3. 协助当班教师午检，帮助幼儿穿脱衣服，整理床铺。 4. 巡视检查幼儿午睡。 5. 随时保持室内空气新鲜，天气暖和无风时可以打开窗户，拉上窗帘。 6. 轻声提醒常尿床幼儿起床如厕，发现幼儿尿床要及时叫醒并带领幼儿更换衣物，洗换床单
起床、餐点	指导要点		起床：指导幼儿排队去洗漱，避免拥挤打闹，洗漱完找到自己的毛巾擦干净手；叮嘱幼儿在午睡后喝水，补充水分；帮助幼儿穿衣，整理仪容仪表。 餐点：提醒幼儿餐点时保持安静和整洁，让幼儿学会自己整理餐具
	行为细则	幼儿	1. 幼儿能独立或在教师的帮助下按顺序穿衣裤鞋袜。穿衣顺序：先穿上衣，再穿裤子、袜子，最后穿鞋子。 2. 学会穿鞋、系鞋带。 3. 正确使用餐具，养成良好进餐习惯
		主班教师或配班教师	1. 协助幼儿穿衣，引导幼儿养成良好的穿衣习惯，培养幼儿生活自理能力，给长发头的女生扎头发。 2. 起床后观察幼儿情绪有无异常。 3. 起床后提醒幼儿每人喝一大杯水补充水分。 4. 组织幼儿吃午点，培养幼儿良好的进餐习惯：不挑食，细嚼慢咽
		保育教师	1. 引导幼儿起床洗漱如厕。 2. 进行寝室整理工作，组织幼儿将拖鞋放回鞋架。 3. 分餐前用肥皂洗手，用餐点前做好桌面清洁工作。 4. 做好进餐准备，取午点，指导值日生分发餐具。 5. 负责餐后卫生工作，所有幼儿进餐结后及时送回碗筷，收拾餐桌，清扫地面，清洗餐巾

续表

环节			指导要点及行为细则
游戏活动	指导要点		以游戏为幼儿基本活动，保证幼儿愉快的、有益的游戏和自由活动时间，根据幼儿的年龄特点、已有经验和兴趣，创设游戏环境，选择幼儿游戏内容；游戏材料做到数量充足、种类丰富；观察幼儿的游戏情况，及时对游戏环境、材料做相应的调整和补充。开展多种类型的游戏活动，保证建构游戏、角色游戏、表演游戏等创造性游戏与娱乐游戏、教学游戏、音乐游戏等规则性游戏间的平衡
	行为细则	幼儿	1. 能自主选择游戏内容、材料、同伴、角色、场地等，自主选择进行游戏。 2. 爱护和正确使用游戏材料，会轻拿轻放，会物归原处，叠放整齐，会归类整理玩具。 3. 能遵守游戏规则，学习解决游戏中的问题，能克服困难坚持游戏
		主班教师	1. 准备好游戏的材料并说清楚游戏规则，在活动中保证幼儿的安全。 2. 游戏材料投放数量足，种类全。 3. 用"扫描观察法""定点观察法""追踪观察法"等观察方法有目的或随机地观察幼儿材料使用、游戏水平、游戏状态，并有目的地做好记录
		配班教师	1. 协助主班老师做好准备工作，保护幼儿的安全。 2. 用"扫描观察法""定点观察法""追踪观察法"等观察方法有目的或随机地观察幼儿材料使用、游戏水平、游戏状态，并有目的地做好记录
		保育教师	1. 游戏活动前与主配班老师进行沟通，了解活动目的和要求，做好游戏前材料、场地等准备。 2. 在游戏前给幼儿隔好汗巾，在游戏中观察幼儿的出汗情况，看是否需要脱衣服。 3. 带领幼儿收拾、整理游戏活动材料
离园前准备	指导要点		注意幼儿隔汗巾的更换；夏天如若衣服有被汗湿，也需要注意及时更换，以免幼儿感冒
	行为细则	幼儿	1. 自主性较强的幼儿自行整理好衣服和书包。 2. 有秩序地进行集体活动，不推搡吵闹
		主班教师	1. 组织全体幼儿喝水上厕所洗手，提醒幼儿用毛巾擦脸擦手。 2. 组织幼儿有秩序地进行离园前的集体活动或者区域活动，等待家长来园接幼儿
		配班教师	帮助幼儿收拾好书包，把幼儿的隔汗巾、换洗的衣服、水杯等放入幼儿的书包，为离园做准备
		保育教师	帮助幼儿换隔汗巾和衣服，擦好润肤乳

续表

环节		指导要点及行为细则	
离园活动	指导要点		教师一定要确认幼儿是被家长接走的，并且让家长在签名册上签名；保育老师的消毒工作要做到位，以防病菌的传播和扩散
	行为细则	幼儿	1. 注意自身安全，不跟陌生人走。 2. 愉快离园，并且与老师和其他小朋友们礼貌告别
		主班教师	1. 稳定幼儿的情绪，可安排适宜的离园前活动。 2. 提醒幼儿与老师和其他小朋友们有礼貌地告别
		配班教师	1. 情绪饱满地接待家长，防止陌生人接走幼儿，如有需要和家长进行电话沟通。 2. 组织幼儿检查自己的书包，检查幼儿服装是否穿戴整齐适宜
		保育教师	1. 对幼儿的口杯和毛巾进行清洗和消毒，保证幼儿第二天来园能用到干净的口杯和毛巾。 2. 对教室的卫生进行清扫和消毒，寝室理应打开紫外线灯进行消毒
		家长	1. 清理幼儿书包，检查有没有遗漏的物品。 2. 与教师沟通幼儿有无在园发生特殊情况。 3. 与幼儿进行愉快的交谈

长沙师范学院学前教育系教师常振亚及其学生费祎语、贺杨星、李嘉颖、张立璇、张静、陈霖、陈海阳，根据长沙师范附属第二幼儿园实际情况进行整理。

（三）大班下学期着重关注幼小衔接

《幼儿园工作规程》中明确指出："幼儿园应该和小学密切联系，互相配合，注意两个阶段的相互衔接。"从幼儿园迈入小学，衔接是否顺畅影响着幼儿的发展。经调查研究发现，幼儿生活自理能力的培养对于幼小衔接起着重要的作用。在教育实践中，家园协调一致，注重中间系统的交互作用是改善幼儿生活自理行为的保证。

幼儿生活自理能力作为一项基本的生存技能，对于培养良好的生活和卫生习惯，发展幼儿独立性、自制性、坚持性等非智力因素具有重要意义，而这些因素正是可以延伸至小学的。家长往往只重视知识教育的重要性，忽视了生活教育对幼儿成长发展的价值。因此，幼儿园要搭建平台交流沟通，家园互动促进幼儿自理能力的培养。教师是家园共育的桥梁，在家园合作方面应充分发挥专业优势。例如，为了使家园沟通更加紧密，在班级"家园联系栏"创设"一周活动安排""家园直通车""家园互动""经验分享"等栏目，通过这个窗口，向家长介绍有关生活自理能力培养的方法和信息，展示教师和家长在培养孩子生活自理能力方面的心得体会等，引导家长在家庭中开展与幼儿园同步的幼儿自理能力的锻炼和培养，提高家长参与幼儿园教育的积极性。此外，针对培养孩子生活自理能力方面家长感兴趣或认为较棘手的问题，通过家长会、家长座谈等形式进行探讨，促进彼此间的交流。

著名教育家叶圣陶先生曾经说过，"教育就是习惯的培养"，良好的习惯使人终身受益。3~6岁是幼儿生活自理能力发展的关键时期，在幼小衔接过程中，以自理能力衔接为重点，培养幼儿良好的生活自理能力是幼儿进入小学生活、学习的基础。鼓励幼儿做能力所及的事情，让幼儿从生活中的每一件小事做起，在自我服务和劳动锻炼中，增强幼儿的自我服务意识，从而提高幼儿的生活自理能力，为幼儿适应小学生活树立自信心。

第三节　幼儿园生活习惯与生活能力教育活动设计与指导案例评析

一、生活能力教育案例

案例 1

穿脱衣服（小班）

背景： 入园第二个月，沈思雯小朋友穿脱衣服的能力相对较弱，由于她不在幼儿园午睡，所以需要与家长沟通来获取更多孩子在家的自理信息，特利用沈思雯爷爷在接送孩子的时间，与其交流。

实录（一）：

老师：沈思雯在家的时候午睡吗？

爷爷：沈思雯在家的时候是不肯午睡的，回到家之后就喜欢看电视，要么就是玩玩具。

老师：那晚上睡觉的时候她跟谁一起睡？还是自己睡呢？

爷爷：晚上和我还有她奶奶睡在一起，她妈妈经常要上夜班的，没时间。

老师：哦，那睡觉的时候她是自己脱衣服吗？

爷爷：不是的，她脱不来的，都是我们帮忙脱的，再说她自己也不肯脱呀。

老师：那早上起床的时候，衣服又是谁穿的呢？

爷爷：当然还是我们呀，一方面她自己不肯穿，另一方面她动作也慢，磨磨蹭蹭的，还不如我们给她穿来得快，省时间！

分析： 从以上对话中，我们可以看出祖辈对于子孙的过分宠爱以及在他们看来"理所当然"的包办代替，在爷爷的眼里就觉得孩子的年龄还小，事情做不来很正常，也没有必要让他们做，所以他们就开始包办代替。

实录（二）：

那到底沈思雯能不能自己穿脱衣服、折叠衣服呢？于是在组织集体生活活动时，我特别关注她。

她一边看着我们老师的动作示范，一边慢慢地将衣服脱下来，虽然在脱的时候有一个袖子脱不下来，但是经过旁边小朋友的帮助，也算是将衣服顺利地脱了下来，在脱下来之后，遇到的困难就是将反了的袖子拉出来，刚开始的时候她怎么也拉不出反了的袖子，脸涨得通红，后来经过引导就慢慢摸索着将袖子拉出来了；同时在老师的引导下将衣服折好，虽然动作不是很快，折的衣服不是很好，但是已经能将衣服折起来了。随即在她的脸上看到了灿烂的笑脸。

分析：从上面的活动中可以看出，沈思雯完全有能力自己来脱衣服、叠衣服，并不像她爷爷说的那样做不来或是没有这个能力，只是家长一直不肯放手，一直把他们当没有任何能力的小孩子。在活动中，沈思雯也很认真地参与活动、与其他小朋友一样来尝试做自己的事情，虽然会比较慢，但是也会成功，在这个过程中她也体会到了成功的喜悦。在观察到这种情况之后，我在放学的过程中及时与爷爷进行了交流，请爷爷在平时的时候能够对孩子有点耐心、有点信心，让她在一次次的尝试中去体验到成功，最后完全可以自己独立去完成这些力所能及的事情。在与爷爷商讨后，爷爷很认同老师的方法，并且在家中进行尝试，尝试后爷爷发现了孩子的进步与变化。

反思：从以上的情况可以看出，我们通过对个别幼儿情况的交流，可以让我们更有目的性地去进行指导，并且效果非常的明显，家长也能够积极地配合到活动中来，使孩子的进步更明显。

实录（三）：

一个月以后，爷爷将沈思雯送到教室门口，高兴地跟老师谈起了沈思雯在家的变化。

爷爷：沈思雯现在不要我们帮忙了，自己边念儿歌边穿脱衣服，衣服脱下来折得很整齐。

老师：只要家长给孩子锻炼的机会，孩子肯定是行的，孩子已经具备了自理的能力了。

爷爷：以前就是太宠孩子，嫌小孩子动作太慢，还不如帮她做来得快。

老师：穿脱衣服动作慢，家长要看孩子到底是什么原因才导致慢，是不是因为她穿脱衣服的方法还不会，那家长应该先要教方法。

爷爷：你们老师的方法沈思雯很愿意学，而且一学就成功了。

老师：根据小班孩子的学习特点，要考虑直观和形象，孩子才能接受。

爷爷：老师的方法真好，我们以后也这样教孩子。

分析：与爷爷的对话中，看出了爷爷在教育孩子上的认识转变了，不再一手包办，愿意放手让孩子自己尝试，还意识到幼儿园的方法是可行的，为孩子提供了更多动手的机会，同时，家长的教育方法也与之前有所不同，能从孩子的角度出发，尊重幼儿的年龄特点，用一些易于幼儿接受的方法帮助幼儿提高自我服务能力。

反思：通过与个别家长的交流，发现家长的育儿观念明显转变了，这个转变是与教师的个别追踪是分不开的，所以，教师要针对个体差异及时与家长取得联系并相互配合，这样效果会很明显。

第二部分　幼儿园健康教育活动指导

活动评析：

针对自理能力弱的孩子要进行个别访问，与其家长进行定期、经常的沟通，做好家园联系工作，就孩子在园的生活学习情况、能力行为表现等与家长定期进行沟通，并请家长积极反馈孩子在家的表现，从而能更有针对性地展开工作。使家长能感受、体会孩子在自理过程中的能力进步，引导家长在家庭生活中支持孩子做力所能及的事，使他们的自理行为和生活习惯能在家园一致的环境中养成。促进小班幼儿自理能力的提高，养成良好的生活习惯。

摘自上海学前教育网，作者为松江区泖港镇中心幼儿园谢胜平

案例2

漱口（小班）

饭后漱口虽是生活小事，但它关系到幼儿今后良好的生活习惯的确立，但让幼儿养成这个习惯可不是件容易的事。尽管平时老师们不厌其烦地提醒他们，但总有个别幼儿跟老师"捉迷藏"，能逃则逃，逃不脱则敷衍了事。怎样让幼儿体验到漱口的重要性呢？

一次早餐后，我找了两个白盘子放在桌上，其中一个盘子里面装满了水。看着大家好奇的眼神，我说："一会儿吃完饭，飞飞这个组的小朋友到这儿来漱口。"饭后，那组小朋友接好漱口水走进了教室。我让他们把漱口水吐在空盘子里，然后让全班幼儿过来观察。他们议论开来："这两盘水不一样，一个很干净，一个很脏。""那个盘子里的水里有东西了。"我问："这些东西藏在哪儿啦？"他们说，"藏在小朋友的嘴里，因为这是小朋友漱口的水""藏在舌头底下""是粘在牙上的""藏在牙缝里的"。

观察完后，我便把那个装着漱口水的白盘子放进了水房。等下午幼儿去水房喝水时，佳佳小朋友捂着鼻子说："水房里是什么味，真难闻。""水房里会有什么难闻的味呢？"我边说边随她走进水房。这时，那里围着几个小朋友，正在议论着。大家指着盘子问："是什么呀？真臭。"原来漱口水已经变臭了。见大家一脸的惊讶，我问："你们想一想，这些东西在嘴里会怎么样？"有的说："也会变得这样臭，生出许多细菌来。"有的说："嘴里有了细菌，牙齿就会生病。牙齿病了可难受了，什么东西也不想吃。"还有的说："原来我们的牙齿就是这样被弄坏的！那吃完饭快把嘴漱干净。"有一位幼儿说："我回家告诉爸爸妈妈，让他们吃完饭后也一定漱口。"其他幼儿也附和着说："我也告诉他们，要不然他们也会牙疼的。"自从那次观察活动后，漱口再也不用老师提醒了。

通过这件小事，我觉得把日常生活中抽象的知识和道理，转化成直观的、易被幼儿接受和体验的东西，其效果要比老师空讲大道理强得多。所以，在日常生活中，我们应给幼儿创设一个能让他们亲自去感知、去操作、去体验的环境，把教育要求巧妙地转化为幼儿的切实需要。这样，幼儿才能真正体验到养成良好生活习惯的重要性，

并逐渐把这种认识变成自觉的行动。

活动评析：

这是"一日生活都是教育""主动学习渗透于一日生活"的典型事例。它使我们看到了"教育目标需求化"的实践形态，以及"相互作用学习方式"对幼儿学习和发展的意义。

（1）使幼儿直观感受和体验到"饭后漱口"这一教育要求的意义，并把这种要求转化为幼儿的需求，使幼儿的认识变成自觉的行动。

在没有体验到饭后漱口对自己有什么意义时，幼儿没有这方面的需求。因此，保育员说破了嘴皮，幼儿也是常常忘记做，或是能不做就不做。当幼儿在老师特意创设的情境下，看到了各种残留在嘴里的脏东西时，他们感到了问题的"严重性"：嘴里的这些残留物会对自己的牙齿，乃至身体造成危害。这时，教育要求开始真正转化为幼儿的生活需要。饭后漱口从此成为幼儿的自觉行动。他们在家里要求和督促别人，在幼儿园也互相监督和提醒。这种监督和提醒将不是过去那种指责或告状式的，而是出于同伴间发自内心的真诚关爱。这将有助于发展幼儿同伴间真正的友谊和相互关心的情感。

（2）创造与环境相互作用的学习环境和条件，将不易为幼儿觉察到的东西变成直观的东西，改变幼儿"嘴里没有脏东西"的原有认识。

保育员用了两个白盘子（白盘子比有颜色的盘子更能让幼儿清楚地看到嘴里吐出的各种残留物），让幼儿把漱口水吐进其中的一个盘子，创造了让幼儿对漱口水和清水进行观察、比较的机会。保育员有意让漱口水变质，使环境更有效地作用于幼儿，从而改变了他们的"嘴里没有脏东西"的认识。变质后的漱口水更能使幼儿深切地感到，不漱口一定会导致牙疼或其他疾病，从而更有效地改变了"饭后漱口与牙疼无关"的认识。幼儿预想到可能的结果，并主动举出许多例子来证明这一点。这种幼儿与客观现实相互作用的学习方式是主动、有效的学习方式。它能使幼儿获得真正理解和内化的经验，并影响其一生。

摘自中国婴幼儿教育网 http://www.baby-edu.com/2009/0922/ 2285.html

案例 3

我会自己穿脱衣服（小班）

活动目标：

（1）喜欢参加穿脱衣服的活动，体验自己穿脱衣服的乐趣；

（2）学会自己独立穿脱衣服；

（3）知道正确穿脱衣服的顺序。

活动准备：

1. 经验准备

幼儿已有穿脱衣服的经验。

第二部分　幼儿园健康教育活动指导

2. 材料准备

教师自编故事《穿穿脱脱》、自编儿歌《穿穿脱脱》，小兔子的毛绒玩具一个，游戏提示卡两张（一张提示卡的画面是一个准备脱衣服睡觉的幼儿；另一张提示卡的画面是一个准备起床穿衣服的幼儿）。

活动过程：

1. 讲述故事《穿穿脱脱》的前两段内容，引导幼儿了解穿脱衣服的顺序

（1）教师操作小兔子毛绒玩具，讲述故事《穿穿脱脱》的前两段内容。

教师：请小朋友听听故事里的小动物是以怎样的顺序脱衣服的。

（2）根据故事内容，教师引导幼儿了解穿脱衣服的顺序。

教师：大象老师为什么要奖励给每个小动物一个贴画？正确的脱衣顺序是怎样的？

小结：脱衣服时，要先脱袜子，再脱裤子，最后脱上衣。有顺序地脱可以保护小动物的身体健康，避免着凉。

2. 结合生活经验，引导幼儿猜一猜小动物是怎样有顺序地穿衣服的

教师：小动物知道有顺序地脱衣服可以不生病。小朋友猜一猜小动物又是怎样有顺序地穿衣服，保护好自己的身体呢？（幼儿自由表达自己的观点。）

3. 讲述故事《穿穿脱脱》的后两段内容，引导幼儿了解穿衣服的顺序

（1）教师操作小兔子毛绒玩具，讲述《穿穿脱脱》的后两段故事内容。

教师：请小朋友听听故事里的小动物们是按照怎样的顺序穿衣服的。

（2）根据故事内容，引导幼儿了解穿衣服的顺序。

教师：大象老师奖励给哪个小动物一个大大的拥抱呢？正确的穿衣顺序是怎样的呢？

小结：穿衣服的时候，先穿上衣，再穿裤子，最后穿袜子。有顺序地穿衣服可以保护小动物的健康，使他们避免着凉。

4. 看图片做动作，引导幼儿体验穿脱衣服的快乐

（1）教师分别出示两张游戏提示卡，帮助幼儿理解其表示的内容。

（2）教师介绍游戏的玩法：游戏开始前，教师（或一名幼儿）将两张提示卡的画面朝下，当教师（或一名幼儿）宣布游戏开始后，教师（或一名幼儿）迅速翻开其中一张提示卡，参加游戏的幼儿根据游戏卡提示的内容，用动作表示有顺序地穿衣服（脱衣服）。

（3）游戏过程中，教师和幼儿边朗诵儿歌《穿穿脱脱》边做动作。

①当游戏提示卡的内容是请幼儿有顺序地穿衣服时，教师可以引导幼儿边朗诵有顺序穿衣服的儿歌内容做动作；②当游戏提示卡的内容是请幼儿有顺序地脱衣服时，教师可以引导幼儿边朗诵有顺序脱衣服的儿歌内容边做动作。

活动延伸：

（1）在午睡环节，可鼓励幼儿迁移故事中习得的经验，像小动物们一样有顺序地穿脱衣服，保护好自己的身体。

（2）在娃娃家，有针对性地提供娃娃或者小动物玩偶，引导幼儿在娃娃家给娃娃

或者小动物有顺序地穿脱衣服。

（3）在睡眠室的墙上粘贴小朋友穿脱衣服的顺序图，提示小朋友按照正确的顺序穿脱衣服。

（4）在家长园地中将《穿穿脱脱》的儿歌内容和家长分享，鼓励家长在家庭中和幼儿边说儿歌边儿歌边玩《穿穿脱脱》的游戏，帮助幼儿掌握正确的穿脱衣服的顺序，提高幼儿按顺序穿脱衣服的速度。

附：故事《穿穿脱脱》

动物幼儿园里，小动物们吃过午饭准备脱衣服睡午觉，大象老师说："孩子们，你们在幼儿园里学了很多本领，今天来试试自己脱衣服，不用老师帮忙。"小动物们都说好。小兔子三下两下就把上衣脱完，再脱掉袜子和裤子，举起手大声说："大象老师，我是第一名！"小猫和小兔不一样，小猫先脱掉袜子，然后裤子，最后才脱上衣。大象老师先称赞了所有小动物都能自己脱衣服，奖励他们每人一个小贴画，然后微笑着问小猫："你为什么要先脱袜子、裤子，最后才脱上衣呢？"小猫说："因为最后脱上衣就没那么容易着凉了！"大象老师在小猫的脸上亲了亲说："你真会照顾自己！"小兔和小熊也向小猫竖起了大拇指。小猫高兴地笑了。

小动物从美美的午觉中醒来啦！大象老师说："怎样穿衣服，才能不着凉呢？"小兔说："先穿上衣，就能让身体暖和。"小兔想了想又说："不对不对，可先穿裤子，就能让两条腿暖和。"小猫喵喵地叫着，不慌不忙地说："先穿上衣，然后去卫生间小便，最后再穿裤子、袜子，这样又暖和又方便。"

大象老师眯眯地笑着，给了一个小动物一个大大的拥抱。请小朋友说说这个拥抱给了哪个小动物？为什么？

附：儿歌《穿穿脱脱》

铃铃铃铃时间到，宝宝脱衣来睡觉。先来脱掉小袜子，再来脱掉小裤子。最后脱掉小上衣，呼呼呼呼睡大觉。

铃铃铃铃时间到，宝宝起床把衣穿。先来穿上小上衣，再来穿上小裤子。最后穿上袜两只，暖暖和和身体棒。

附：图片

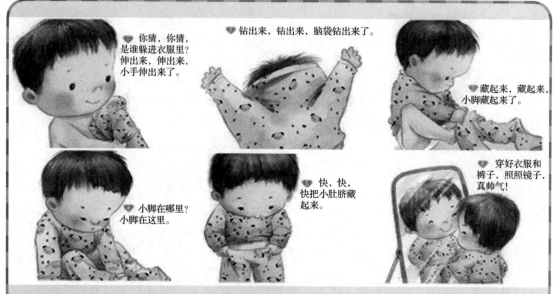

活动评析：

整个活动设计动静交替，由浅入深，引导幼儿积极主动参与。

1. 活动目标及内容

符合小班幼儿现有发展需要。在日常生活中，教师注意观察幼儿在有顺序穿脱衣服中存在的问题，制定了本节教育活动的幼儿发展目标。在活动过程中，绝大多数幼儿表现出积极参与的学习状态。首先，当教师讲述故事《穿穿脱脱》的前两段内容时，幼儿能围绕教师的提问，比较准确地回答出脱衣服的顺序；其次，幼儿又结合生活经验和故事情节，大胆地猜想穿衣服的顺序；最后，通过聆听《穿穿脱脱》的后两段故事内容，主动练习穿衣顺序。

2. 活动过程

首先，运用多种形式，激发幼儿对活动的兴趣。有顺序地穿脱衣服对于小班幼儿来说有些抽象，不好理解。本活动利用故事、儿歌、游戏等多种形式，变抽象的说教内容为形象的可被幼儿模仿、感受、体验的内容，激发了小班幼儿参与活动的过程。在本活动的设计中，教师并未直接将正确穿脱衣服的顺序教给幼儿，而是在"猜一猜""听一听""试一试"的环节中，鼓励幼儿主动参与活动的过程。在"猜一猜"环节中，教师鼓励幼儿结合自己的生活经验，表达自己的想法。在"听一听"的环节中，教师利用故事的形式，引导幼儿感受有顺序穿脱衣服的方法和有顺序穿脱衣服对身体的重要性。在"试一试"的环节中，通过辨析性的提示卡，激发幼儿参与游戏的愿望，鼓励幼儿通过动作现场体验穿脱衣服的顺序。

根据叶平枝《幼儿园健康领域教育经验——关键经验与活动指导》一书中案例改编

第六章 幼儿园生活习惯与生活能力教育活动的设计与指导

二、生活习惯教育案例

案例1

整理习惯（大班）——基于区域活动

区角活动是幼儿特别喜欢的活动。由于活动选择的自主性、使用材料的随意性以及与同伴交流交往带来的快乐，让大多数幼儿充分体验到了区角活动的乐趣。但随之而来的诸多问题也凸显出来，特别是活动材料，由于幼儿的反复操作，不仅材料破坏严重，而且活动后常常是"玩时有人，收时无人"，造成很多区角因疏于整理而凌乱不堪，不仅影响了活动室的整洁，而且给下次游戏带来许多麻烦。《指南》在健康领域指出："良好的生活习惯和基本生活能力是幼儿身心健康的重要标志，也是其他领域学习与发展的基础"，并在"生活习惯与生活能力"的子领域目标中分别提出了小、中、大班幼儿"基本生活能力"的目标，其中小班是"能将玩具和图书放回原处"，中班是"能整理自己的物品"，大班是"能按类别整理好自己的物品"。

那么，如何切实贯彻《指南》精神，让幼儿主动地参与到整理材料中来，并获得良好的整理物品的技能与习惯呢？

1. 师幼共同制定材料整理的规则

《纲要》指出："要建立良好的常规，避免不必要的管理行为，逐步引导幼儿学习自我管理。"如何让幼儿自觉地遵守规则呢？我们做了这样的尝试，首先和幼儿共同讨论整理材料的规则。

"为什么要整理材料？"我的话题一出口，孩子们就你一言我一语地说开了："不整理东西会很乱！""不整理玩具他们就会找不到家，他们会想家！""不整理好了，下次就没法玩了！"……

知道了不整理材料带来的各种不便，我们又讨论了下一个话题："怎样整理才会又快又好呢？"幼儿纷纷发表自己的意见："把材料分开放""把大积木放在大筐子里，把小雪花片放在小筐子里""物品从哪拿的还放哪去""笔和笔套不可以分家"等，孩子们制定了许多切实可行的规则。

当讨论到"如果有小朋友不参与整理怎么办"时，有的幼儿说："下次别让他玩活动区""罚他不能当值日生""告诉他赶快整理好"……热烈商讨之后，我们把讨论的结果进行了归纳、整理，用图文并茂的形式记录下来，作为整理规则张贴在活动区的显眼位置。由于规则的制定是教师和孩子共同完成的，幼儿参与了制定规则的全过程，所以他们不仅基本能够自觉自愿地遵守，还能够互相监督、提醒。

2. 制作相应的标记，便于材料整理

有了一定的材料整理规则，每次活动区活动之后，幼儿都能主动把相应的物品收回到橱柜里，但花费时间较长，而且经常会因为物品筐的归属问题发生争执。怎样才能让幼儿将活动材料整理得又快又整齐呢？

（1）按图示标记整理。

引导幼儿将各式积木、娃娃、汽车、蜡笔、彩泥罐等玩具、用具放在纸上，按住后沿着四周的轮廓画下来，撕或剪成图卡标签，用胶纸粘贴在各橱柜相应的部位，以提示幼儿整理时应归放到标签处的筐里。例如：装剪刀的小桶放在了画有剪刀图案的图形上，铅笔的家在画有铅笔图样的纸盒里，其他的如小勺子、胶水、橡皮等也各有其位。再如娃娃家的餐具、衣物、食品等以一个小碗、一件衣服、一个蔬果等图案作为标记，以此让幼儿知道，玩具玩好后应放回盒、筐等器具内，然后再放回标有标记的位置，帮助幼儿形成一种物品一个"家"的意识。这种图示法直观、形象、生动、有趣，符合幼儿的年龄特点和认知水平。同时我们还运用拟人化的情境、儿童化的语言，帮助幼儿理解并乐意接受，从而逐步形成良好的习惯。如把"玩具宝宝送回家"是提醒幼儿将物品放回原处；把同一类玩具放在一起，可以说成"好朋友在一起真开心"，等等。

（2）按文字标记整理。

日常的学习与积累，特别是大班的幼儿已经具备了一定的识字能力，我们便在各个区角及橱柜上运用了许多图文并茂的标记，满足各个不同层次幼儿的需要，让幼儿根据文字卡片来进行收拾整理。

例如，"阳光百货"区域是摆放幼儿角色游戏需要的各种物品的地方：包括水果货架、蔬菜货架、休闲食品区、日常用品区等，这类文字标志直接展现的是物品名称。而有一些文字标记展现的则是所标记物品的玩法和作用：如"蹦蹦跳跳"是一根根跳绳的家，"抱一抱"是各类胶水、胶带等材料的家，"折折剪剪"是手工材料的家，"和时间赛跑"是幼儿自制钟表的家等。文字标记的使用，不仅让幼儿在活动中很快就能找到所需材料，而且活动结束后也会迅速将各种材料各归其位，材料整理的速度和效率有了明显的提高。

3. 提前告知，让材料整理从容有序

通过观察我们发现活动区结束时，大部分老师都会直接用语言告知"区角活动结束啦！材料宝宝快回家！"幼儿一听到指令，就立马开始急急忙忙整理收拾起来，很多孩子还没有从游戏的情境中调整过来，一时之间就显得有些零乱，导致胡乱地将材料堆放进筐里。因此，在经过与孩子充分讨论之后，我们确定了这样的方法：在活动即将结束的前十分钟，放一段舒缓动听的音乐，让幼儿有个心理准备，知道活动快要结束了，自主调节自己的活动，让材料的整理更加从容有序。实践证明，这种方法非常有效。

4. 相互监督，及时评价

规则和标志的建立以及使用，使活动区材料的整理有了明显的改观，但是一个良好习惯的养成，并非一日之功，需要坚持不懈的努力。因此在每一次的区角活动中，我都会请幼儿轮流担任管理员，成为区角的小主人，从自身感受出发，提醒与监督同

第六章　幼儿园生活习惯与生活能力教育活动的设计与指导

伴收拾整理，以此来培养幼儿的责任感及交往能力。

幼儿之间的相互监督让他们的规则意识日益增强，及时准确的评价则更能使幼儿的良好习惯持之以恒。每次活动结束时，我们都会在巡视中给予幼儿及时的评价："你收拾得真快""你的玩具摆得挺整齐""你们两个合作得真棒""娃娃谢谢你把她送回了家"……老师看似随意的一句鼓励，让幼儿获得了极大的满足，对他们的好行为是一种正强化，从而使他们更加努力地做好每一件事。同时，我们还利用活动后的分享交流对在收拾整理中表现突出或者是有进步的幼儿进行肯定，并让他们为同伴讲述整理的过程与方法，使孩子们在相互学习中提高了材料整理的能力。

一系列的活动及措施培养了幼儿良好的整理习惯，幼儿逐渐接受并慢慢强化，整理能力有了显著提高。现在区角仍然是孩子们最喜欢的活动场所，他们在丰富有序的活动中玩出了花样，玩出了水平，提高了能力。

摘自中国幼儿教师网

案例 2

保持清洁习惯（小班）——基于游戏活动

幼儿很喜欢玩"过家家"的游戏，可以通过"过家家"游戏角色扮演，培养幼儿良好的生活习惯。"过家家"游戏内容大多是反映父母、老师对幼儿的关心和照顾，因此在游戏表演中，老师要以游戏的口吻引导幼儿将观察到的内容迁移到游戏中，慢慢地，幼儿就会知道怎么样做爸爸，怎么样做妈妈，在家中该做些什么事情了。

生活情节可以分为：换洗、吃饭、上幼儿园、睡觉、打扫卫生、看病、外出游玩，根据主题活动及游戏情节的发展，分类对幼儿进行指导。如："换洗"这一情节，先提问幼儿：多久要换洗一次衣服？衣服脏了要怎么办？穿了不干净的衣服别人会怎么看你？教师在游戏的过程中适时指导，以学习保持清洁为主，通过角色扮演和角色的榜样示范作用，久而久之可帮助幼儿养成良好的生活习惯。

摘自昆山市实验幼儿园　何燕设计

动手实践

基于生活习惯与生活能力的某一关键经验来搜索、选择、发掘课程资源，之后设计一个幼儿园生活习惯与生活能力教育活动，要求小组合作，每组提交一份教案，并做好试教准备。

拓展知识

1. 一日活动中幼儿生活能力的培养策略

一日活动就是培养幼儿生活能力的最好途径，在具体活动中，幼儿园应针对幼儿生活自理现状，结合相关活动、游戏，有的放矢进行教育，着力提高幼儿生活自理能力。

（1）要强化幼儿生活自理意识。①通过交流了解幼儿实际。让幼儿意识到自己能够做一些事情，而且还能做好自己的事情。例如，开展"我学会了吃饭""我学会了穿衣""我帮妈妈洗碗"等活动，教师要在活动中及时鼓励，耐心指导，增强幼儿的自信心，强化幼儿的生活自理意识；②通过故事激励幼儿参与。教师可以通过讲故事或者播放相关动画片的形式，让幼儿懂得自己的事情需要自己去做，例如，播放动画片"别说我小""今天我长大了"，等等；③通过指导巩固幼儿意识。教师应借助对比强烈的内容，引导幼儿通过比较，巩固对生活自理能力的理解。还可以借助相应图片或者故事，指导幼儿进行辨别，或者反问幼儿哪个最棒，应该向谁学习，激发幼儿的竞争意识。

（2）要教会幼儿生活自理技巧。①借助游戏，让幼儿理解方法。教师可以根据幼儿的年龄特点，结合相关生活自理知识，编成儿歌或者游戏，让幼儿在游戏中习得具体技能。例如，要教会幼儿系鞋带，可以结合歌曲《系鞋带》；②强化个别指导，做到因材施教。对于自理能力强的幼儿，应积极鼓励，并大胆放手让幼儿去做，如有可能，还可以采取结对的方式，让幼儿也做做"小老师"，帮助指导其他幼儿。如果幼儿能力稍差，除了要鼓励外，还要耐心地进行个别指导；③引导幼儿体验成功，提高能力。教师的鼓励，是幼儿进步的动力。当幼儿取得点滴成功时，更需要及时鼓励。用"你真棒""你真厉害"这样的语言来称赞。但如果幼儿很努力地去做，而仍无法实现预期目标时，教师就要更加耐心地进行指导，并及时用语言辅以鼓励，帮助幼儿重拾信心。

（3）要巩固幼儿生活自理技能。①在活动中训练幼儿行为。教师要抓住日常生活细节，利用各种机会，指导监督幼儿的自理行为，养成良好的自理习惯。例如，饭前便后要洗手，如厕后要整理好衣裤，等等；②在竞争中推促幼儿自理。教师设计各种有趣的集体比赛活动，并在活动中融入生活自理技巧，如穿衣服比赛、整理玩具比赛等，都可以有效地推促幼儿自理能力的提高；③在服务中强化集体意识。教师要进行正确引导，让幼儿由自我服务向为集体服务过渡。例如让幼儿轮班做值日生，负责摆放餐具、发放点心，不仅可以激发幼儿的荣誉意识，培养自理能力，还能强化幼儿为集体服务的意识。

摘自单燕. 一日活动中幼儿生活能力的培养策略 [J]. 科普童话，2017（22）：89.

第六章 幼儿园生活习惯与生活能力教育活动的设计与指导

思考与实训

1. 幼儿园生活习惯与生活能力教育的内涵是什么？
2. 幼儿园生活习惯与生活能力教育的目标是什么？
3. 幼儿园生活习惯与生活能力教育的内容有哪些？
4. 调查周围人对幼儿园生活习惯与生活能力教育的看法，并谈谈自己的认识。
5. 在实施幼儿园生活习惯与生活能力教育活动时，应遵循哪些原则？需要注意哪些问题？
6. 举例说明幼儿园生活习惯与生活能力教育活动的方法和途径。
7. 设计一个幼儿园生活习惯与生活能力教育活动方案。

知识链接

［1］杨洁.3~4岁幼儿入园生活适应的研究——基于人类发展生态学理论［D］.武汉：华中师范大学，2014.

［2］刘佳宝.幼儿入园生活适应的问题及对策［D］.哈尔滨：哈尔滨师范大学，2015.

［3］吴晓芬.实现生活习惯对幼儿学习习惯的正迁移［J］.上海教育科研，2011（12）.